云南大学"农村发展研究"创新团队建设成果

云南大学中西部高校提升综合实力工程"创新团队建设项目（社科）"及云南大学经济学院资助

The Sustainable Development of Agriculture
in China's Plateau Regions

高原农业
可持续发展研究

肖迎　主编

周观琪　副主编

人民出版社

策划编辑:郑海燕
责任编辑:孟　雪
封面设计:徐　晖
责任校对:吕　飞

图书在版编目(CIP)数据

高原农业可持续发展研究/肖　迎 主编. -北京:人民出版社,2015.9
ISBN 978－7－01－015155－7

Ⅰ.①高…　Ⅱ.①肖…　Ⅲ.①高原-地区-农业可持续发展-研究-
　中国　Ⅳ.①F327

中国版本图书馆 CIP 数据核字(2015)第 191449 号

高原农业可持续发展研究
GAOYUAN NONGYE KECHIXU FAZHAN YANJIU

肖　迎　主编　　　周观琪　副主编

人民出版社 出版发行
(100706　北京市东城区隆福寺街 99 号)

北京龙之冉印务有限公司印刷　新华书店经销

2015 年 9 月第 1 版　2015 年 9 月北京第 1 次印刷
开本:710 毫米×1000 毫米 1/16　印张:20.5
字数:286 千字

ISBN 978－7－01－015155－7　定价:60.00 元

邮购地址 100706　北京市东城区隆福寺街 99 号
人民东方图书销售中心　电话 (010)65250042　65289539

目　　录

绪　　论

现代观点认为,要确保农业生产的保障性、安全性必须从环境层面、政策层面和可持续发展层面制定农业发展战略。环境层面包含了自然环境、经济环境、社会环境和生态环境。当人类还没有出现时,地球自然环境就一直处于发展演变当中,但变化的过程极其缓慢。我国的青藏高原从侏罗纪时期(距今约 2.05 亿—1.44 亿年)的海洋环境演变为平均海拔 4000 米的高原环境,并不断孕育出平均海拔 1000—2000 米的内蒙古高原、黄土高原、云贵高原等高原环境,经历了几亿年的时间,最终形成现在我国西高东低的四个阶梯地势。第一级阶梯地势为青藏高原,平均海拔 4000 米以上;第二级阶梯地势为内蒙古高原、黄土高原和云贵高原,平均海拔 1000—2000 米;第三级阶梯海拔在500 米以下;第四级阶梯则为大陆向海洋的自然延伸部分。

更新世时期开始于 1806000 年(±5000 年)前,结束于 11550 年前,是构成地球历史的第四世纪冰川的两个世中较长的一个世,是地球上气候发生剧烈变化的时期,也是人类发祥的重要时期。人类的起源、进化经历了极其漫长的时间,智慧的人类得到自然的馈赠,不断地繁衍,不断地增长智力。考古资料说明,距今约三四万年的晚更新世时期,居于黄土高原区域的古人类已进入采集和狩猎阶段,至新石器时期(从1.4 万年前开始,结束时间距今约 4000 年左右),在青藏高原、黄土高原、内蒙古高原、云贵高原有更多人类活动的痕迹,同时也说明原始农业开始形成。一些地方的先民已定居下来,从事农业种植、捕鱼;一些先民已开始驯养牲畜,开始了原始的牧业。在草原湖泊的环境和高山峡谷茫茫的雨林环境中,先民们既感恩于自然,因此而形成了我国高原民族的原始自然崇拜;又敬畏自然,居住在青藏高原、云贵高原的藏族、纳西族、摩梭人一直以来都视圣洁的高山为神山、圣山,不仅有隆重的仪式敬拜圣山,在日常的生活里也小心翼翼地护佑圣山的赠予。

尽管变化缓慢而漫长,人类还是把自然的生态环境不懈地变成了其所需要的种植生态环境、牧业生态环境、渔业生态环境等,向着"农耕文明"不断迈进。物质获得更大积累的同时,占有欲也更加膨胀,因此为争夺更大的领地范围而群雄迭起纷争。中华民族的文明起源于距今 5 千年左右,而统一的中华民族则形成在秦汉时期,至 1949 年中华人民共和国成立,两千多年的时间跨度里,强悍的民族分别在不同的历史时期登上王朝统治的最高权位,朝代更迭,均为夺权而战,为争利而为。伯兰特·罗素在其所著的《权力论》中探讨人们为什么要追求权力,实际是为了说明谁掌握权力,谁就有了利用和分配资源的能力。

人与自然之间缓慢的改变与被改变的关系在 18 世纪随着英国工业革命的兴起画上了句号,机器生产代替手工劳动,从工场手工业向机器大工业转变,海外贸易和殖民地的开发,使大量财富集中到英国资产阶级手中,促使欧美诸国先后实现工业化,由农业文明走向工业文明。那个时代,有理想、有抱负的机械师们绞尽脑汁进行技术发明,机械化作业不断从工厂生产制造领域向林业、矿业开采领域推进。1998 年上映的电影《西伯利亚的理发师》是一部表现忧伤爱情、壮丽西伯利亚景观的片子,时间跨度为 1885—1905 年。女主人公的父亲是一名执着的机械师,倾其一生研发伐木机器。当西伯利亚森林里大型伐木机器轰鸣着,像理发师剃头一样让巨大的树木成片倒下,伐木工为摆脱艰辛劳累的手工锯木而欢呼雀跃时,绝对想不到一百多年后,全球森林总面积略超过 40 亿公顷,仅占陆地总面积的 31%,人均森林面积仅为 0.6 公顷。联合国粮食及农业组织(FAO)2014 年发布的《全球森林资源评估》指出:10 个国家或地区已经完全没有森林,另外 54 个国家的森林面积不到其国土总面积的 10%。巴西国家太空署陆地系统科学中心

(CCST-Inpe)研究员诺布瑞指出,自 1970 年年初至 2013 年,亚马逊地区林木开采和渐进式的伐林行为,已摧毁 762979 平方公里的生态雨林系统。

第一批欧洲人于 1620 年登上北美洲大陆,把土著印第安人驱赶到特定的居住区,占据了广袤的、自然资源丰富的北美洲。通过圈地政策,北美的欧洲人拥有了大片私人土地,不断开发成为大规模农业种植区,也很快开始了极为有利可图的采矿、伐木、淘金和皮毛贸易。美国东部的阿巴契亚山脉是美国煤矿开采强度最大的地区,这一地区包含 9 个州,很多州的经济活动、居民生计几乎都围绕着煤矿业而展开。然而,经历了近两个世纪的开采,当地居民突然发现,原来需要 15 个工人的开采线现在只需要 5 个工人了,因为采用了机器开采而不再需要更多的工人从事手工挖掘;矿区的林木越来越少,因为需要大量的树木作为采煤区的支撑。美国土地政策允许矿业公司不拥有土地却可以拥有矿业开采权,于是开采使土地塌陷,破坏了居民住房和地面上的农业。20 世纪初,随着煤矿资源的不断减少,美国民众对环境保护的认识越来越深入,矿业公司终于放缓了开采的步伐,甚至撤出矿山,却留下了一个千疮百孔的阿巴契亚山给当地居民,至今美国最贫困的州和最贫困的居民均分布在这一带。

由于中国历代王朝均奉行"有边无界"政策,历史上中国与周边的很多国家不存在现代意义上的边界问题。直至西方国家主权概念的引入和西方殖民者的侵入,主权边界问题日益突出,清王朝才开始意识到要保疆守土。但其时,在各种不平等条约下,中国已经丧失了大量的领土。20 世纪 60 年代在西部、西南部和 2008 年在北部、东北部的两次划界后,我国的国土面积终于稳定下来,据 2012 年的统计显示,中国国土面积 960.1 万平方公里,位居世界第三。在清王朝统治的范围内,不仅有效地控制了对东部、中部和北部的经营,在其统治力量不断增强后,也把目光转向了西部的高原民族地区,采取了一系列的开发西部的政策:如改土归流,把通过少数民族头人(土官)进行管理的边疆地区改派内地官员(流官)管理;边地屯垦,鼓励内地汉人以民屯、军屯、商屯的形式获得耕种的土地;鼓励地方居民开垦荒地。同时,人口亦有大幅度增长。至嘉庆二十五年(公元 1820 年),甘肃人口已达 1200 余万(2013 年统计甘肃人口为 2557.5254 万);来自东部各省和四川的移民源源不断进入云南,嘉庆二十五年云南的人口有 603.9 万,到道光十年(1830 年)云南人口已达 692.7 万,据《嘉庆一统志》、光绪《续云南通志稿·食货志》记载,还有很多地方人口为空白,是为"向因蛮民杂处,未经编丁"(按清代的户口编制,少数民族人口一般不列入人口编审统计范围)(2013 年统计云南人口 4596.6239 万);1820 年,西藏的人口119 万,同样没有把藏民族的人口数统计进去(2013 年统计西藏人口300.2166 万)。屯田开荒政策使甘肃的耕地面积不断增加,从雍正年间(公元 1722—1735 年)的 21.7601 万公顷增至乾隆三十一年(公元1767 年)的 35.0928 万公顷还多,以兰州为中心,甘肃的园艺业已相当有名,同时还大量种植烟草和中药材,成为当时西北地区最重要的农产品生产和外销地区。据民国年间的档案记载,乾隆年间(公元 1735—1796 年),甘肃很多地方地势辽阔,水草茂盛,天气暖和,因而鼓励设置军营牧场和回民牧场,饲养羊、驼、马。屯田政策也使大批的内地居民进入云贵高原。云南、贵州的大部分地方,汉族人口已远远超过地方少数民族的人口,汉族更多地把自然条件好的"坝子"开发出来,少数民族则向更高的山地迁移,为了生计不断向荒山陡坡要田,以至于形成今天"九分石头一分田,耕地似碗又似盆"的境地。

高原地区以农业为主形成的生态环境一直在变化着,但其变化速度在 20 世纪后期越来越快。1978 年的改革开放加快了我国对外开放的进程,让一直以来封闭的中国人看到了世界发达国家的经济发展水平,从此中国人撒开了腿,奋力从"农业文明"向"工业文明"和"物质文明"跨越。毫无疑问,当农业生产不再是为了单纯地满足人类的生理需求,当农业产品被赋予了商品的含义,农业、农村与世界经济的联系就越来越密切了,即使是在高寒地区、贫困地区、偏远地区,为出口生产的土地利用越来越多,土地的拥有者、生产者和管理者也越来越复杂,他们要的是土地产出的经济利益而不是社会利益和生态利益。不仅如此,高原环境下形成的丰富的水资源、矿资源、森林资源、动物资源,国家建设发展需要它们,出口创汇需要它们,还有一些精于谋略的国家需要它们,因为有些资源要经历千百万年才能生成,是不可替代的稀缺资源。农业生产、水资源开发、矿业开采、林木砍伐使我国高原地区的地貌状况以及生态环境发生着急剧的变化。内蒙古高原沙漠约占了高原面积的一半左右,号称沙漠"瀚海"。黄土高原成为我国水土流失最严重的地区。从甘肃来看,其国土面积42.59万平方公里,水土流失面积就达38.9232万平方公里,占全省国土面积近90%,致使沟壑纵横,农用土地肥力下降,农田损坏,泥少淤积,旱涝灾害不断,气候更加恶劣。云贵高原上,贵州、云南是我国岩溶地貌分布最广的地区,如今却是石漠化程度最深、治理难度最大的地方,土地资源不断丧失,植被缺少不能涵养水分,人畜饮水极端困难。

　　1987年世界环境与发展委员会著的《我们共同的未来》指出:在过去,我们关心的是经济发展对生态环境带来的影响,而现在,我们正迫切地感到生态的压力对经济发展所带来的重大影响。因此,我们需要有一条新的发展道路,这条道路不是一条能在若干年内、在若干地方支持人类进步的道路,而是一直到遥远的未来都能支持全球人类进步的道路。新的发展道路即是可持续发展道路。由于生态环境的变化,我们已进入一个再分配资源和提高资源管理的时代(美国,国家研究委员会,1992年),涉及的问题不仅是资源的市场转变,更涉及谁从资源的得与失中获益和遭殃。对我国来说,改革开放的头20年,政策适时地支持并扩大了对生态环境利用的比例和形式,而在可持续发展观念下,首先需要在政策上改变这种利用方式,即:一是不要把国民生产总值看成是经济发展的指数,作为指数,它说明我们无须考虑可持续性。2012年以前,我国的人均GDP一直在增长,然而,按人均计算的经济产出与社会环境投入,教育、健康等投入的比例实际在下降。二是确保商品价格要包括影响社会和环境的所有成本。三是要停止对忽视环境健康的补贴。在过去的发展中，我国有很多补贴政策导致了产能过剩、汽车文化、过度强调"规模的""石化的"农业、过度砍伐森林、过度捕捞、浪费可利用的水，这一切将会扭曲经济，对环境带来巨大的危害。

无论国家大与小、人口多与少，无论是城市社区还是农村社区，都有发展愿景，都希望将家园建设成为一个经济繁荣、社会和谐、生态健康的宜居之地。发展的重点有先后，但是农业的根本地位不能撼动。2014年12月召开的中央农村工作会议再次强调了农业现代化是国家现代化的基础和支撑，没有农业现代化就没有国家现代化，发展现代农业，必须由单纯在耕地上想办法到面向整个国土资源做文章，大力发展农业产业化经营，实现一、二、三产业融合互动，产生"接二连三"联动效应。同在这一年，我国首倡、高层推动的"一带一路"国家战略，对我国的现代化建设和屹立于世界领导地位具有深远的战略意义。"一带一路"战略构想的提出，契合沿线国家的共同需求，为沿线国家优势互补、开放发展开启了新的机遇之窗，是国际合作的新平台，"一带一路"在提升向东开放水平的同时加快向西开放步伐，推动内陆沿边地区由对外开放的边缘迈向前沿。

在新的发展形势下，《高原农业可持续发展研究》一书的编撰出版一是要突出我国高原农业可持续发展的资源环境，二是要梳理我国高原农业经营方式的特点，三是要推动高原农业现代经营体系建设，四是要建立合作、参与、共同经营地方资源的资产型农村社区。研究着眼于高原地区的存量资源优势，走生态发展、绿色发展的道路，从农业第一产业找突破口，继而发展农产品加工工业、发展商贸物流旅游业等联动产业，从根本上解决至今高原地区农村经济发展方式依然落后，社会事业发展仍然滞后，城乡居民收入差距仍在扩大，农村居民收入不稳定，农村贫困发生率较高，制约农村发展的深层次矛盾尚未消除，可持续发展困难重重的问题。

以《高原农业可持续发展研究》一书为载体，我们的目的在于吸收长期关注高原农业可持续发展的研究者、实践者的观点,展示和推出本学科最新的发展动态和研究成果。通过高原农业可持续发展研究探索,在新的历史起点上,高原农业的生产经营要更加注重农业资源环境的可持续开发利用,农村资源通过市场向城市部门合理流动,发展多样的农村经济,在土地拥有者、生产者、管理者和消费者之间建立合作、参与、共同经营区域资源、互惠互利的新型关系。该书的出版,可以提供给与农业农村发展相关的政府部门,如计划、农业、扶贫、林业、环境保护和农村基层政府和基层组织等;可以提供给院校从事相关研究领域的教师和相关研究机构的研究人员;可以提供给越来越多的涉农企业和农村高层次应用型人才参考使用,促使关注高原农业发展的社会各方面人士正确地思考和理性地参与。

《高原农业可持续发展研究》编委会

2015 年 1 月 30 日

第一章 高原农业可持续发展的资源环境

第一节 高原农业可持续发展的资源构成[*]

农业作为第一产业,是资源依赖型产业。高原农业,是以高原地区特定的区位、海拔、地形地貌等自然环境资源因素为依托,并结合长期历史发展中形成的高原农业文化而构建的产业综合体。云南省的地理区位特殊而重要,是我国乃至世界生态环境和生物多样性、文化多样性保护的关键区域,也是一个农业人口占80%的农业大省。云南的高原农业,在党的十八大提出的"努力建设美丽中国,实现中华民族永续发展"的纲领指导下,面对经济高速发展下环境保护和生态文明建设的双重要求,资源综合开发和保护并举的生态保护策略下,明确了农业资源生态持续化的建设路径。

发展现代农业,需要特别关注自然资源的有效配置及可持续发展。农业是一个对自然资源和环境依赖性很强的产业。农业资源是农业发展的重要物质基础,主要包括自然资源(土地、水、气候、生物等)、人工物化资源(肥、种等)、人力资源、资本资源、信息资源等,农业资源禀赋条件、利用状况决定着农业发展的水平和潜力。农业资源利用效率直接影响着现代农业发展水平,高效合理地利用农业资源是现代农业发展的重要目标。近年来,我国现代农业发展取得了举世瞩目的成就,但

---

* 作者吴文春:云南大学农村发展研究中心讲师。

也要清醒地看到,我国的农业现代化进程中,农业发展方式粗放、资源消耗过大、农业资源利用程度低、生态环境破坏等问题十分严重[1],严重影响着农业可持续发展。

云南高原农业,由于地域差异、经济发展滞后等原因,农业资源利用程度低的问题更为突出。发展可持续的高原农业,需要对高原农业资源进行分析,挖掘资源潜力、优化资源构成、合理开发利用,寻求永续发展的建设路径。

一、高原农业资源系统构架

传统意义上的资源系统框架是综合性的,国内外学者研究认为它包括了自然资源、文化资源、人力资源、社会资源、政治资源、金融资源和建设资源。[2]

在资源富集的农村地区,农业生产从对自然资源的绝对依赖开始,逐步发展并充分形成对其他资源的积累和利用,最终构架成为资源之间可以相互利用转化、彼此增益也彼此减损的农村资源综合系统。在这个综合构架系统中,资源能够从一种类型转变成另一种类型,在利用上相互促进并相互制约。如若利用合理,就能优化各类资源的消耗和保护,避免单一耗竭性使用,保持农业资源框架的稳定和活力,保证农业生产的可持续性。

福罗拉、肖迎等学者指出,农业资源构架中:

农村自然资源包括了景观、气候、空气、水、土壤以及植物、动物和生物多样性等等,是其他资源的基础和农业生产依赖利用的资源。云南省的高原农业,是以云南高原的特殊区位和地势地貌形成的特色自然资源组合为坚实基础,充分挖掘利用在高原地形、水、土、气候组合下

---

[1] 沈玉君等:《中国农业资源生态持续化的建设路径》,《中国农业科技导报》2014年第16卷第4期,第24页。

[2] [美]福罗拉(Flora,C.B)、福罗拉·简(Flora,J.L):《农村社区资本与农村发展》,肖迎译,民族出版社2011年版。

的特色动植物资源,开发丰富的农产品。农村自然资源是发展高原农业的立足点和出发点。

农村文化资源,是在利用自然资源进行农业生产劳动和农村日常生活中积累的价值观和生活方式,并代代传承,不断丰富。云南高原多姿多彩的民族风情和农耕文化,保证和促进了自然资源的和谐开发利用和高原农产品的特殊价值。

而农村人力资源,是农村个体劳动者的技术、才能和潜能。人力资源的积累,受到教育和生活阅历的影响,并通过农村人才从其健康的体魄、劳动技能以及领导能力等方面表现出来。云南农村人力资源的素质,随着各族人民受教育水平和农村卫生事业的发展得到不断提高,并有着更加广阔的提升空间,将会成为云南高原农业发展的驱动力。

随着农业生产的规模化和整体性的形成,使农村社会资源,广泛存在于农村个人和组织间的社会网络、活动规则和相互间的信任中,对农业生产的影响非常明显。社会资源的丰富和社会网络的紧密,促进了农业规模化生产的组织合力,保证了农村社会和生活的和谐稳定。高原农业的发展,在突出特色的同时也必将注重规模,农业产业链的本土延伸也是高原农业提升效益的有效手段。在各族人民长期共同生活和劳动过程中积累的信任、规则和网络,再结合现代社会信息技术手段等所积累的社会资源,是高原农业资源构架中的有力支撑。

政治资源,在我国农村是党和各级政府通过法律法规对农村资源利用分配的管理控制能力。我国现行的在党领导下的依法治国,将成为农村政治资源对社会主义和谐新农村建设的坚实保障。

我国农村现代农业的发展离不开国家、市场和公民社会的金融资源,高原特色农业也不例外。金融资源的合理引入,可促进自然资源的高效利用和人力资源的快速积累以及其他资源的合理配置,使高原农业突破发展制约,较快进入发展轨道。

农村基础设施的建设,即农村建设资源,是农业持续发展和农民生活水平提高的需求和保障,是支撑其他农业资源积累转化的必需。农村基础设施包括学校、医院、道路、建筑物及设施等等。我国农村在保证基础农田的政策下，积极推进农村基础设施建设，同时，基础设施的完善，使农业自然资源利用更高效合理，人力资源积累加速，其他资源也能得到促进加强。

联合国可持续发展21世纪议程指出："……为了给可持续农业和农村发展创造条件，不但发展中国家，而且发达国家，不仅在国家一级，而且在国际一级，都需要在农业、环境和宏观经济政策方面作出重大调整。可持续农业和农村发展的主要目标是以可持续的方式提高粮食生产和加强粮食安全。这将涉及：教育倡议、利用经济鼓励、发展适当的新技术，从而确保营养充足和粮食的稳定供应、易受损害群体有机会获得这种供应以及市场生产，创造就业机会和收入以减轻贫困以及自然资源管理和环境保护……"这也意味着农业产业发展要有必需的合理资源构架。

二、云南高原农业资源构成的独特性和差异性

农业是一个对自然资源和环境依赖性很强的产业，云南的高原农业发展对特有资源的依赖性尤为突出。云南高原自然环境资源的多样性形成和造就了高原农耕文化和农产品的多样性。这种多样性，是高原农业的特色和发展的动力潜力，也要求在产业发展中，充分利用区域的生物文化多样性，优化区域农业资源、农耕文化和劳动力资源，合理实施政策及布局金融资源，本着生态保护和资源综合利用、优化和拓展产业链及发展高原特色农业的原则，扶持当地村民开发生态友好型的高原农业。同时，要注重搭建农产品增值体系和销售体系，引进投资和提高劳动力素质，提倡探索既能保护高原生态发挥高原特色又能提高农民生计水平的资源可持续发展的特色农业。

高原山地造成的多样立体气候、水土条件在区域内差异明显、土地资源分布破碎、水资源时空不均、社会经济发展滞后、民族民俗文化的多样和生态保护的重任等综合因素，使云南省高原农业发展面临特征

显著潜力巨大但难成规模、技术制约政策滞后但市场期待的现状。从总体上看,云南省共有土地面积 5.91 亿亩,占全国土地总面积的 4.1%。全省总耕地面积 9282 万亩。其中,旱地在全省各地均有分布,约占总耕地面积的 2/3;水田主要分布在滇中、滇西南一带,仅占总耕地面积的 1/3。耕地资源,思茅和曲靖最多,其次为文山、昭通和红河,迪庆、怒江两个州的耕地面积最少。云南省境内西南诸江河包括红河、澜沧江、怒江及伊洛瓦底江,作为区域生态廊道和屏障,对区域水源涵养、水质保护、水量控制等水资源管理具有决定意义,也是农业水资源的主要来源。而由于山区河谷深切,云南省水资源开发利用困难,农田水利设施修筑困难;平坝支流短,水资源贫乏,而工农业和人民生活需水量大;山区水土流失严重,有加剧趋势,农田保水保土的技术和工程都不足;岩溶地区分布较广,地表水严重不足,制约着农业的发展。[1]且由于高原整体区域差异大,水土和气候资源分布不均,设施滞后,云南高原农业产业化和规模效益难以快速实现。但由环境差异形成的农业资源及其组合的多样性和特殊性,也是高原农业赖以发展和创新的基本条件和优势。有别于比如东北的大规模农业和长江三角洲等以技术支撑的精细农业,云南高原农业需要各区域紧密结合自身农业资源构成的独特性和差异性,挖掘生态友好农业和生态友好农产品的开发利用潜力,充分发挥文化多样性对农业产业化的促进作用,发展具有地区独特性的高原农业,避免脱离各地区农业资源构成特点的统一化大农业的盲目性,开辟一条高原农业生态资源持续发展的建设路径。

三、普洱农业资源构成和可持续化发展

位于我国西南部的云南省普洱市,国土面积 4.5 万平方公里,是云南省最大的州市,辖一区九县,人口 257 万,其中农业人口 205 万,占总

---

① 郭有安、黄英:《滇西北纵向岭谷区水资源特性及分异规律研究》,《人民长江》2005 年第 36 卷第 4 期,第 39 页。

人口 80%以上。普洱生态环境优越、自然资源丰富,但由于历史原因,经济社会发展落后于云南省和全国平均水平,基于此现状和资源构成特征,2014 年 2 月提出了到 2020 年建成国家绿色经济试验示范区的发展规划。绿色普洱的打造,是因地制宜结合地区农村资源构成特点,建设具有地区特点的可持续的云南高原农业的良好示范。

普洱长期以来以开发优势资源为主形成的茶、林、电、矿四大支柱产业,以及烟草、生物资源开发、畜牧水产、旅游文化、流通服务五大骨干产业不断发展壮大所形成的产业体系,其构建的基础在农村,得益于"绿色、生态、优质、高效、安全"的良好农业产业模式的发展;得益于普洱农村优势资源的开发利用,也为建设更具特色的、更有效益的、更生态的农业产业打下良好基础。我们将以普洱农村资源构成分析为突破口,深入研究普洱农村的资源存量、转化利用与积累,进而探讨普洱农村资源可持续利用和资源合理资本化、资产化的发展模式与发展路径,推动普洱"生态立市、绿色发展"战略持续稳定向前发展。

（一）普洱农村自然资源及开发利用分析

农业对自然资源的依赖毋庸置疑,高原农业也是以高原特有的自然资源为根基,整合资源结构中的其他因素来发展的。自然资源,特别是土地、水和气候资源,是农业资源构成中最关键最基本的因素。

1.普洱农村自然资源的关键要素

热区耕地资源:由于处于低纬地带的普洱市,平均气温在10.3℃—13.2℃之间,最热月(5、6 月)平均气温在 17.9℃—24.6℃之间,是云南的第一大热区,占云南热区面积的 28.6%,极适宜热带、亚热带动植物生长,热区耕地面积达 214 万亩。但坝区和山区半山区耕地资源差异大,坝区水土光热条件好,土地平整,一年收获二到三季农产品,可以推行机械化,如孟连的朗勒;而山区半山区耕地面积少,缺水,如西蒙县孟梭镇的喀斯特地貌发育区,水蚀荒漠化日趋严重。

热区生物资源:丰厚的热区资源,使普洱成为盛产稻谷、玉米、小麦等粮食作物和甘蔗、茶叶、咖啡、橡胶、烤烟、南药、水果等经济作物的沃土。以小粒咖啡为代表的普洱热区经济作物,品质一流,还有驰名中外的"普洱茶"。普洱是"普洱茶"的原产地和集散地,拥有茶园 29361 公顷,年产茶 1.59 万吨。此外还有景谷象牙芒果、冬早甜瓜等热带优质水果,小香蒜、小耳朵猪等原产地特有品种。

水力资源:普洱有丰富的水能资源,境内有红河、澜沧江、怒江三大水系及一百多条支流。澜沧江纵贯南北,漫弯、大朝山、糯扎渡三级大电站总装机容量达 835 万千瓦。

矿产资源:初步探明有金、银、铅、铜、铁、锡、镍、钴、铬、钠、钾盐、煤、石油等多种资源。

林木资源:普洱是云南的第二大林区,有林地面积 3829.5 万亩,人均 15.4 亩,为全国人均的 8.1 倍,全省人均的 3.4 倍。灌木林面积 372.3 万亩,森林覆盖率达 62.8%,活立木蓄积量 2.03 亿立方米,人均 56 立方米,是全国的 3.8 倍。其中可供采脂、用材、造纸、化纤用的优良速生树种普洱松占 68.9%。

综合而言,普洱农村自然资源禀赋条件优越,类型多样,空间分布不均,资源利用率低,主要表现在:第一,土地资源丰富,是云南省粮、茶、蔗的主产区之一,很适宜发展各类热林、热作和热果等。但目前开发利用不充分,耕地中轮歇地比重大,复种指数低,耕作管理还较粗放,具有很大的综合开发利用潜力。第二,森林资源丰富,是全省木材重要产区。但由于缺煤缺能源,薪材消耗量大,加之毁林开荒、乱砍滥伐,森林破坏严重。第三,城镇、交通等基础设施发展较快。但城镇、交通发展尚不能适应经济发展和对外开放的要求。

2.普洱农村自然资源开发利用和资本化分析

资源只有在投入利用、生成产生新的资源时,才能形成资本。农业是一个对自然资源和环境依赖性很强的产业,针对普洱农村自然资源及利用特点,在资源资本化过程中,应特别关注自然资源的有效配置及可持续发展。

土地资源资本化:农村耕地资源至关重要。普洱属于典型的高原和山区。全市土地面积 45385 平方公里,山区、半山区面积占 98.3%,坝区面积 103.92 万亩,仅占 1.7%。坝区耕地和山区缓坡耕地资源十分宝贵,更需要合理开发利用,以产生最大效益。

近年的免除农业税、土地流转等政策,目的都在于推动土地资源向土地资本转化。2013 年中央一号文件,提出家庭农场概念,指出农村土地资源市场化主要途径是耕地农场化,耕地集中、农场化种植将提高土地特别是耕地的利用率,使土地资本化过程更为顺畅。普洱市在推进家庭农场、土地承包等土地资本化过程中,可尝试利用好农村土地承包法,有效配置农村土地资源,实现强村富民。云南省在土地承包和家庭农场方面起步较晚,普洱可结合自身农村的特点,探索土地特别是耕地资本化的途径。

2014 年中央一号文件指出:"全面开展农村土地确权登记颁证工作。健全农村土地承包经营权登记制度,强化对农村耕地、林地等各类土地承包经营权的物权保护。用 5 年时间基本完成农村土地承包经营权确权登记颁证工作,妥善解决农户承包地块面积不准、四至不清等问题。"普洱农村可结合上述精神和措施,把土地资本化做到实处,充分完善农村最基本的生产关系,促进农村经济发展。此外,还可以学习借鉴沿海先进农村,如江苏无锡、苏州等发达地区确权登记方式。这些地方开展了土地股份合作改革。可以进一步加大改革探索,以股权的形式保护农民土地承包经营权益,从土地资本化向资产化和股份化迈出脚步,具有学习借鉴意义。

特色生物资源高效利用:普洱农业生物资源丰富,经济作物种植历史长,面积广,种类多。在不放松粮食生产的同时,充分发挥本地资源优势,积极发展茶、蔗、水果等经济作物,并使之成为商品基地、成为农民脱贫致富的支柱产业。特色林业、畜牧养殖业(如小耳朵猪、高峰牛)也有了较大的发展,从而改变了结构单一的状况,使农业经济迈上了一个新的台阶。现在大力开发的还有烤烟、咖啡、亚热带水果等产业。

然而,一些具备原产地优势的作物,如孟连朗勒的小香蒜,原产地论证缺失,销售渠道的保障不完善,制约了产业化的发展,妨碍了特色优势更充分的资本化。支柱产业茶叶的新品种更新问题,茶叶深加工欠缺,抵抗市场能力弱。在缺乏耕地的山区半山区,由于交通不便,制约了养殖的规模扩大,提高了技术支持和运输成本,如滇南小耳朵猪,养殖规模户少,缺乏项目资金来扶持更多的养殖规模户,而且品牌和价格保障不足。同时,牲畜的集中管理刚开始实施,后续问题有待实践。

因此,相应的政策、资讯、技术和资金的投入,是使特色生物资源得以高效利用,更加合理资本化的保障。

水资源开发与环境保护:生态保护的重要性不言而喻,在国家建设所必需的水利开发中,需要特别关注水源的保护。

截至2013年年底,澜沧县的第一个污水处理厂还在建设之中,尚未投入使用。调研的矿山企业在废水排前没有检测,直接入河。大多数种植户都说不使用化肥,但大面积种植咖啡不可避免的杀虫剂和其他化学品的使用,将会造成水源水体的污染。此外,河岸带单一品种的大面积种植对河流水体的可能污染等需要引起关注和预防。

利用人工水域开展的水库水产养殖刚起步,多在实验阶段,还未形成产业,需要资金和技术扶持。小流域开发、小水电水利开发造成的问题,需加强管理。如孟连县景信乡勐冒村一个不合理的国土整治项目(窄道建坝)导致河道堵塞,雨季土地被淹、庄稼歉收,致使村民在7—8月出现缺粮现象。

林业资源管理和矿业资源管理亟待加强:林地资源的开发利用应因地制宜,注重保护,加强管理,避免单一化种植可能造成的土地退化等后续问题。

普洱农村农用地中林地的面积最大,约占农用地总面积的61.94%;有林地约占林地总面积的75.51%,其次是灌木林,二者总共占林地总面积的93.27%,森林资源较丰富。但林业管理相对薄弱,森林估值、林权流转刚刚起步。如桉树、橡胶、核桃林等大面积单一种植比较普遍,存在土地退化的隐患。坡地退耕还林也需要加强。

基于资源优势的矿业也是普洱的支柱产业之一。目前,中小型矿山多承包给个人,因此需要加强矿山开发规范化和矿政管理的力度,以保证矿产资源资本化的可持续发展。例如,澜沧县勐朗镇南甸村的铅锌矿开采多为个人独资的矿山企业,在日常生产中,需加强矿政管理(采矿权,探矿权审核,采矿安全监管,尾矿堆放和利用,矿山环境恢复治理等),特别是所排污水对水源的污染状况必须跟踪管理,避免造成对水源和耕地土壤不可逆转的污染破坏。同时,对当地发展有贡献的矿山企业在整改合格后也应给予合理支持,保障矿山资源资本化的高效有序。

促进耕地后备资源转化为土地资本:我国城市化城镇化的发展,也意味着土地资本化是经济发展的必由之路。普洱农村土地转化为城市或工业用地时,需要注重自然资源的开发规划和保护、农民增收和生态环境保护等问题的研究论证,不能坐等城市化,要更好地开发利用农村耕地后备资源,在更大的空间、更广的领域实现土地资源的市场化配置,促进农村土地资源向土地资本转变。

由于普洱地区海拔高低悬殊,垂直气候差异明显,出现了较多的荒草地、裸石砾岩地,其中荒草地面积占未利用土地总面积的98%,是未利用土地的主要类型,也是耕地(旱地)的后备资源。

为促进耕地后备资源资本化,首先,要把握机遇,制定措施,做好做大耕地后备资源开发利用工作,以国家、省投资土地开发为契机,按中央、省的有关政策规定,落实土地开发专项资金,加大土地开发投入,加快普洱市本级土地开发项目实施,使耕地后备资源开发利用可持续发展。切实加强部门协作工作。项目所在县(区)及市级相关部门要做好支持配合工作,在水、电、路、林、土等方面进行项目协作,提高项目区土地的利用率和农业综合生产能力;其次,做好土地开发规划,切实保护生态环境,严防新的水土流失。把耕地后备资源开发按计划统筹安排实施。

自然资源综合开发利用:区域和地区的自然资源各要素是紧密联

系相互制约的。要注重优化资源配置,合理有效地开发农业自然资源,同时着重保护生态环境,在资源开发中建立生态补偿机制,避免无节制开发和无序开发,积极推进资源资本化,为普洱农业自然资源可持续发展,为高原特色农业的建设,打下坚实基础。

(二)普洱农村文化资源特点及产业化分析

根植于多样化的自然资源之上的普洱农村文化资源同样丰富多彩,乡村文化资源、少数民族文化资源和边境风情文化相互交织,且文化资源分布广泛,优势突出。多样的文化资源和自然资源共同存在相互依赖,是建设多样化的特色农业的有力保障。

多样化的普洱农村自然资源和文化资源的综合发展,使得打造特色农业具有显著的优势,面临难得的机遇,但也面临着起点低、经济基础薄弱和发展不平衡带来的挑战,需要更加注重保护与开发的平衡。文化资源保护是文化资源开发的基点,是文化资源开发的物质保障,尤其是对那些不可再生的物态型生态文化资源,要避免无节制的、掠夺式的开发,同时也应避免为了纯粹的保护以行政手段阻止限制当地民生的提高和生计的发展。例如一些边境佤族村,虽然实施了整村推进的各种扶贫项目,但是目前还存在种植能力低、土地少、产量低、粮食不能自给、橡胶等国家扶持种植还未能产生效益等问题,而且缺水干旱,交通不便。为完整保护当地的佤族村寨的独特建筑模式,云南省文化厅的文化保护政策限制了包括村寨道路改造在内的任何环境改善行动,造成了当地生计和民生发展受阻滞,使本身已落后的边境民族地区和地区经济发展更加脱节。在高度保护的政策下,对维持生计和推进民生改善的措施更需到位并有针对性,才能相对平衡保护和发展的矛盾,推动农村文化资源可持续发展。

(三)普洱农村人力资源的保护提升

农村人力资源是指以农村青壮劳动力为主,包括其他人员的可资开发利用的劳动力资源,也包括已走出农村但有意愿和能力回流的原农村居民。

根据第六次人口普查资料显示,普洱市常住人口在 2010 年达到 2542898 人,比 2000 年增加 147650 人,增长 6.16%。在占比达 80% 的农村人口中,留守儿童、留守老人、农村劳力外流或闲置等问题普遍存在。如边境村落的妇女外流境外严重,虽对家庭经济有帮助,但对当地人口结构的合理性造成影响。青壮年外出打工并且回流不足,或回流后再次外出,造成了本地农村人力资源的不足。外来迁入人口缺乏土地等生产资料,又导致了劳动力闲置,且因为劳动技能等原因,无法外出打工,整体贫困。另外,农村卫生条件差,体育设施缺失,也造成农村的人力资源资本化程度低、效率低。因此,应发展可持续的、有当地特色的、能发挥当地农民技能和提高积极性的特色农业,促进农村生产关系的确立,农村人力资源才会主动投入农业生产中,并且在积累中逐渐向人力资本转化。特色高原农业的开发,可以优化农村其他资源的配置、环境条件、社会生活保障和生产形式与组织形式,使之符合人力资源的预设值,促进农业生产和农村劳动力资源建立合理的生产关系,从而使人力资源自主投入生产,转化为人力资本,确保普洱打造绿色经济发展和特色农业的可持续发展。

(四)普洱农村社会资源现状

和谐和可持续发展是时代的主流、人民的需求,在社会主义新农村建设和高原农业发展中,农村社会资本的培育格外具有现实意义。农村和农业的发展不仅要考虑经济建设问题,农村社会、经济、文化协调发展的深层次问题尤为重要。

传统的中国乡村社会具有自治传统和固有的组织结构形态。[①] 在现代化进程中,地处西南边陲的普洱,传统农村社会中熟悉与信任、家族声望与个人信誉、农村合作社等,仍然是最重要的社会资源,并且推动和保障着农村各项资源的转化。特别是少数民族村落,这个现象更

---

① 高寿仙:《略论传统中国的乡村控制与村社结构》,《北京行政学院学报》2001 年第 5 期,第 60 页。

为明显。如民族聚居村落,通常家族世代居住,家族长个人威望高,很受村民信任。以村长为首的村委会充分利用本身的社会资源,管理协调本村公共耕地的利用,多种经营的布局。普洱的茶叶合作社,也多是当地的茶叶种植和致富能手牵头建立,以家族为主导,吸引其他村民共同发展,并利用积累的社会资源和社会网络,使茶农更好地与市场接轨,减少茶叶多级收购,增加产业链中茶农受惠,也带动了特色农业一定规模的发展。

（五）普洱农村政治资源的整合

村民委员会是我国农村最基本的政治资源单元,此外还包括各种服务于农村经济社会发展的合法组织和机构等。中国国情决定了党的领导是整合乡村政治资源的关键,各级党组织既是乡村政治资源整合的组织者,又是被整合的核心对象。当前农村利益关系已发生深刻变化,尤其是党组织已不再作为生产经营的主体来代表农民利益的现实,使得普洱在政治资源的整合过程中需要注重改进农村工作领导方式,创新基层工作方法,寻求适合普洱农村特点的民主管村机制,把党的领导和村民自治统一起来,从制度上确保党在农村的核心领导,提高党领导农村工作的水平。

让民做主是整合乡村政治资源的基础,明晰权责是整合乡村政治资源的前提。政治的核心是权力平衡和权责对等。要保持政治和谐,需要多方力量互相制衡,需要保持权利和责任的相对一致。强化监督是整合乡村政治资源的保障。要充分整合乡村政治资源,坚定不移地推进民主政治,必须加强对权力的监督和制约。[1]

普洱多数民族村寨中,都有村委会外的基层民主选举以及结果公示,村民的投票率在90%以上。而在沿海的江苏省,每个乡镇都有经营管理站,有的叫农村经济服务中心,村里还有报账员会计,管理集体

---

[1] 白玉冬、马菊林:《农民政治参与积极性的激发、引导和保护》,《前沿》2009年第7期,第31页。

经济财务资产,村级财务公开,资金资产资源"三资"管理,管理土地承包,开展土地流转服务,还有合作社服务、一事一议管理、农民负担管理等,是除村委会及乡政府以外农村政治资源的重要组成,可为普洱借鉴学习,提供基础农村管理能力,为高原特色农业发展保驾护航。

(六)普洱金融资源的合理配置

农村的任何一种经济活动,任何一种农村资源的开发利用和资本化,都需要金融资源的投入。资金的投入和扶持可以以各种形式出现。如2014年的中央一号文件就讲到要"加大农业补贴力度",要求新增补贴向专业大户、家庭农场、农民合作社等新型生产经营主体倾斜,就是通过农村金融资源的合理配置,促进农村其他资源在政策指导下的有效利用。

在社会经济转型发展时期,金融资源配置是农村经济有效发展的关键问题。市场经济条件下,随着金融效率的提高,金融资源配置的合理化与最优化对农村微观经济主体的支持与推动作用日趋明显,并在一定程度上决定着农村经济发展的速度和效率。当前社会主义新农村建设呼唤创新金融的支持,这种支持将使新农村建设与农业经营获得一种持久的融资与服务机制。

融资难问题依然是制约农村经济发展的主要瓶颈之一,为此,解决融资难问题、增加农村信贷投放一直是推进农村金融创新、改进农村金融服务的首要任务。[1] 近年来,普洱市金融机构围绕建立多层次、广覆盖、可持续的农村金融服务体系目标,推进农村金融创新,多方面改进和完善农村金融服务,促进金融资源向农村倾斜,做了大量的创新工作。

针对普洱农村的金融创新主要集中于信贷领域和保险理财领域,包括林权抵押贷款、宅基地使用权抵押贷款、农村农户住房抵押贷款、

---

[1]　李太后、张红伟:《基于制度视角的我国农村金融现实审视与路径选择》,《软科学》2008年第22卷第9期,第118页。

农业产业化龙头企业第三方担保贷款、农业产业化龙头企业存货质押贷款和农业产业化龙头企业应收账款质押贷款;组合类创新产品,包括"公司+农户"贷款和"公司+农户+专业合作社"贷款;特定对象类创新产品,包括扶贫贴息贷款、农户小额贷款、"贷免扶补"贷款、巾帼创业贷款、青年创业贷款、大学生村官创业富民贷款、失地农民创业贷款、返乡农民工创业贷款、涉农劳动密集型小企业贷款、农用车农机具按揭贷款以及小城镇二手房按揭贷款等。

但从总体来看,农村地区仍然存在金融产品少、服务方式单一、服务质量和效率与农村经济社会发展和农民多元化金融服务需求不匹配等问题。更为关键的是,普洱少数民族农村地区,村民的借贷仍然多发生在亲戚朋友和村民之间,因此,普洱农村金融资源的配置如何满足农村宏观经济和微观经济的发展,需要更为深入的创新和高效的管理,才能为不同规模的特色农业发展提供便利和驱动力。

(七)普洱农村建设资源合理开发,支持区域经济发展

普洱农村现有的农村居民点、独立工矿用地、道路、基础设施等建设用地,不到土地总面积的1%。普洱属于典型的高原和山区,山区、半山区面积占98.3%。

随着国家西部大开发战略和云南省桥头堡建设和城镇化的稳步推进,农村居民点的面积会逐年减少。针对山地多平地少的市情实际,需要扭转占用坝区、占用耕地搞开发建设的模式,向山地要空间、向山地要生态、向山地要发展。普洱市采取了一系列保证耕地资源不流失,保证区域经济发展的建设用地需求的策略,结合当地实际,农村土地置换为建设用地得到有效规范。同时,要创新用地理念、盘活土地存量、探索用地模式,在城镇化大潮中保住耕地数量红线和质量红线,保住优质农业资源。

四、优化农业资源构成,提高农业资源利用率,推进高原农业可持续发展

云南高原生物多样性和文化多样性高度重合,农业资源丰富多彩,

亟待在优先保护生态环境的前提下,优化农业资源结构,提高资源利用率,提升现代农业发展水平,走出一条充分发挥自身优势、高效合理利用农业资源的可持续发展之路。党的十八大提出了"促进工业化、城镇化、信息化、农业现代化同步发展","解决好农业农村农民问题是全党工作重中之重","城乡发展一体化是解决'三农'问题的根本途径","大力推进生态文明建设","节约集约利用资源,推动资源利用方式根本转变"等重要论述。这些新认识、新论断、新要求,内涵深刻,符合现阶段我国农业农村农民的实际,不仅为农业农村经济发展指明了方向,而且为各区域的特色农业资源开发工作提供了更广阔的舞台。这就要求我们以更敏锐的视角、更宽广的思路,抓住发展机遇,破解发展难题,创新发展模式,提高发展质量,寻找与"三农"工作新的切入点,拓展高原农业发展思路,发挥高原农业资源开发利用的潜力和带动高原农业产业化的作用。

当前,我国农业正处在由传统农业向现代农业转变的关键时期。加快发展现代农业是转变经济发展方式、全面建成小康社会的重要内容。没有现代农业做支撑,全国建成小康社会的目标难以实现;没有农业资源的高效利用,建设现代农业也是一句空话。我们必须按照党的十八大提出的新要求,全面贯彻落实科学发展观,着力转变农业发展方式,优化布局和结构,在发展以生态保护为重点的高原农业时,提倡和推进高效利用耕地、水、劳动力等传统要素,引入资金、管理、技术等先进要素,集约经营自然资源和生产要素,优化农业资源构成,实现现代农业的可持续发展。

云南高原地区差异性和独特性兼备,需要像普洱发展规划一样,针对各地区农村环境特点和农业资源结构的制约,找出农村资源环境持续快速发展的关键问题,加强调查研究,科学提出以优化资源构成和寻求可持续发展为目标的对策和发展规划,保护生态环境和自然资源的优势,迎接高原农业发展过程中面临的挑战,提供系统的有预见性的科学支撑,推进资源资本化,有效促进高原农业资源可持续发展路径的建设。

第二节　云南高原农业与生态系统保护*

云南在推动高原农业发展过程中,既有其独特的资源和生态优势,也面临着发展与生态之间平衡难以保持的挑战。"先发展、后生态"的模式已经被证明不是一种值得推广的方式,云南高原农业发展也不应该遵循这样的模式。本节分析了云南高原农业和生态环境的现状和特点,探讨了农业发展和生态保护之间的制衡关系,旨在针对云南高原农业的可持续发展提出对策建议。

一、云南高原农业特色

云南高原是中国四大高原之一的云贵高原的组成部分,是长江和珠江水系的分水高地。海拔、土壤、降水、气温等方面的特点造就了云南异于内地的高原农业生产系统,形成了"丰富多样、生态环保、安全优质、四季飘香"的高原农业特色。

云南地处低纬度高原,地势北高南低,海拔最低点不足百米,最高点近七千米,差距悬殊。全省土地面积中山地占84%,高原、丘陵约占10%,坝子(盆地与河谷)仅占6%①,高山峡谷纵横交错。不同的海拔高度形成的立体气候,让云南大部分区域常年处于东南季风和西南季风的控制之下,加之受青藏高原区的影响,造就了云南独特的气候条件,兼具多个气候带的特征。"一山分四季、十里不同天",得天独厚的地理环境和气候条件,不仅使得云南动植物种类异常丰富,拥有热带、亚热带、温带、寒温带植物,而且还拥有许多古老的、特有的植物物种。农业文明与发展历来同流域的关系极为密切。云南地处六大河流的重

---

　*　作者吴於松:云南大学农村发展研究中心副教授。

　①　云南省农业厅:《云南省农业生产概况》,2014 年 11 月。

要流经区域,大江大河源远流长,高原湖泊星罗棋布。云南每年水资源流量 2000 亿立方米,相当于黄河的 3 倍,过境水量 1600 亿立方米,两项合计人均水资源拥有量 1 万多立方米,为全国人均拥有量的 4 倍。[①]水资源孕育了云南的高原农业,形成不同的农业生产方式。云南的土壤类型多种多样,受纬度分布和海拔高度的影响,土壤分布也具有垂直性的特点。在全省 16 个主要土壤类型中,黄壤占 20%[②],红壤占全省面积的一半,故云南有"红土高原"之称。

独特的自然地理分布特点,造就了云南农业发展中品种资源异常丰富的立体农业特点。云南历来有"植物王国"的美誉,在全国近 3 万种高等植物中,云南就有 1.8 万种[③],占全国总数的一半还多。云南的农作物主要是稻谷、小麦、玉米、马铃薯和油菜等。地理气候的多样性孕育了丰富多样的稻种资源,云南是中国稻作生态和遗传资源多样性最丰富的地区。云南的横断山区是我国水稻种植高度最高的地区,海拔 2695 米的宁蒗县仍有水稻种植,而海拔 76 米的河口县,是云南种植水稻海拔最低的区域。立体气候条件带来的是丰富的品种资源。据统计,云南经鉴定的稻种资源就超过 5000 余种[④],近年来优质稻米的栽培面积也在逐年增加。"云南小麦"多生长在海拔 1500—2500 米之间的高山区,为独有品种,主要生产于云南西南澜沧江流域和怒江下游的 12 个县。由于云南西北部的海拔较高,导致小麦的日照和生长周期有限,小麦质量受到一定程度的影响。玉米的种植在云南有着悠久的历史,这里也是中国玉米种植带的西南端。就玉米种植面积和产量而言,云南并非中国玉米生产大省,但在玉米种质资源的遗传多样性、种群生态系统分布状况及生态景观的多样性方面却具有独特性,因而备受关注。马铃薯

---

① 云南省农业厅:《云南省农业生产概况》,2014 年 11 月。
② 云南省农业厅:《云南省农业生产概况》,2014 年 11 月。
③ 郑维川、王兴明:《云南省情》,云南人民出版社 2010 年版。
④ 戴陆园、叶昌荣等:《云南稻种资源的利用及有关研究进展》,《植物遗传资源科学》2002 年第 2 期。

在云南是重要的粮食作物,云南是我国最适宜种植马铃薯的地区之一,马铃薯对解决云南广大山区人民的温饱和增收致富意义重大。云南的气候条件也十分适宜种植油菜,不仅种植区域广泛,加之山地气候昼夜温差大,油菜产量高,含油量高,种植油菜有得天独厚的优势。

(一)作物品种丰富

除传统农作物种植外,云南的主要经济作物还有烟草、甘蔗、茶叶、橡胶、咖啡和花卉。烟草产业目前仍然是云南最大的支柱产业,烤烟种植面积和产量居全国第一,产量约占全国总产量的1/3。云南甘蔗品质好,含糖量高,甘蔗种植及糖产业是云南除烟草产业以外的传统骨干产业,在种植面积、产量上仅次于广西位居全国第二位。云南是中国茶叶的原产地之一,种植和利用茶叶的历史超过1700年[1],野生茶树资源十分丰富,分布面广,数量多,不仅散生,而且有成林成片分布。在沿澜沧江、怒江、元江两岸的森林中均有野生大茶树分布,其中勐海县南糯山有500多年生的大茶树王,勐海县贺松大黑山有约1700年野生大茶树,都被当地群众封为"神树"。云南茶叶品种除普洱茶享誉全国外,还有绿茶、红茶、紧压茶等,茶叶产量已超过18万吨,居全国第二,而目前云南茶叶种植面积已超过35万公顷,占全国茶叶种植总面积的1/5,位居全国第一。[2] 云南橡胶种植的纬度高于世界的其他地区。云南已建成产业规模仅次于海南的天然橡胶基地,橡胶种植面积超过46万公顷,年产量约30万吨,单位面积产量居全国之冠。[3] 咖啡在云南的种植已有八九十年的历史,在云南南部和西南部的热带、亚热带地区以及干热河谷地区均适宜种植小粒咖啡,云南特产小粒咖啡颗粒均匀饱满、气味醇和、香气度高、口感好,颇受消费者欢迎。花卉产业是云南

---

[1] 段兴祥:《云南茶叶产业发展现状及对策研究》,《社会主义论坛》2006年第10期。

[2] 江凤琼、梁明智等:《云南茶叶发展现状与对策研究》,《安徽农业科学》2013年第16期。

[3] 云南省农业厅:《云南省农业生产概况》,2014年11月。

的新兴经济作物产业,品种资源丰富,仅野生花卉就超过2500种。在长期的花卉栽培选育中,云南花卉产业已推出一批批有特色的奇花异草。自20世纪90年代蓬勃兴起的鲜切花生产发展迅猛,产量居全国第一,出口量占全国的1/2,成为亚洲最大的鲜切花出口基地。①

除特色农产品外,由于独特的山地和林地条件,云南还拥有丰富的林产品,为当地人民带来了很大的收益。云南的林下产品主要是菌类,如松茸、干巴菌、羊肚菌、鸡枞等,其种类之多、分布之广、产量之大,名扬全国,并成为当地农户采集收入的主要来源。

云南自然条件的立体特征使其保存了丰富的野生植物资源,这其中有许多是珍稀名贵的药材,云南也因此获得"药材之乡"的美誉。据统计,云南省有药用植物近五千种,分布在寒温带至热带的各海拔高度,如"雪上一枝蒿"、重楼、茯苓、虫草、天麻、三七等,形成了多个药材生产基地。

云南蔬菜品种极其丰富,已栽培的就有一百多个品种,蔬菜种植面积达1300万亩,年产蔬菜2300万吨。受益于多样的气候环境,云南蔬菜外销量达1200万吨。云南反季蔬菜种植在全国蔬菜市场上占据重要地位,年产值超过400亿人民币。②"云菜"已发展为云南省重要的高原特色产业,成为当地农民增收的重要来源。

(二)多季栽培,周年生产

独特的地理位置和气候条件,使云南农产品较少受到季节变化的影响,丰富的农作物极其加工品均可实现多季栽培,周年种植生产,高原特色明显。经过多年的发展与探索,云南的高原农业已经初步形成了以滇中、滇东北为主的烟草、畜牧、花卉、中药材、马铃薯产业区;以滇南、滇西南为主的优质稻米、甘蔗、茶叶、橡胶、咖啡产业区;以滇西、滇西北为主的畜牧、药材产业区;以滇南、滇东南为主的热果、药材产业区。此外,虽

---

① 云南省农业厅:《云南省农业生产概况》,2014年11月。
② 云南省农业厅:《云南省农业生产概况》,2014年11月。

然地处西南内陆,但农产品出口一直是云南对外贸易的亮点。咖啡、鲜切花、果仁、食用菌的出口额均名列全国前茅。从咖啡、野生菌、鲜切花到茶叶、核桃,云南农产品已经或正在成为全国的特色产业领跑者。

二、云南高原生态系统特点

中国是世界上生物多样性最为丰富的国家之一,也是最早加入《生物多样性公约》的国家之一。云南是我国 17 个生物多样性关键地区和全球 34 个物种最丰富的热点地区之一[①],其生物多样性价值在全国乃至全球占有重要地位。云南高原生态系统的特点归结起来就是丰富性、特有性和脆弱性。

（一）丰富性

云南是我国物种最丰富的省份,种类组成丰富,新分类类群比重大,各类群的物种数均接近或超过全国一半,堪称世界生态类型的缩影。其中苔藓植物、鸟类所占比例分别是 68.2% 和 66.8%[②],其次是哺乳类、蕨类植物、被子植物和淡水鱼类,裸子植物、爬行类和两栖类居后。物种总数中 1/3 以上的动植物类群为新分类类群,居全国之首。1999 年由国家林业局和农业部公布的《国家重点保护野生植物名录（第一批）》中,分布在云南省的达 142 种。其中一类保护植物 4 种,二类保护植物 56 种,居全国第一位。在 1984 年国家第一批公布的 389 种重点保护植物中,在云南分布的就有 154 种,占全国总数的 38.59%。全省有国家重点保护野生动物 164 种,占全国重点保护野生动物种数的 63.8%。其中 I 级保护动物 22 种,II 级保护动物 119 种。

云南蕴藏了大量珍贵的遗传基因多样性,特别是许多经济价值高、被广泛利用的栽培植物与家养动物,都能在云南找到其野生类型或近

---

① 云南省生物多样性保护联席会议,《云南省生物多样性保护战略与行动计划 2012—2030》,2013 年 4 月。

② 云南省生物多样性保护联席会议,《云南省生物多样性保护战略与行动计划 2012—2030》,2013 年 4 月。

缘种。如野生稻、野生茶叶、花卉及药物资源均分布于云南南部至西南部的热带地区,是具有重要经济价值和开发潜力的遗传基因资源,也是未来云南、中国乃至世界发展可持续农业极为重要的资源基础。

云南境内的陆生生态系统几乎包括了地球上所有的生态系统类型,主要包括森林、灌丛、草甸、沼泽和荒漠等。云南仅占全国国土面积的 4.1%,但却拥有 12 个植被类型、34 个植被亚型、445 个群系和数量众多的植物群丛。[①] 它们分属于从热带到寒带,从水生、湿润、半湿润、半干旱到干旱的各种生态类型和生物种类。

以云南森林生态系统为例,其生态类型的物种组成、分布以及环境条件各不相同,具有很大差异性。云南境内的森林及其整个生态系统不仅发挥着巨大的经济效益,而且还是维护淡水流域的生态平衡、改善环境质量、保持水土资源和中下游地区社会经济发展的绿色屏障。据 2012 年《云南省森林生态系统服务功能价值评估》报告数据,经过核算,云南森林生态系统服务功能总价值每年为 1.48 万亿元,占全国的14.8%,居全国各省之首。[②]

除陆生生态系统外,云南的水生生态系统有河流生态系统、湖泊生态系统,与云南的六大水系,即金沙江、澜沧江、怒江、伊洛瓦底江、元江和南盘江,共同构筑了云南淡水生态系统的基本框架。而以滇池、洱海、抚仙湖、异龙湖和泸沽湖为代表的云南高原湖泊,反映了中国淡水生态系统的一些特殊性。

(二)特有性

复杂的气候环境虽然造就了云南的物种多样性,但种群稀、数量少、分布区域小的现象十分突出,植物区系地理成分构成复杂,拥有一大批子遗种和古老种。中国境内特有植物近九千种,云南约占一半左

---

①　云南省生物多样性保护联席会议,《云南省生物多样性保护战略与行动计划2012—2030》,2013 年 4 月。

②　赵元藩、温庆忠、艾建林:《云南森林生态系统服务功能价值评估》,《林业科学研究》2010 年第 2 期。

右。尤其是滇西北横断山区、干热河谷地区、滇东南喀斯特地区及热带山地，植物的特有属和特有种更为集中，其中有不少还是云南植被有关类型的建群种、优势种或标志种。

（三）脆弱性

云南同一区域不同生境类型之间差异很大，不利于物种种群的增长和扩散，但却有利于物种的分化和新物种的形成。由于种群小、数量少，物种容易出现濒危或灭绝。云南省特有物种地理分布狭窄，某些物种仅分布于某一狭小区域，过分依赖于特殊的生态环境，抵抗外界干扰能力低，生态适应能力很低，对于外界干扰非常敏感，遇有自然灾害或人为破坏，很容易陷入濒危境地甚至灭绝。云南省的大部分生态系统处于热带和亚热带区域，对环境变化和外部干扰的敏感性强，稳定性低于温带生态系统。云南特殊的地质构造与地形地貌、复杂的气候环境，尤其是高海拔、气候寒冷、山高坡陡的区域，如滇西北地区，植被恢复和演替过程极为缓慢，森林生态系统一旦破坏极难恢复。

三、高原生态系统与农业发展的相互依存与制衡关系

地球生态系统帮助人类生产出丰富的食物，而生物多样性是这些丰富产出的根本，是农业的基础。农业生物多样性是农业生态系统服务的基础。

受益于丰富的生物多样性资源，云南农业栽培作物、特色经济林木等物种遗传种质资源极为丰富，有农作物及其野生近缘种植物数千种，其中栽培植物约 1000 种，占全国的 80%，主要栽培植物 500 余种，有 200 余种起源于云南，是世界栽培稻、荞麦、茶叶、甘蔗等作物的起源地和多样性中心。全省核桃、板栗等特色经济林果种类 100 多种，药用植物 6000 余种，占全国的一半以上。①

① 云南省生物多样性保护联席会议，《云南省生物多样性保护战略与行动计划2012—2030》，2013 年 4 月。

如果我们人类需要在 21 世纪和未来继续从地球获取足够的食物来供养自己,就需要保护地球上复杂和多样的生态系统,因为维护和保障一个健康的生态系统是生产食物和其他农产品的基本保证。生物多样性保护直接贡献于人类的食品安全、营养和日常生计。我们之所以能够拥有丰富多样的农业生产系统,生物多样性的贡献不可或缺。在联合国粮农组织和环境署 2008 年共同发布的《生物多样性与农业——保护多样性与全球食物安全》中,针对农业如何促进生物多样性保护和农业对生物多样性保护的威胁都进行了非常细致的阐述。

(一)农业如何能促进生物多样性

1.提供生态系统服务

可持续地管理生态系统包括农业生态系统,有助于在更大范围发挥生态系统的服务功能,诸如维持水资源质量,废弃物的转移,减少地表径流并促进水质净化,让土壤保持合理湿度,控制水土流失的范围和程度,促进碳汇及自然授粉等等。

2.维护

农业生产同样需要一些动物物种的帮助,诸如授粉行为和更多样性的栖息地环境才能得以开展。水生生物的养殖多发生在自然水体中,保护这些自然水体的环境能使传统渔业健康发展。

3.生态知识

农业生产实践来源于我们对生态系统的了解和知识的传承。人类现在和未来都需要确保食物的安全和稳定的生计,在人口不断增加、耕地面积逐渐减少的情况下,更需要采用可持续和有效的农业生产方式,包括更有效地利用水资源、土地资源和养分,更有效的土地利用规划和可持续的消费观念来增加食物产量,减少人类在地球上的生态足迹,以获得更佳的经济和社会效益并保护生物多样性。

农户通过农业生产回应和满足消费者的需求,在长期的生产实践中将农业生产管理和可持续保护的相关知识代际相传,是农业生物多样性的真正守护者。

（二）农业如何会减少生物多样性

农业可贡献于保护和可持续利用生物多样性,但同时也是生物多样性丧失的一个主要推手。

1.作物种植

许多现代农业耕作技术都是以集约方式来提高产量,从而导致对农业生态系统和生物多样性保护的简化及忽视,进而导致不稳定的生产系统。其中一些手段包括减少作物种植的多样性为单一作物种植,减少作物演替和轮作,使用高产品种和杂交品种,导致传统作物品种逐步丧失。选用需要大量投入无机肥的品种,控制杂草,用化学制剂减少病虫害而非使用传统生物防治方法等。

把小块农田集中为连片农田种植,土地排水甚至将湿地排干用以耕作都会导致生物多样性的急剧下降。在农耕中消除自然景观区域,包括树篱、林地和湿地,以便让大型生产设备开展大规模的机械化生产,也导致生物多样性和生态系统服务功能下降。

2.牲畜养殖

密集的或所谓的不占用更多土地的大规模集约养殖系统不仅导致养殖中饲料需求的上升以及畜禽粪便处理困难的问题,而且增加的饲料需求也直接导致农业耕作系统压力的增加,进而导致对水资源和营养物需求的上升,造成其他化学品的投入。现代生产方式强调生产的数量,注重筛选和繁育高生产力的品种,导致土著品种,尤其是质量和适应性更好的土著品种丧失。

2002年4月,《生物多样性保护公约》的签署力图贡献于减贫和推动地球上所有生物的福祉,并希望能最大限度地降低物种消失的速度。每年的5月22日生物多样性日就是为了唤起和提升人们保护生物多样性的意识。而近年来,"生物多样性与农业"也日益成为人们关注的主题,人们已经逐渐认识到保护和可持续利用之间的紧密关系,强调推动可持续农业的重要之处就在于既要保护生物多样性,也要满足人类可持续发展的需求。

现代农业的快速发展一方面为人类社会提供了大量的食物来源，有力保障着人类的基本生存需要，但也给生物多样性保护带来前所未有的威胁。在过去的几百年间，人类活动加快了地球上其他生物的灭绝速度，过度利用自然资源导致的环境退化、化石能源的大量使用所导致的气候变化令极端和灾害天气频繁，这些活动都会造成野生动植物栖息地的丧失。

尽管生物多样性和生态系统服务对人类社会至关重要，但人类活动正在以前所未有的速度推动生物多样性的丧失。尽管农作物和牲畜的多样性对农业生物多样性至关重要，但近几十年来，农业生产中的技术进步却在很大程度上忽视了生物多样性的流失。

在过去50年中，陆地生物多样性的丧失主要是由于栖息地的变化，这在很大程度上是由于自然和半自然农业生态系统以及与其相配套的土地利用方式的改变。营养物特别是氮和磷，大部分来自于化肥和农业污水，是陆地生态系统恶化最大的驱动力之一。

气候变化预计将成为未来生物多样性丧失的另一主要驱动力，以及对可持续农业具有重大挑战的因素之一。对气候变化的响应机制及适应性手段的传承与创新，对农作物和畜牧业以及农业生物多样性保护意义重大。

随着人民对食品，尤其是安全食品的需求大幅增加，针对不断下降的自然资源基础，全球粮食生产目标在未来几十年将致力于为养活不断增长的人口和不断上升的预期提供安全的食品。由需求导致的农业增长，会进一步要求大规模集约化种植和养殖作出贡献。生物多样性保护在此过程中面临着机遇和挑战并存的局面。一方面，生物多样性保护能提供必要的资源基础以满足长期增长的需要，通过农作物和牲畜品种改良，使种植和养殖适应不断变化的条件；但另一方面，人们也需要更注重维护农业生态系统的健康，以保护遗传多样性。

改革开放以后，中国的农民用全球7%的可耕地满足了全球20%的人口的粮食需求。在过去的十年中，中国农作物的产量一直在持续增长。然而,这些增长并不是没有代价的,粮食产量的增长在很大程度上依赖于农业化学品的使用,即化肥、杀虫剂和除草剂。中国黄金科学研究院首席专家高吉喜在"可持续农业:全球的挑战"论坛上指出,农业生产给中国带来的环境污染问题不容忽视。在中国,化肥的平均使用量是每公顷400公斤,全国化肥的年均消耗超过4000万吨。这个数字远远超过了发达国家每公顷使用225公斤化肥的安全上限。

根据一项调查,中国超过75%的湖水和50%的地下水已经遭到污染。① 水污染的原因来自于工业点源、居民生活污水和农业面源污染等各方面。针对工业点源污染和居民生活污水污染已经有许多的治理方法和手段。然而,来自于农业的面源污染将会在未来很长一段时期内成为主要的污染源。

过量的化肥、农药使用已经导致地表水、地下水甚至海洋生态系统的污染。从1996年到2006年,中国氮肥的使用增长了40%,磷肥的使用增长了60%,而杀虫剂和除草剂的使用更是增加了80%。这些化肥、农药使用的急剧增长直接导致了地表水的富营养化和地下水被硝酸盐和亚硝酸盐污染。②

中华古老文明的发展同农耕文明息息相关,任何一种农耕文明都同水资源的使用与管理紧密相连,中国的农耕文明也都发源于大江大河。因此,任何对水资源的损害都将严重影响和威胁到农业文明的发展和传承。以同水资源和水生态密切相关的鱼类为例,中国有3862种鱼类,占全世界鱼类种类的20.3%,其中404种是中国特有种。但仅仅由于近半个世纪的环境退化,其中的92种淡水鱼类已经进入濒危名单。③

---

① 刘飞男:《中国地下水污染危机》,《百科知识》2011年第18期。
② 尹雅芳、刘德深等:《中国地下水污染防治的研究进展》,《环境科学与管理》2011年第6期。
③ 尹绍武:《我国鱼类多样性现状与保护》,《生物多样性和濒危物种保护》2011年第5期。

在云南澜沧江流域，茶叶、咖啡、香蕉和橡胶等的大面积单一种植，都需要"大水大肥"的滋养，从而导致化肥和农药都极易随着地表径流流入江河，这些作物对水资源的吸取和消耗也导致种植区域地下水资源缺乏。随之而来的后果是近年来澜沧江流域的生物多样性和淡水鱼类种类资源与数量的急剧下降，甚至影响到湄公河流域内陆渔业的发展。

化肥农药的过量使用对流域和水资源的污染绝不是云南甚至中国某一区域的局部性问题，而是"绿色革命"以来为满足人类基本需求而进行的粮食生产及推动现代农业生产方式所造成的"发展的困境"。

四、协调高原农业发展与生物多样性保护

云南省委省政府提出"大力发展高原特色生态农业"，在确保粮食安全的基础上，发挥地域和气候优势，建设烟糖茶胶、花菜果药、畜禽水产、木本油料等特色原料基地，打造优势特色农产品品牌，以农业产业化推动农业现代化，结合云南"生态、多样、四季、开放"的实际，实现云南农业的跨越式发展。要实现这样的战略目标，就需要在特色农业产业发展布局和思路上引入创新性手段。

(一)发展生态农业

生态农业的概念最早由美国土壤学家阿尔布瑞奇（W.Albreche）提出，随后在1981年由英国生态农业专家沃辛顿（M.K.Worthington）进一步完善。它主要是描述一种生态上能够保持平衡，能量上能够自我维持，低输入、经济上有生命力，在环境、伦理、审美方面可接受的小型农业系统。国内大多数学者认为生态农业就是以生态学理论为依据，在特定区域内所形成的经济、社会和生态效益相统一的农业，是把农业生产、农村经济发展和生态环境治理与保护、资源培育与高效利用融为一体的新型综合农业体系。

20世纪，农业生产方式和农业经济发展经历了粗放型增长和掠夺式开发过程，在农业生产过程中重开发轻保护，以牺牲农业生态系统为代价换取短期和局部利益，导致生态环境恶化，进而影响食品安全，对

人类的生存和发展产生严重威胁。从20世纪70年代开始，人们开始致力于关注和示范有机农业，尊重植物、动物、微生物以及景观本身的自然能力，因地制宜发展农业。

发展有机农业的原则之一是强调在农业生产中有限使用当地资源，优化在同一土地上多种植物和动物对资源的利用。这种在时间和空间上对农业系统的"保护性"投入，同生物多样性的保护与管理是极其吻合的。这样的手段包括选用本地的品种，不仅对当地气候有较高的适应性，而且可以增加作物的抗病性；维护农田及周边区域的自然景观状态，减少和不使用化学制剂，营造适合野生动物的安全生活环境，依靠自然控制能力，采用生物防治手段，减少作物对农药的依赖程度。

云南94%的土地为山地、丘陵，农作物单位产量低，持续高产量的农田少，干旱、洪涝、滑坡、泥石流等自然灾害频繁；与此同时，云南位于西南边疆，少数民族众多，农业主要是小规模的自给自足的山区农业，再加上一些地方恶劣的地质条件，如果云南的农业发展去强调大规模集约型农业，那么农业产业建设和发展的难度可想而知。但如果云南的农业发展着眼于丰富的自然生物资源，发挥绿水青山的生态优势，在发展农业产业中把生态建设放到突出重要的位置，做到农业产业发展与保护生态协调，在生态保护中提升农产品质量，则会收到"四两拨千斤"的效果。

目前在云南，已经有很多的区域开展了生态农业的积极示范，并取得了有益的成效。如大理州洱源县，政府正积极倡导有机种植方式，鼓励农户采用生物和物理防治的手段，减少过量施用化肥，不使用杀虫剂，努力打造生态大米生产基地，培育"绿色生态、优质高产"的超级稻新品种。在西双版纳州罗梭江流域，河岸周边社区农户也在州农业局的支持和帮助下，积极发展社区渔业，通过养殖土著鱼，将流域周边的橡胶地和香蕉地种植逐步转变为生态鱼塘，减少农药和化肥的施用量，通过村规民约规范河流捕鱼方式，放弃不利于鱼类资源恢复的"电打渔"和"鱼坝"捕鱼方式，在不影响农户日常生计的情况下，极大地贡献于罗梭江流域鱼类生物多样性的保护和资源恢复。

（二）开展特色农业认证和地理标志工作

农产品质量认证始于20世纪初期美国开展的农作物种子认证，并以有机食品认证为代表。到20世纪中期，随着食品生产传统方式的逐步退出和工业化比重的增加，食品安全问题受到大众的广泛关注，许多国家引入"农田到餐桌"的过程管理控制理念，把农产品认证作为确保农产品质量安全和降低政府管理成本的有效政策措施。农产品地理标志是指标示农产品来源于特定地域，其产品品质和相关特征，包括自然生态环境和历史人文因素，并以地域名称冠名的特有农产品标志。要跨越式提升高原特色农产品的市场竞争力，积极开展高原特色农产品的有机认证和地理标志工作将是一种积极、有效的方式。

云南高原历来给人以蓝天白云、空气清新、生态环境优良的良好印象，具有高原特质的农产品往往给人以生态安全和品质优良的印象。对蔬菜、马铃薯、荞麦、青稞等高原粮食作物和茶叶、水果、白芸豆等高原山区经济作物，还有小耳朵猪、独龙牛、乌骨鸡和高原特色水产等生产基地进行合理、必要的布局和认证，使这些特色产品成为具有地理标志的产品，对于高原特色农产品进入中高端市场，提高产品竞争力，具有极为重要的经济和社会意义。

（三）突出高原特色农产品的民族文化特质

由于云南少数民族多居于高寒山区、深山林地，在农业、林业、牧业发展等方面具有原生态、绿色无污染等特点，在食品安全日益受到人们关注的今天，那些往日看起来落后的农业生产方式反而具有独特的开发和推广价值。

云南有25个人口超过4000的少数民族，蕴藏着丰富的民族传统文化。在长期的生产生活中，各民族创造了丰富璀璨的民族文化，并与这里的农业耕作方式、产业发展和生物多样性保护紧密相连。在云南高原特色农业发展的过程中，结合各少数民族的实际情况，积极、合理发掘少数民族相关的传统文化并将之用于提升产品的文化含量，在特色农产品产业发展中创建和展现民族文化特征,不仅可以极大地提升产品的市场影响力,而且还能够在动态发展过程中积极保护民族传统文化中的精华与内涵,帮助提升整合消费者的物质需求和文化价值观。同时,将高原特色农业与旅游产品结合,更有利于增加消费者的趣味性和知识性,丰富民族文化旅游的内容。

然而,要真正实现保护云南生态系统与高原特色农业同步发展,还需要进一步理顺制度上和能力上制约这种同步发展的关系。

其一,国家政策制定者对于化肥、农药污染于生物多样性的危害,尤其是对水生生态系统多样性的危害认识不足,在化肥使用与推广系统、农药使用与安全控制的制度设计方面存在缺陷。

其二,从事农业生产的农户缺乏环境友好型农业生产方式的相关意识、知识和技能,如不了解测土配方施肥和稻田养鱼方式等,也缺乏开展环境友好型农业的相关政策规定和经济激励机制,农户生产出的绿色或有机产品很难得到市场认可并顺利进入供应链渠道。

其三,国家在制度设计层面缺乏相应的法律规章来保障和规范跨领域、跨行政部门合作保护问题,致使部门设计条块分割带来不作为和少作为,如土壤保护、水资源污染和水生生态系统保护的部门如何共同合作促进可持续农业发展。

其四,农业部门更多关注渔业作为产业的发展,忽视了流域和水生生物资源及多样性的保护。对鱼类栖息地和水生生物资源关键区域的保护规划、能力建设和保护行动实施能力不足。

第三节　经济社会发展进程对
高原农业的影响[*]

食品是人类生存和发展的最基本物质。人类从远古进化到现代,

---

[*]　作者韦永宣:云南省委农办农村政治建设处处长。

农业作为一个产业出现，是人类社会发展史上的一次革命性变迁。农业以食物生产为基本目的，是最古老的产业之一，从古至今，农业一直都是一个国家或者一个区域的基础产业，也是关系到国计民生的最重要的产业。众所周知，由于深受土地、水资源和气候等自然因素的制约和影响，农业生产具有与其他经济部门生产所不同的特点。列宁曾经明确指出："因为农业有着许多绝对不能抹杀的特点。由于这些特点，农业中的大机器生产永远也不会具备工业大机器生产的全部特点。"[①] 农业之所以具有自身绝对不能抹杀的特点，原因在于农业生产的基础条件。一方面，农业生产必须依赖于土地、光热、水气等自然力，早期的农业受自然因素强烈制约，直到现在，自然因素仍然对农业发展具有关键性的影响，自然因素基本决定或制约着一个区域农业的品种、品质和规模，如中国南方种水稻、北方种小麦，是人类适应自然进行选择的结果；另一方面，农业生产还必须依靠动植物本身的生命活动过程，每个动植物品种都有自己独特的生命周期、繁殖成长和繁育生长方式，如鸭鹅养在水里、鸡则养在旱地至少在现阶段是难以改变的。由于自然力和动植物本身的生命活动过程，都具有它们自身的客观规律，这些客观规律的存在，使得人类不能够完全按照自己的意愿去控制和改变农业生产规律，而只能在实践中对这些规律加以认识、把握和利用，最多也只能是进行部分的改进或改变。一直以来，人类认识、把握和利用农业生产客观规律的能力，深受经济社会发展进程的影响。在不同的历史时期，农业科学技术的进步，生产工具的改进，市场交易规模和交易方式的改变，农业劳动者素质的提升，社会组织的演进和执政集团动员能力的变迁、执政集团涉农政策的变动等特定时代的经济社会因素，都对农业生产产生影响，有些影响甚至是非常深远的。因此，要分析经济社会对高原农业的影响，有必要先了解影响农业的主要因素，探讨共性的

---

① 列宁：《土地问题和"马克思的批评家"》，《列宁全集》第5卷，人民出版社1959年版，第119页。

问题,才能更好地探讨影响高原农业的个性问题。而且需要综合考虑自然因素的作用,因为这是农业发展的基础条件。但随着时代的变迁,经济社会因素对农业发展的影响越来越大,已是不争的事实。

一、影响农业发展的主要因素

在综合分析大量文献的基础上,笔者认为,影响农业的主要因素可以归纳为"五大因素",包括自然条件、体制与政策、劳动力、市场和科技,当然其他因素也有影响,如有些学者认为管理因素很重要,但如果把管理能力作为劳动力能力的一种,也可不单独划分。分类不同可能结论就不同,这无须争论。

（一）农业生产的自然条件

毫无疑问,自然条件当排在首位。自然条件包括很多,大致有地形、土壤、水源、气候、光照和生态等。影响最为重要的是耕地、水、气候与农业生态环境。耕地和水源是农业最基本的自然资源,是基础中的基础,耕地的规模和质量基本决定了农作物的产量和质量。随着我国城镇化、工业化的发展,耕地非农化突出,加上人口增长,人地矛盾是当前农业发展最主要的矛盾之一,中国18亿亩耕地红线的讨论是最为激烈的话题之一。水也是农业最基本的自然资源,风调雨顺是自古以来政府和农民最为盼望的现象,是农业丰收的重要条件,水多形成的洪涝和水少导致的旱灾是农业生产的主要灾害之一。我国水资源总量丰富,但人均占有量少、季节性和区域性分布不均,水资源短缺的问题非常突出。气候是影响农业的重要因素,由于各地区光照、温度、水分条件的差异形成了农业生产极为明显的地域性。特别是日照时间、气温对农作物品种的选择、成长期具有决定性的作用。比如热带作物不可能在高寒地区大规模生产,现在用大棚小规模种植虽有可能。生态环境是农业发展至关重要的条件,由于长期不合理地开垦利用,森林植被显著减少,加上农业生产过程中不合理地过量使用化肥和农药,以及来自工业的"三废"污染,造成农业生态环境日益恶化,大量耕地被污染、荒漠化、盐碱化,地力明显减退。由于生态环境破坏,农业害虫灾害等影响也呈逐渐加重加大的趋势。

（二）国家的体制与政策

经济基础决定上层建筑,但上层建筑会反作用于经济基础,影响生产力发展,这是马克思主义的基本观点。历史经验和现实实践也都充分表明,国家的涉农体制和政策会对农业发展产生正面、负面双向作用和影响。如果涉农体制和政策是适应农业生产力发展水平的,就能够调动农业经济活动主体的积极性并促进农业的发展;反之,如果涉农体制和政策不适应,或者超越或者滞后于农业生产力发展水平时,就难以激发农业经济活动主体的发展动力并阻碍农业的发展。国家或地方政府制订和实施的各项财政和税收政策、限制或鼓励种植面积的措施,以及提高或压低农产品的价格等做法,都对农业生产具有很大的影响。例如,我国历史上的秦汉时期,继承了春秋战国时的农本思想,将其推向一个新的高峰,实行轻徭薄赋、垦荒实边、兴修水利、奖励力田、劝业农桑等一系列重农政策,使农业生产得到较快发展。又如新中国成立以来,人民公社的历史、家庭承包经营制的历史,就是体制与政策对农业发展双向效应的真实注解。当代农业政策的影响领域更为广泛,如农村土地政策、农业投资政策、农产品流通政策、农产品质量检测政策、农产品储备政策、农村金融政策和各种惠农补贴政策等,都会对农业发展产生重大影响。国家的工业化、城镇化战略和措施,特别是农业人口转移为城市市民、社会保障等具体政策,都对农业发展产生了深刻而广泛的影响,有的影响甚至比农业政策更为重大。

（三）农业劳动力

农业劳动力是农村社会生产力首要的和能动的因素,在农业发展中具有不可替代的作用。农业劳动力的规模和整体文化素质、科技素质、经营管理素质,对农业生产的规模、效率和效益有着决定性的影响。一个时代农业生产的规模、效率和效益,决定着农业剩余产品的数量,农业剩余产品的数量能够养活的人口规模,是工业化、城镇化的重要物质条件,还决定着农业劳动力从农业转移出来进行非农生产的规模,非农生产又是推动经济发展和社会进步的重要因素。如果农业劳动力生产率很低,所有的劳动力都要从事农业生产才能解决或还不能解决温饱问题,就没有人能够独立从事其他非农活动,工业化就没有劳动者,城镇化就没有人口支撑,更不会有人从事文化、科技和艺术等事业活动,文明发展就会十分缓慢,又会反过来制约农业的发展与进步。

(四)农产品市场需求

社会对农产品的需求,是拉动农业发展的终极原因。在市场经济条件下,国内外市场的需求信息最终会传导给生产者,引导农业生产的总量和结构变化。当市场上对一种农产品的需求增大时,为了满足这种需求,农业主体就会设法增加产量,或者提高单产或者扩大种养规模;自然的,如果是反过来,农业主体就会压缩某种产品的生产。随着近现代工业的发展,城市的兴起和扩张,居住在城市的人口迅速增长,必然要求农业为城市人口提供商品粮及副食品,自然而然就在城市郊区及工矿区周围,形成以生产蔬菜、肉、乳、禽、蛋为重点的农业生产基地。这是因为城市人口每日需要大量这类产品,如果生产地距离城市较远,需要长时间长距离运输,在保鲜技术有限的条件下,一些鲜活农产品易腐烂变质,形成损耗,而且运输成本增高导致价格增高也会引起城市居民的不满。但随着交通运输条件的改善和农产品保鲜、冷藏等技术的发展,使市场对农业区位的影响在地域上大为扩展,城市副食品的生产半径也随之得到扩大。一些能够使用空运还有利润的鲜活农产品,如海鲜、花卉等,以及一些通过保鲜处理能够长时间保存的干货农产品,市场已经能够覆盖到全球。

(五)农业科技

邓小平同志精辟地指出,科学技术是第一生产力。事实上,一个时代的农业发展程度取决于当时农业科技的发展水平。例如,我国在春秋战国时期已进入了铁器时代,铁制农具的使用较为普遍,与铁犁相配的还有人工饲养的牛马被广泛用于农业耕作,实现了农业动力上由人力耕作向畜力耕作的革命性变迁,使得这一时期我国农业生产力有了突破性发展,或许还是这一时期文化繁荣的物质基础原因。在当代,著名农业科学家袁隆平研究推广的杂交水稻等农业技术,使粮食增长成为可能并变成事实。这些都充分说明了农业科技的重要性。由于各种历史的、体制的原因,特别是由于长期以来受科技投入不足的影响,目前我国农业科技水平总体上还比较低,农业科研总体水平同世界先进水平相比还有10年以上的差距,科技对农业增长的贡献率只有40%左右,而欧美等发达国家已超过70%。农业科技进步将是未来我国农业增长的首要推动力。提高单位耕地面积产量、节水灌溉和旱作农业、农产品加工和贮运、食物安全、人类营养和健康等,是我国农业科技发展的重点方向。

二、高原农业的主要特征和发展面临的主要难题

高原是指海拔高度一般在1000米以上,面积广大,地形开阔,周边以明显陡坡为界,比较完整的大面积隆起地区。我国有云贵高原、黄土高原、青藏高原等。由于高原地区具有独特的地理特征和气候类型,高原农业也就成为了独特的农业类型,具有明显的高原特色和高原特征。

首先,高原区域的独特性造就了高原农业的独特性。每一块高原都有得天独厚的自然地理条件和丰富的自然资源,复杂的地形地貌及独特的土壤、气候条件,适宜特定的多种动植物生长。因而,高原农业具有强烈的区域特征。比如在海拔高度3000米以上种植的青稞和养殖的牦牛在低纬度高原上就不会出现,而低纬度高原上的很多农作物品种在高海拔高原上也难以生长。其次,高原农业的独特性形成了相对优势性。由于高原独特的自然地理条件,海拔高低的不同,气候影响不一,会形成各种不同的区位特色。比如青藏高原的林芝地区号称西藏的江南,和阿里地区完全不同。云南位于低纬高原,全省更是囊括了中国从海南岛到黑龙江的各种气候带。高原农业会在不同的气候等自然条件下形成相应的比较优势。再次,高原农业比较优势的发挥依赖

于协作联动性。高原上的特色农业都是在利用区域优势,在区域分工的基础上发展起来的,区域之间必须加强横向联系和经济技术合作,以某些独特的优势资源为基础,培植一个主导部门,并以该主导部门为中心,利用其前后的联系,发展多个产业部门。比如云南的烟草业就是一个综合了一产农业、二产工业、三产服务业于一体的联动产业群体。只有这样才能实现生产要素的跨区域有效配置,在竞争中获得优势。

事物都有两面性,正因为高原地区具有独特的地理特征和气候类型,同一高原地区里形成了不同区域独特的农业类型,在拥有明显的特色农业优势的同时,也面临明显的发展难题。从实践来看,高原农业作为一种特定的高原区域农业,发展面临四大难题。

(一)由于农业自然资源的高原性,导致产业集中度低,面临规模效益难提升的问题

一般情况下,高原地理位置特殊,地形极为复杂,通常是高山与河流切割相间,形成复杂多样的地形地貌。这样的地理条件,其结果,第一是土地散小。例如我国黄土高原,是世界上黄土覆盖面积最大的高原,由于风力的堆积作用导致,因缺乏植被保护,加以夏雨集中,且多暴雨,在长期流水侵蚀下地面被分割得非常破碎,形成沟壑交错其间的塬、墚、峁、川,平坦耕地不到1/10,绝大部分耕地分布在10°—45°的斜坡上,地块狭小分散,不利于水利化和机械化。云贵高原则位于我国西南部,西起横断山脉,北邻四川盆地,东到湖南省雪峰山,地势西北高东南低,崎岖不平,高原中多山间盆地,当地人称"坝子"。如位于其中的云南省,全省84%的面积是山地,高原、丘陵占10%,仅有不到6%是坝子、湖泊,少部分县市的山地比重超过了98%。由于山区面积大、山地多、耕地质量低、农业基础设施建设滞后,2010年耕地保有量为9073.05万亩,其中,有效灌溉面积占耕地面积的36%,比全国低12%,中低产田比重占67.1%,高稳产农田比重比全国低10个百分点。第二是气候太多样。例如,黄土高原地区属(暖)温带(大陆性)季风气候,冬春季受极地干冷气团影响,寒冷干燥多风沙;夏秋季受西太平洋副热

带高压和印度洋低压影响,炎热多暴雨。仍以云南省为例,其地处西南边陲,地形以山地高原为主,全省海拔高差大,地貌复杂,气候类型丰富多样,具有四季温差小的低纬度气候、干湿季分明的季风气候、垂直变异显著的山地气候等,分布有热带到寒温带气候区7个气候类型。全省大部分地区冬暖夏凉,具有四季如春的气候特征,年温差小、日温差大,降水充沛、干湿分明,"立体气候"明显,素有"一山分四季、十里不同天"之称。第三是水资源分布不均。高原一般地域广阔,地形复杂,水资源分布不均。例如,黄土高原多年平均降雨量为466毫米,总的趋势是从东南向西北递减,东南部600—700毫米,中部300—400毫米,西北部100—200毫米。以200毫米和400毫米等年降雨量线为界,西北部为干旱区、中部为半干旱区、东南部为半湿润区。再以云南省为例,云南分雨季、旱季,降雨集中在雨季,约占到80%,旱季降雨只占到约20%,一年之内分布很不均。云南大江大河多,水资源丰富,但水资源和土地资源多处于分割状态。滇中地区土地资源相对较好,经济发达,但没有大江大河通过,属于资源性缺水地区,滇中调水工程提出多年但至今未能开工建设。而有大江大河通过的地区,山高谷深,要用水非常困难,望水兴叹,水利基础设施建设成本太高,多属于工程性缺水地区,并且很多设施工程老化,灌不进、排不出的问题十分突出。

由于高原地区土地散小、气候多样、水资源分布不均且总量缺乏,导致高原地区农业产业集中度低,不利于水利化和大型机械的推广使用,生产成本居高不下,缺乏规模经营效益。一些地方有很好的农产品,但"一摩托车拉不完,一汽车拉不够"的现象比比皆是。一些能大面积种植的作物,如云南的橡胶、甘蔗等,由于收割及运输成本相当高,竞争力不足。

(二)由于发展方式的复合性,导致技术推广难度大,面临技术创新能力难提升的问题

由于农业基础资源的多样性、复杂性,加上高原地区民族众多,各地农业劳动力素质不同,存在明显的差异性,决定了高原农业发展方式

的复合性。在高原地区，经常可以见到从原始农业到现代农业的生产方式都不同程度的存在，个别地方还保留刀耕火耨的生产方式。除极少数产品在国内有一定的产业优势和市场话语权外，多数产品和产业，经不起市场的风吹雨打，整体上仍处于产业发展低层次、大而不强、大而无名的传统粗放发展阶段。加之农业科学研究、科技推广应用也要讲究经济价值，需要规模经营作为支撑，由于土地分散，种植缺乏规模，很多好的品种和技术也就没有了推广的价值。一些农业科技工作者作出了艰苦的努力，培育了很好的农业新品种，但适应推广的范围很小。例如，在云南南部西双版纳州能种的水稻品种，到了云南中部楚雄州就种不了，土地气候不同了，就是能种产量也不高。不像著名科学家袁隆平开发的杂交水稻，可以在长江以南广大地区种植，极具推广价值，为中国的粮食安全作出了巨大的贡献。高原地区培育新品种的价值较小，结果导致技术推广应用困难。目前多数地区农业科技推广应用体系"人散、线断、网破"的格局没有得到扭转，农业科技人员老化、缺乏新人、高端人才不足、研发能力弱的格局没有改变。农民专业合作社发展缓慢，规模不足，农业生产组织化程度低，订单农业少、履约率低，桥梁和纽带作用不明显，对农户的辐射带动作用有限。

（三）由于经济要素的相对封闭性，导致生产成本较高，面临农业竞争力难提升的问题

无论是历史上还是现实中，由于高原地区多数山高谷深，交通不便，地理区位造成经济要素流动困难，农业生产条件较差、市场化与信息化水平低，呈现出相对封闭的状态。我国高原地区基本上远离中心市场，成为经济发展的最大制约之一，运输成本高是最大的困境之一，导致农产品开拓市场困难。众所周知，当前世界市场以北美、欧洲和东亚为中心，我国的沿海地区，尤其是珠三角、长三角、京津冀环渤海地区经济和市场相对发达，高原地区与这些地区都距离较远。试想一下，把一头牦牛从西藏运输到北京、上海或广州，恐怕要卖到天价才够运输成本，但高价时又有几人还买得起？要开拓市场谈何容易。高原上的边

远农村地区,仅仅把化肥从县城送到几十上百公里的乡下村子,就是个问题,特别是村子居住分散,每个小村组根本用不了几包,如果不加价根本没有人会干!而加价对于本来就贫困的农民无疑是雪上加霜。由于相对封闭的环境条件,更是难以引进有实力的企业集团到高原地区,本地企业也难以成长,从而使加工增值成为高原地区农业明显的薄弱环节,即使是有一定基础的产业,也大都停留在以初加工为主的产业链低端,成本居高不下,产品难上档次,品牌打造滞后,缺乏精深加工,根本谈不上有竞争力,成为坐拥资源却只能在产业的低端仰羡产业链的高端获取丰利,这是高原大多数特色农产品面临的窘境。这也是经济学所谓"资源诅咒"现象的典型例子,虽然有好的资源,但农产品就是运不出或价太高,无法转化成为经济竞争优势。

(四)由于生态环境的脆弱性,导致灾害影响大,面临农业综合生产能力难提升的问题

由于受地形地貌和多种气候的影响,高原地区生态环境相当脆弱,一旦破坏修复十分困难,农业自然灾害类型多,滑坡、泥石流等地质灾害频发。例如我国黄土高原水土流失严重。黄河每年经陕县下泄的泥沙约16亿吨,其中90%来自黄土高原,随泥沙流失的氮、磷、钾养分约3000余万吨,这也是导致黄河下游泥沙堆积,形成地上河的原因之一。黄土丘陵沟壑区输沙模数达20000—30000吨/年·平方千米,窟野河下游最大年输沙模数在40000吨/平方千米以上,最大含沙量高达1700千克/立方米。西北黄土丘陵沟壑区也是我国生态最差的地区之一,根据黄土高原地区有关土壤有机质、全氮和有效磷含量分级组合研究成果,极低养分地区面积占21.1%,低养分地区面积占19.4%,中等养分地区面积占26.7%,这些地区也是我国贫困面大、贫困程度深的地区之一。云贵高原最大的特色之一就是喀斯特地貌显著,石灰岩厚度大,分布广,经地表和地下水溶蚀作用,形成落水洞、漏斗、圆洼地、伏流、岩洞、峡谷、天生桥、盆地等地貌,是世界上喀斯特地貌发育的最典型地区之一,这些地区水土流失十分严重。例如,云南的扶贫攻坚战就

是以乌蒙山区、石漠化地区、滇西边境山区及藏族聚居区这些集中连片特困地区为主战场,这四大片区都是生态环境恶劣脆弱的地区,农业综合生产能力和效益都比较低下,农业生产困难,农民持续增收乏力,少数地区缺乏基本的生存条件,需要移民安置。云南全省粮食平均单产仅有 260 公斤左右,低于全国平均水平 80 多公斤,人均粮食占有量也低于全国平均水平。

三、新时期经济社会发展进程对高原农业的影响分析

高原自然地理条件具有不可移植性,最多只能进行小范围的局部改造,而大范围的降水、气温和光照等,人类在可以预见的未来,还无法改变,这是基本的事实。因此,在高原自然条件难以改变的基础上和前提下,着力探讨新时期经济社会因素对高原农业的影响,得出具有现实指导价值的思考结论,以提高高原农业的竞争力,具有很强的现实意义。自从人类历史演进到原始农业产生以来,每个时代的经济社会因素都会对当时的农业发展产生影响,每个时代的农业生产也会制约着当时经济社会的发展进程。在人类漫长的演化过程中,农业与经济社会发展 一直都是一个互动过程,无法分开的。这里要重点探讨新时期经济社会因素对高原农业的影响问题。由于新时期的划分一般从1978 年党的十一届三中全会开始,本段就重点探讨改革开放以来经济社会发展进程对高原农业的影响问题,可能某些问题为保持讨论的连贯性会上溯到新中国成立以来。

改革开放以来,中国发生了翻天覆地的变化,进入了一个新的历史阶段。在今天回过头来看,这一变化是划时代的和革命性的。众所周知,中国的改革恰恰自农村领域开始,从改革开放起的经济社会发展进程,对高原农业发展产生了十分深远的影响。

(一)体制转轨奠定了我国农村现行的运行体制,对高原农业发展起到基础性的约束作用

农村体制改革进程表现为在几个方面的不断推进。一是推进农村

基本经营制度的创新和确立。农村的改革是从突破人民公社高度集中统一的经营管理体制入手的，其中以安徽省凤阳县小岗村生产队实行的"大包干"最为著名。1983年1月2日，中共中央一号文件《当前农村经济政策的若干问题》提出："人民公社的体制，要从两方面进行改革。这就是实行生产责任制，特别是联产承包责任制；实行政社分设。政社合一的体制要有准备、有步骤地改为政社分设，准备好一批改一批。"到了1983年10月12日，中共中央、国务院发出了《关于实行政社分开建立乡政府的通知》，宣告了人民公社体制的终结，由此确立了以家庭承包经营为基础、统分结合的双层经营体制作为我国农村基本经营制度，并逐渐在农村普遍建立了以村党组织领导的、村民委员会为主要形式的村民自治制度。二是推进农产品流通体制的改革和农产品市场的培育。随着"大包干"和新的双层经营体制的广泛推行，从1953年起就实行的农产品统购统销制度明显不适应新制度的要求，恢复市场机制在农业中的作用呼声日高。到1986年，中央一号文件《中共中央、国务院关于一九八六年农村工作的部署》作出决定，取消粮食统购制度，实行粮食合同定购。随后各类农产品开始加快退出统派统购范围的步伐，多年主宰城乡人民日常生活的购粮本、副食证及粮票、布票、肉票等退出了历史舞台，成为几代人的历史记忆。由市场自主决定的农产品市场开始发育并逐渐发展。三是推进农村税费制度改革并最终取消农业税。随着农村改革的深入，农村社会事业的发展，农村基础建设的需要，而那时国家又缺乏更多财力投入农村，使得农村摊派盛行，农民负担不断加重，到20世纪末积累成为当时一个重大政治经济问题。自2000年起，中央决定实行农村税费改革，从减轻农民负担入手，并在2006年全面取消涉及农业生产的农业税、牧业税、农业特产税、牲畜屠宰税，终结了在我国存在2600年之久的农业税制度。四是推进对农业生产直接补贴等一系列支农惠农制度的建立和完善。随着国家财力的增加，结合当时农业发展缓慢的实际，从2004年起，国家开始对种粮农民进行直接补贴，后来又增加了对农民的购买良种补贴、购买大型农业机械补贴、农业生产资料价格综合补贴等,并建立了主要粮食品种的最低收购价格制度等支农惠农政策。五是推进集体林权制度改革。改革开放以来,各地都在逐渐探索集体林权制度改革。1998 年,福建省三明永安市洪田村率先实行了"分山到户、联户经营"的体制,取得了明显成效,各地纷纷效仿。2008 年 6 月 8 日,中共中央、国务院颁发了《关于全面推进集体林权制度改革的意见》,集体林权制度改革在全国全面推开,成为土地承包经营后又一重大的改革举措,极大地激发了农民经营林业的积极性,解放了林业生产力。

这些农村改革的主要制度性成果,成为当前我国农村经济社会管理体制的基本构架。而国家大制度与政策,对全国各地是同样适用的,不会因地域的不同而不同。这些改革措施,极大地解放了农业生产力,使我国农业发展取得了举世瞩目的伟大成就,农民收入持续提高,农产品极大丰富,农业持续快速发展。这些改革同样令高原农业取得了巨大的发展成就。但是,看待事物应该一分为二,当前一些制度的改革还不到位,已对农村发展成为新的约束。这些约束从农业发展的角度分析主要体现在现阶段农民以土地为核心的财产权利存在着产权不明晰、权能不完整、价值未量化的问题。一是产权不明晰。土地,集体林权制度改革以后包括林地的占有、使用、分配关系,是最基本的生产关系,是农村经济乃至整个国民经济基础的根基。当前农村土地属于农民集体所有,农民家庭是集体土地承包经营的法定主体。土地是集体所有,但这个集体是个什么具体概念,不是很明晰,一些地方村委会可以管,一些地方村民小组可以管,一些地方乡镇政府就直接管了,甚至出现一些土地的征用、流转谈判时承包的农民都不知道、不能参与,纠纷不断,特别是在城郊结合部的土地征用过程中出现大量的问题。二是权能不完整。农村土地客观上存在着所有权、承包权、经营权,农民家庭承包的土地,没有所有权,只有承包权和经营权。权能的不完整,使得农民基于所有权的利益无法实现也无法得到保障,例如土地和土地上的农民房屋不能买卖、无法流通进行变现。三是价值未量化。由于农民承包的土地和土地上的农民房屋产权不明晰,不能进入交易市场,就没有市场化的定价机制,无法量化,进而影响了土地的流转和租赁等。农业发展所需要的适度规模经营难以实现,没有了适度规模经营,农业机械推广、农业技术推广就缺乏规模效益而大受影响,约束了高原农业的进一步发展。党的十八大和十八届三中、四中全会,都对全面深化农村改革提出了新要求,总体方向是健全完善农村土地承包关系,以确权登记颁证为基础和前提,落实集体所有权、稳定农户承包权、放活土地经营权,推动所有权、承包权、经营权三权分置,引导土地经营权有序流转,加快构建新的现代农业经营体系,努力走出一条符合国情的新型农业现代化路子。

（二）经济转型激发了我国农村经济发展的市场活力,对高原农业发展起到决定性的导向作用

我国的经济体制改革是逐渐从计划经济体制向社会主义市场经济体制转型,极大地调动了人民群众的生产热情和创业激情,激活了市场力量,解放了生产力。改革开放以来,我国经济实力快速提升,目前已经成为世界第二大经济体。随着国家财力的增加,对农村的投入持续增长,农业基础设施不断改善,农业综合生产能力不断提高;随着国家工业化、城镇化快速推进,城乡居民收入的持续增长,购买力不断增强,对农产品的需求总量、质量提升、结构调整起到重大的拉动和引导作用。国内外宏观经济环境的发展变化对高原农业产生了巨大的影响,涉及方方面面。我们以云贵高原上的云南省为例来体会高原农业的这种变化。一是各级政府有能力不断增加农业基础设施投入,农业基础设施明显改善,实现了由单纯改善生产条件到提升综合生产能力和改善生活条件并重的历史性转变。改革开放以来,国家以及云南各级政府对农业的投入持续加大。据农经部门提供的资料表明,1978年全省农村固定资产投资仅有1.4亿元,少之又少,而到了2013年,第一产业投资已高达250.87亿元。全省水库总库容1978年只有51.8亿立方米,2013年增加到124亿多立方米,翻了一番多,有效提高了农业供水

保障能力。森林覆盖率从 1978 年的 38.5%增加到 2013 年的 54.64%，提高了 16.14 个百分点，农业生态环境得到改善。二是各级政府有能力不断增加高产稳产农田建设和中低产田改造投入，粮食生产能力稳步增长，实现了由过去长期需要省外调入到供求基本平衡、丰年有余的历史性转变。高产稳产农田和中低产田改造取得显著成效，到 2013 年粮食产量已经连续 11 年增长。粮食总产量由 1978 年的 864.05 万吨增加到 2013 年的 1824 万吨，增长 111%，居全国第 14 位；人均占有量由 279.5 公斤增加到 392.2 公斤，增长 40.3%。三是国内外市场需求不断扩大，拓展了云南农产品市场，农产品有效供给得到保障，实现了从普遍短缺到品种数量丰富且部分优势品种誉满国内外的历史性转变。肉类总产量由 1978 年的 30.7 万吨增加到 2013 年的 321.8 万吨，增长 10 倍多。目前，全省烤烟、茶叶、花卉、咖啡、核桃种植面积与产量处于全国第一位，甘蔗种植面积和产量处于全国第二位，马铃薯种植面积和产量处于全国第三位。2013 年花卉产量达 80.5 亿枝，远销 40 多个国家和地区，出口量占全国近 50%，蔬菜、茶叶、核桃出口分别覆盖30 多个国家和地区。农产品出口额在西部地区名列前茅，2013 年农产品出口 24.1 亿美元，同比增长达 18.1%。① 显然，高原农业的发展离不开农业基础条件的改善，离不开农产品市场需求的导向，国内外宏观经济和市场环境引导了高原农业种什么、养什么，种多少、养多少，怎么种、怎么养等问题，高原农业自给自足的时代彻底成为历史，发挥高原农业特色优势已经成为共识。

（三）社会结构转变改变了我国农村劳动力的就业环境，对高原农业发展起到关键性的制约作用

随着城乡改革的不断深化，早期乡镇企业的崛起，以及后来工业化、城镇化的快速推进，限制人口自由流动政策的松动等，为农民向城

① 云南省人民政府办公厅、云南省统计局、国家统计局云南调查总队：《2014 年云南领导干部手册》，云南人民出版社 2014 年版，第 95 页。

市流动转移就业创造了体制条件和就业条件,农村劳动力从单一的农业生产中解放出来,大量农村青壮年劳动力外出务工,"农民工"一词逐渐成为时代热点。据报道,20世纪80年代初期,当时全国仅有农民工200多万人,而目前,农民工人数已经达到1.5亿以上。随着农民工数量的增长,农村社会结构急剧转变,出现了一系列的新情况新问题。一是农村缺乏青壮年劳动力,"谁来种田"的问题越来越突出。很多农村已经变成"空心村",农业生产由"386199部队"担负,即由农村留守妇女、留守老人、留守儿童来从事农业生产。二是与农民工相伴随的是农村出现了大量留守儿童、妇女、老人,通常称之为农村"三留"人员,"谁来养育"的问题也越来越突出。目前全国农村有留守儿童约6100万人,留守妇女约4700多万人,留守老人约4000万人,数量庞大,谁来保护妇女、谁来教育子女、谁来养护老人成为党和政府工作中无论如何都不能忽视的问题。同样地,这些问题在高原地区也十分突出,对高原农业发展产生了深刻的影响。例如云南省,据不完全统计,截至2013年年底,有农村留守小学生59万多人,农村留守初中生25万多人,加上其他学前儿童等,估计农村留守儿童有160万人,约占全省农村儿童的18.3%,占全省儿童的12.9%。全省农村留守妇女有140万人左右,留守老人有190万人左右。[①] 三是农村"三留"人员多的地方,农业生产很难发展,有大量闲散农田无人耕种,迫切需要创新农业经营方式。高原地区土地本来就比较分散,由于没有青壮年劳动力从事农业生产,很多地区的农业生产只是简单维持,妇女、老人是能种多少种多少,能收多少种多少。如何坚持家庭经营基础地位,创新农业经营方式,支持农民开展专业合作、股份合作,发展家庭经营、集体经营、合作经营、企业经营等多种形式的规模经营,构建现代农业经营体系,显得更加紧迫。因此,必须做好土地流转的文章,必须结合高原地区各地的特点来

---

　　① 全国妇联2011年4月8日"农村留守妇女儿童关爱电视电话会议"有关资料,根据《中国2010年第六次人口普查资料》样本数据推算。

开展试点和推广,特别注意,必须尊重农民意愿,不能强制推动。①

(四)科技转化提升了我国农业发展的生产效率,对高原农业发展起到显著的推动作用

科技是第一生产力,对高原农业发展同样适用,农业科技提升是高原农业发展的动力源泉。虽然高原地区总体来看,由于土地分散,缺乏规模经营作为支撑,农业科学研究、科技推广应用受到很大影响,但仍有一些特色农产品适应范围广,种植面积大,需要农业科技强力支撑。例如新中国成立以后,橡胶种植技术的突破,使云南省成为全国第二大橡胶种植基地。改革开放以来,云南在培植烟草支柱产业上取得了巨大成就,成为烟草王国。近来花卉产业发展快速,使得云南成为亚洲最大的花卉生产基地,花卉新品种培育、新技术推广也取得了长足进步。今后,高原地区需要根据高原农产品特点,加快农业新技术、新产品的开发和转化。要大力加强农业科技创新人才队伍建设,培养和造就一批一流的农业科学家和科技创新领军人才,重视基层农技推广体系的建设,调动广大农业科研人员的创造性、积极性。要着力提高农民的科技素质和科技应用能力,广泛开展职业农民培训,大力培养有文化、懂技术、会经营的新型农民,积极开展实用技术培训,大力提高农民科技素质,加大农业职业教育和农业经营培训力度,形成一支高素质农业生产经营者队伍。要深入实施科教兴农战略,注重发挥科技支撑作用,加快推进农业科技体制改革创新,大力推动农科教结合、产学研协作,促进科技与农业深度融合,不断提高农业、农业资源和农产品科技含量。

四、发展高原特色农业的云南实践

2011 年上半年,为准备好云南省第九次党代会报告,云南省委、省政府组织了多个调研组,对云南经济社会发展现状进行全方位的深入

---

① 云南省教育厅、省民政厅、省妇联联合调研课题:《云南省留守妇女、留守儿童和留守老人情况调查》,2014 年。

调研,深化对省情的再认识、再思考,获得了一系列高质量的调研报告和意见建议。经过反复研讨,形成了云南农业发展新共识新思路,就是云南农业发展必须立足于云南位于低纬高原这一特殊地理区位的实际,大力发展高原特色农业。因此,党代会报告对发展高原特色农业作出了重大战略部署。报告强调:大力发展高原特色农业,调快调优一产,继续实施百亿斤粮食增产计划,确保粮食安全。发挥地域和气候优势,建设烟糖茶胶、花菜果药、畜禽水产、木本油料等特色原料基地,做大做强龙头企业,打造优势特色农产品品牌,以农业产业化推动农业现代化。为贯彻落实省第九次党代会精神,2012 年 6 月 20 日至 21 日,召开全省高原特色农业推进大会,作出动员和部署。2012 年 8 月 7 日,中共云南省委常委会审议通过了《关于加快高原特色农业发展的决定》。

(一)云南发展高原特色农业的指导思想

以邓小平理论和"三个代表"重要思想为指导,深入贯彻落实科学发展观,全面落实省第九次党代会精神,实行工业反哺农业、城市支持农村和多予少取放活的方针,巩固、完善、加强支农惠农政策体系,充分发挥资源优势,以加快转变农业发展方式为主线,全力打响"四张名片",重点建设"六大内容",精心打造"一批优势产业",着力推进"八大行动",用城乡统筹统领农业,用农业机械装备农业,用现代科技提升农业,用市场理念经营农业,用新型农民发展农业,推进农业区域化布局、标准化生产、规模化种养、产业化经营,着力构建和完善现代农业产业体系,提高农业综合生产能力、抗风险能力和市场竞争力,全面提升云南农业发展水平,为实现全省跨越发展奠定坚实基础。

(二)云南发展高原特色农业的重点任务

通过发展高原特色农业,提升云南农业综合效益,持续增加农民收入,不断壮大经济实力,努力走出一条具有云南高原特色的农业现代化道路。重点有几大方面:第一,拓展"六大功能"。一是食物保障功能;二是原料供给功能;三是就业增收功能;四是生态保护功能;五是观光休闲功能;六是文化传承功能。第二,打响"四张名片"。即"丰富多样、生态环保、安全优质、四季飘香"。要充分利用云南优越的自然禀赋和发展基础,按照市场需求和消费者喜好,顺应绿色经济发展潮流,打造在全国乃至世界有优势、有影响、有竞争力的"云系""滇牌"绿色战略品牌,以品牌带动产品生产、以产品带动产业发展。第三,重点建设"六大特色农业"。一是努力夯实高原粮仓;二是大力发展特色经济;三是积极发展山地牧业;四是加快发展淡水渔业;五是全力推进高效林业;六是着力打造开放农业。第四,着力推进"八大行动"。一是高原特色农业示范行动;二是农产品加工推进行动;三是农业科技支撑能力提升行动;四是农产品品牌创建行动;五是新型农业经营主体培育行动;六是农业基础设施建设行动;七是城乡流通服务体系提升行动;八是农产品质量安全保障能力提升行动。第五,精心打造"一批优势产业"。坚持合理布局、突出特色、集中连片的原则,重点打造发展基础好、带动力强、特色鲜明、事关全局、影响长远的粮食、烟草、蔗糖、茶叶、咖啡、橡胶、果类、蔬菜、畜牧、蚕桑、花卉园艺、生物制药、淡水渔业、木本油料、林下经济等一批特色优势产业。第六,布局"六大板块"。推进特色优势产业规模化经营并向最适宜区集中,加快形成滇中、滇东北、滇东南、滇西、滇西北、滇西南六大板块,以及"坝区设施化、山区林果化、养殖小区化、城郊园艺化"的发展格局。第七,建设"六大基地"。一是农产品生产基地;二是农产品加工基地;三是农产品物流基地;四是种质资源研发基地;五是农业技术推广基地;六是西南边境动植物安全防控基地。

(三)云南发展高原特色农业的重点举措

一是启动实施高原特色农业"十百千"行动计划,即围绕十大优势产品单元,努力培育扶持形成一批产值超百亿元、数百亿元的大型农业龙头企业集团,推动形成10个左右产值超千亿甚至数千亿的农业产业。二是扎实推进昆曲(昆明—曲靖)绿色经济示范带建设。三是认定并推进首批40个高原特色农业示范县建设。四是认定并推进29个省级生物示范基地建设。五是打造 100 个特色经作基地县。六是实施蔗糖产业振兴行动计划。七是选择并推进 100 个农业庄园建设。到 2013 年底已经开始扶持 37 个省级农业庄园建设。八是推广家庭农场模式。到 2013 年底全省认定家庭农场有 13104 个，经营耕地总面积 62.66 万亩；2013 年全省家庭农场经营总收入 22.43 亿元，平均每个家庭农场收入 17.12 万元。①

从这些年的实践来看，云南发展高原特色农业已经取得了初步成效，品牌初步具有影响力，已经被农业部认定为我国农业发展的四大模式之一。

第四节　中国西南高原地区可持续农业耕作措施的采用分析*

本节通过对云南省可持续农业耕作措施的采用情况进行分析，说明了在没有政府补贴和经济刺激的情况下，即便是易于采用的农业保护技术——等高种植的采用率也很低。多变量分析表明家庭拥有的土地面积大、土地肥沃、家庭决策者是男性或男性青年的则更可能采用等高种植。家庭收入更多地来源于农业收入的也会采用这种方法。这些发现表明增加非农就业、农业的老龄化和女性化不利于水土保护措施的使用。为解决水土流失问题，实现农业生产的可持续发展，政府应当加强农业推广，提供适当的财政刺激去鼓励农民采用有利于农业环境保护的农业耕作措施。

一、中国西南高原地区可持续农业生产措施采用的研究背景及意义

农业可持续发展的概念直到 20 世纪 80 年代中期可持续发展理论

---

① 数据来源：《2014 年省委农村工作会议材料汇编》。

* 作者刘红梅：博士，昆明理工大学城市学院经济与管理系副教授。

提出后才逐渐形成。因早期农业生产产量的提高主要靠集约化生产来实现，很少关注到其对自然资源造成的影响①，结果世界上很多国家都面临土壤退化、水土流失、地下水污染和资源耗竭等问题，农业的可持续性受到质疑。② 这一情况对于那些经济上严重依赖于农业的发展中国家就更加突出，如东南亚的坡耕地就面临严重的水土流失、土地退化、农业生产力低的压力，这一情况在中国更为严重。③ 目前，中国的农业生态环境日益恶化，尤其是水土流失问题，严重影响到农业生产的可持续发展。

农业可持续发展强调了生产与环境的协调性，不仅要保护好农业生产环境，还要保证农业生产能满足人类的需求。为此，中国政府已投入大量资金推进水土流失治理，在农业生产方面的治理措施包括等高种植、少耕或免耕、地面覆盖、间作或农林系统。④ 这些农业措施的推广不仅要能治理水土流失，还要能提高农民收入和发展本地经济。然而，多数项目是自上而下的实施，很少关注到农民是否真正采用这些措施或者这些项目对农民的影响有多大。桑德斯（Sanders, S.）认为不管政府的宣传和技术支持有多大，中国农民采用农业可持续技术和措施的比率还是非常小。⑤ 王晶霞等对中国北方四省的农户进行了调查，

① Subedi, M., Hocking, T.J., Fullen, M.A., McCrea, A.R. and Milne, E., "Lessons from Participatory Evaluation of Cropping Practices in Yunnan Province, China: Overview of the Effectiveness of Technologies and Issues Related to Technology Adoption", *Sustainability*, Vol. 1, 2009, pp.628-661.

② Rasul, G., Thapa, G.B., "Sustainability of Ecological and Conventional Agricultural Systems in Bangladesh: An Assessment Based on Environmental, Economic and Social Perspectives", *Agricultural System*, Vol.79, 2004, pp.327-351.

③ Cai, Y.L., Zhang, J.L., Zhu, X., "Land Management and Land Degradation in the Hindu Kush-Himalayas-China Study Report", International Centre for Integrated Mountain Development (ICIMOD): Kathmandu, Nepal, 2000.

④ Han, J., "Effects of Integrated Ecosystem Manangement on Land Degradation Control and Poverty Reduction", in: OECD (eds.), *China in the Global Economy Environment*, *Water Resources and Agricultural Polices: Lesson from China and OECD Countries*, 2006, p.65.

⑤ Sanders, S., "Is Ecological Agriculture Sustainable in China?" in: Cannon, T. (eds.), *China's Economic Growth: The Impact on Regions, Migration and the Environment*, Macmillan Press: London, UK, 2000, p.125.

发现中国可耕地中只有 1.5% 的采用了农业保护措施。[①] 这一数据和世界其他国家和地区相比是非常低的,亚洲是 2.3%,欧洲是 14%,澳大利亚和新西兰是 11.4%。[②] 人是生产的主体,必须让农民参与到农业可持续发展的系统中,才能实现农业生产的可持续发展,因此研究农民采用可持续发展技术和措施的行为有助于理解农业可持续发展。

国外有大量的文献探讨了鼓励农民或阻碍农民采用农业保护措施的因素[③][④][⑤][⑥]。比如非洲国家的水土流失非常严重,在这一区域也推行了农业保护措施。施菲若(Shiferaw)和霍尔顿(Holden)根据埃塞俄比亚高地农民进行水土流失治理的情况,检验了影响农民排除或接受所推荐的水土保护措施的因素。[⑦] 阿姆莎鲁(Amsalu)和德格拉芙(de Graaff)验证了影响埃塞俄比亚中部高地农民采用和持续使用石头台地的因素。[⑧]

---

① Wang,J.,Huang,J.,Zhang,L.,Rozelle,S.and Farnsworth,H.F.,"Why is China's Blue Revolution so 'Blue'? The Determinants of Conservation Tillage in China",*Journal of Soil and Water Conservation*,Vol.65,No.2,2010,pp.113-129.

② Li,L.,Huang,G.,Zhang,R.,Bill,B.,Li,G.,Kwong,Y.C.,"Benefits of Conservation Agriculture on Soil and Water Conservation and its Progress in China",*Agricultural Sciences in China*,Vol.10,2011,pp.850-859.

③ Ervin,C.A.,Ervin,D.E.,"Factors Affecting the Use of Soil Conservation Practices-Hypotheses,Evidence,and Policy Implications",*Land Economics*,Vol.58,1982,pp.277-292.

④ Comboni,S.M.,Napier,T.L.,"The Socioeconomics of Soil and Water Conservation in the United States",in:Napier,T.L.,Camboni,S.M. and El-Swaify,S.A.(eds.),*Adopting Conservation on the Farm:An International Perspective on the Socioeconomics of Soil and Water Conservation Ankeny*,IA:Soil and Water Conservation Society,1995,p.230.

⑤ Knowler,D.,Bradshaw,B.,"Farmers' Adoption of Conservation Agriculture:A Review and Synthesis of Recent Research",*Food Policy*,Vol.32,2007,pp.25-48.

⑥ Prokopy,L.S.,Floress,K.,Klotthor-Weinkauf,D.,Baumgart-Getz,A.,"Determinants of Agricultural Best Management Practice Adoption:Evidence from the Literature",*Journal of Soil and Water Conservation*,Vol.63,No.5,2008,pp.300-311.

⑦ Shiferaw,B.,Holden,S.T.,"Resource Degradation and Adoption of Land Conservation Technologies in the Ethiopian Highlands:A Case Study in Andit Tid,North Shewa",*Agricultural Economics*,Vol.18,No.3,1998,pp.233-247.

⑧ Amsalu,A.,de Graaff,J.,"Determinants of Adoption and Continued Use of Stone Terraces for Soil and Water Conservation in an Ethiopian Highland Watershed",*Ecological Economics*,Vol.61,2007,pp.294-302.

凯斯（Kassie）等分析了坦桑尼亚农村使用的一系列可持续农业措施（保护性耕作如台地和篱笆墙的种植）。[1] 在这些研究中，影响采用保护性措施的关键因素包括农地特征，如土地大小、坡度和肥力；农民或家庭特征，如年龄、受教育程度、可供劳动力和非农就业情况；体制因素，包括土地所有制、农民对水土流失的认识。其他因素还包括保护性措施的生产能力、信贷和信息获取能力等，这些都被认为与是否采用保护性措施相关联。在国内，大多数研究都集中于农民采用新的农业技术而不是水土流失保护措施。王晶霞等的文章是仅有的几篇中分析有关农民保护性农业的采用行为的文章[2]，但在这篇文章中，没有关注到对农业保护性措施的可持续使用问题。

根据以上的文献综述，本文通过对 SHASEA（Sustainable Highland Agriculture in S.E.Asia）项目的调查数据进行分析，验证农地、农民、技术和机构四个主要因素对高原农民是否采用和持续使用农业保护措施的影响。SHASEA 项目旨在提高高原地区农业生产力和作物系统的可持续性发展。该项目的特定目标是执行和评估那些在坡耕地上可以增加小麦、玉米和大豆产量的可持续的、环境友好型措施。

本节主要关注项目推行的等高种植这一生产技术[3]，即在山坡的同等高度，即按纬度线来种植作物。等高种植与传统的顺坡种植相比被认为能有效减少水土流失。米勒（Milne）对云南玉米种植实验分析

---

[1]　Kassie, M., Moti, J., Shiferaw, B., Mmbando, F., Muricho, G., "Plot and Household-Level Determinants of Sustainable Agricultural Practices in Rural Tanzania", Discussion Papers, Resources for the Future, 2012, p.43.

[2]　Wang, J., Huang, J., Zhang, L., Rozelle, S. and Farnsworth, H.F., "Why is China's Blue Revolution so 'Blue'? The Determinants of Conservation Tillage in China", *Journal of Soil and Water Conservation*, Vol.65, No.2, 2010, pp.113–129.

[3]　SHASEA 项目组除了研究等高种植外，还有其他措施（SHASEA, 2003）：等高加盖膜（C+P）、等高加盖膜盖草（C+P+S）和等高种植、等高盖膜加间作大豆（C+P+IS）。但是，采用这些措施的地块很少，因此本节只单独分析等高种植的情况。

中得出等高种植能减少99%的潜在水土流失。① 本节只关注于等高种植是因为相比于其他诸如等高盖膜、等高间作或等高宽窄行等保护性措施而言,单纯的等高种植更易于被农民采用,且等高种植的主要成本只是劳动力投入。在 SHASEA 项目中,研究表明每公顷劳动力投入量,等高种植要比传统的顺坡种植多22个劳动力。②

项目研究点位于云南省。云南位于中国西南长江上游,94%的土地是山,农业生产严重依赖于夏季雨水。每年雨水80%集中在5月到9月,季风性雨水雨量不均,且具有侵蚀性。③ 另外,云南是典型的红壤,松散的土壤结构在季风性气候下很容易被大雨冲刷走。④ 随着人口增加对食物的需求增长促使人们在陡坡高地上毁林开荒,从而进一步加速了水土流失。2003年水土流失面积已占到总土地面积的36.9%。⑤ 水土保护被认为是埃塞俄比亚尼罗河盆地被农民采用来改变气候的最有效的措施之一⑥,在中国农村这也应该被认为是一种有效的方式。农民的采用行为在很大程度上决定着这些可持续性农业耕

---

① Milne,E.,"Soil Conservation in Relation to Maize Productivity on Sub-Tropical Red Soils in Yunnan Province,China",Ph.D.Thesis,University of Wolverhampton,UK,2001,p.42.

② SHASEA,"Improving the Productivity and Sustainability of Crop Systems on Fragile Slopes in the Highlands of South China and Thailand",Final Report,University of Wolverhampton,Sustainable Highland Agriculture in South East Asia(SHASEA)Research Group,2003,p.13.

③ Fullen,M.A.,Mitchell,D.J.,Barton,A.P.,Hocking,T.J.,Liu,L.,Wu,B.,Zheng,Y.,Xia,Z.,"Soil Erosion and Conservation in Yunnan Province,South-west China",in:T. Canon(ed.)*China's Economic Growth:The Impact on Regions,Migration and the Environment*,Macmillan Press,London,2000,pp.279-292.

④ Subedi,M.,"Effectiveness of an Agricultural Technology Research and Development Project for Increasing Sustainability of Cropping Systems in Upland Areas of South West China",Ph.D.Thesis,University of Wolverhampton,UK,2005,p.82.

⑤ Yunnan Province Environment Protection Bureau,*The Environment Report*,*Yunnan Province*,Yunnan Province Environment Protection Bureau Press,2003,p.6.

⑥ Di Falco,S.,Veronesi,M.,Yesuf,M.,"Does Adaptation to Climate Change Provide Food Security? A Micro-Perspective from Ethiopia",*American Journal Agricultural Economics*,Vol.93,No.3,2011,pp.829-846.

作措施能否得到迅速推广,农业的可持续性发展能否得以实现。

本节的目的是量化分析影响云南省农民采用和持续使用等高种植的因素。结构如下:一是云南省 SHASEA 项目点情况介绍。二是农户采用等高种植和持续采用的理论模型构建。三是对云南省农户采用和持续采用等高种植的影响因素预测。四是农户采用等高种植和持续采用的数据分析。最后得出农户采用农业保护性措施存在的障碍并提出政策建议。

二、云南省 SHASEA 项目研究点情况介绍

研究点位于云南省寻甸县柯渡镇的王家箐。王家箐位于昆明西北 60 公里,距离柯渡镇政府 12 公里。[①] 王家箐流域年均雨量 1043 毫米,80%都集中在 6—10 月的雨季。王家箐的耕地面积为 601.5 亩,其中 61%的坡度为 10—25 度,7%的坡度大于 25 度。这些土地归属于可朗村 162 户人家。

可朗村的人口密度为每平方公里 456 人,是云南人口密度的 4 倍。1999 年,全村总人口是 3560 人,总耕地面积是 2385 亩,人均耕地面积为 0.66 亩。人均耕地面积只为全国的 1/3,云南的 1/2。迫于人口增长的压力,可朗村不断地变林地为农地,约 5%的可耕地来源于林地。由于毁林开荒导致耕地面积中坡度大于 25 度的耕地占比高达 49%,这一比率远高于全省 38%的水平。[②] 王家箐中的大多数土地一年种两季,夏季主要作物是玉米、烤烟和大豆,冬季主要作物是小麦和豌豆。密集的耕作和过度的毁林开荒破坏了土壤结构和土壤肥力。SHASEA 项目组测试了王家箐流域土壤样本的钙、磷、钾、氮及 pH 值,发现只有 18%

---

① SHASEA,"Improving the Productivity and Sustainability of Crop Systems on Fragile Slopes in the Highlands of South China and Thailand", Final Report, University of Wolverhampton, Sustainable Highland Agriculture in South East Asia (SHASEA) Research Group, 2003, p.15.

② Liu, H., "Rural Development at the Village Level in Southwest China", Ph. D. Thesis, University of Ireland, Galway, Ireland, 2007, p.20.

的土地是高质量,19%的土地是中等质量,剩下63%的土地是低质量的。[1] 王家箐的土地使用情况和水土流失程度属于云南省的典型样本。

本次设计的调查样本为100户家庭和100个地块信息。家庭调查包括家庭规模和人口组成、农业生产活动、非农就业情况和家庭收入等信息。从1999年到2001年搜集到的样本数据,由于人口流动的关系,有的家庭在2001年回访时就已经不在了。

100块地都是SHASEA项目组在王家箐选取的与试验地块进行对比的地块,收集了1999—2001年的相关作物耕作信息。这些样本点均是按照不同的海拔、不同的坡度、不同的朝向、不同的土壤质量来选取的。项目组记录了各个地块的土壤肥力情况和坡度,以及1999—2003年每年种植玉米的方法。2002—2003年的数据在后来的使用中被排除,因为这两年项目组使用了经济激励措施鼓励农民采用等高种植,因此不包含在此研究中。种植这100块地的农户家庭信息同时被包含在家庭调查中。

三、农户采用等高种植和持续采用的理论模型构建

Logit模型和Probit模型被广泛运用于采用土壤保护措施的可能性分析中[2][3][4][5],Poisson模型也常被应用于采用模型分析。阮米尔茨

① Li,Y.,"A Generic Protocol for an Integrated Land Information System in Humid Subtropical Highlands:A Case Study in Yunnan Province",China,Ph. D. Thesis,Wolverhampton,University of Wolverhampton,UK,2004,p. 16.

② Lapar,A.L.,Pandey,S.,"Adoption of Soil Conservation:The Case of the Philippine Uplands",*Agricultural Economics*,Vol.21,1999,pp.241-256.

③ Bekele,W.,Drake,L.,"Soil and Water Conservation Decision Behavior of Subsistence Farmers in the Eastern Highlands of Ethiopia:A Case Study of the Hunde-Lafto Area",*Ecological Economics*,Vol.46,2003,pp.437-451.

④ Anley,Y.,Bogale,A.,Haile-Gabriel,A.,"Adoption Decision and Use Intensity of Soiland Water Conservation Measures by Smallholder Subsistence Farmers in Dedo District,Western Ethiopia",Land Degradation & Development,Vol.18,2007,pp.289-302.

⑤ Prokopy,L.S.,Floress,K.,Klotthor-Weinkauf,D.,Baumgart-Getz,A.,"Determinants of Agricultural Best Management Practice Adoption:Evidence from the Literature",*Journal of Soil and Water Conservation*,Vol.63,No.5,2008,pp.300-311.

(Ramírez)和苏尔茨(Shultz)就用 Poisson 回归对一些中美国家的小农采用农业和自然资源管理技术的情况进行了分析。[①] 在这部分,文献中的标准方法将被用来检验农民采用等高种植与家庭和地块特征的关系。首先,使用 Probit 模型分析每一年等高种植采用情况,然后用 Poisson 模型分析对等高种植的连续采用情况。

家庭在样本地块上采用等高种植的可能性建模如下[②]:

$$y_{it}^* = X_i'\beta_t + \varepsilon_{it}, t = 1999,2000,2001 \qquad (式 1-1)$$

这里 y_{it}^* 是通过 t 年产生的观察量 i 中得出的未观察到的潜在变量。$y_{it} = \begin{cases} 1 \ if \ y_{it}^* > 0 \\ 0 \ if \ y_{it}^* \leqslant 0 \end{cases}, t = 1999,2000,2001 \qquad (式 1-2)$

在方程式(1-2)中,如果观察到 t 年在地块 i 上采用等高种植,y_{it} 等于 1,否则为零。该目的是估计和 X_i 相关的系数 β_i 的向量,X_i 包含农地、农民、农业技术和机构四要素。

Poisson 模型用于检验等高种植的持续使用,因变量 Y_i 是农民在一块地上采用等高种植的年数,这一模型可以描述成:

$$\text{Prob}(Y_i = y_i \mid x_i) = \frac{e^{-\lambda_i}\lambda_i^{y_i}}{y_i!}, y_i = 0,1,2,3 \qquad (式 1-3)$$

通常假设 λ_i 是解释变量的线性对数因变量:

$$\ln\lambda_i = x_i'\theta \qquad (式 1-4)$$

这里 θ 是被估计系数的向量。它可以反映以下的边际影响:

$$\frac{\partial E[y_i \mid x_i]}{\partial x_i} = \exp(x_i'\theta)\theta \qquad (式 1-5)$$

---

① Ramírez,O.,Shultz,S.,"Poisson Count Models to Adoption of Agricultural and Natural Resource Management Technologies by Small Farmers in Central American Countries",*Journal of Agricultural and Applied Economics*,Vol.32,No.1,2000,pp.21–33.

② Greene,W.,*Econometric Analysis*,6th Edition,Pearson Prentice Hall,2008,p.47.

四、云南省农户采用和持续采用等高种植的影响因素预测

农民是否决定采用土壤保护措施是由他们的成本与收益决定的[1]，影响土壤保护措施的成本和收益的因素将影响到土壤保护措施的采用。最早对这一问题进行分析的是艾维·克里斯汀(Ervin,C.A.)和艾维·戴维(Ervin,D.E.)[2]，他们用四组因素组合分析土壤保护措施的采用：农地要素、农民要素、技术要素和机构要素。

本节只是在地块水平上查看对等高种植的采用和持续使用，这里主要衡量地块特征的三个变量：地块大小、土壤肥力和坡度。在研究地块上土壤保护措施的采用方面，发现地块大小对保护措施的采用有积极的作用。[3][4][5] 施菲若和霍尔顿假设地块大小有正的影响是因为在大的地块很少会使用牛耕。同样，在大的地块也易于进行等高种植，因此在本研究中也期望是正影响。巴克勒(Bekele)和杜拉克(Drake)也争论作物收益的减少是因为在大的地块缺乏土地保护性结构。地块的坡度，也是土壤潜在流失的一个主要因素，被认为对保护性措施的采用

①　Lutz,E.,Pagiola,S.,Reiche,C.,"The Costs and Benefits of Soil Conservation:The Farmers Viewpoint",*World Bank Research Observer*,Vol.9,1994,pp.273-295.

②　Ervin,C.A.,Ervin,D.E.,"Factors Affecting the Use of Soil Conservation Practices-Hypotheses,Evidence,and Policy Implications",*Land Economics*,Vol.58,1982,pp.277-292.

③　Shiferaw,B.,Holden,S.T.,"Resource Degradation and Adoption of Land Conservation Technologies in the Ethiopian Highlands:A Case Study in Andit Tid,North Shewa",*Agricultural Economics*,Vol.18,No.3,1998,pp.233-247.

④　Bekele,W.,Drake,L.,"Soil and Water Conservation Decision Behavior of Subsistence Farmers in the Eastern Highlands of Ethiopia:A Case Study of the Hunde-Lafto Area",*Ecological Economics*,Vol.46,2003,pp.437-451.

⑤　Kassie,M.,Moti,J.,Shiferaw,B.,Mmbando,F.,Muricho,G.,"Plot and Household-Level Determinants of Sustainable Agricultural Practices in Rural Tanzania",Discussion Papers,Resources for the Future,2012.

有正相关性影响。①②③ 土壤肥力被认为对土壤保护性措施也有正相关性影响，因为在更有肥力的土壤上使用保护措施而带来的边际收益是高的。④ 巴克勒和杜拉克发现埃塞俄比亚东部高地的农民试图在更有肥力的土壤上修筑土壤或石头堤坝以减少水土流失。相反，阿姆莎鲁和德格拉芙发现埃塞俄比亚中部高地的农民在缺乏土壤肥力的地块上更有可能采用石头台地。⑤ 这可以解释成在保证更有肥力的土地的前提下缩减土地规模可能是为避免边际土地的流失。凯斯等也发现在坦桑尼亚农村土壤肥力与水土保护措施之间存在负相关。⑥ 这些发现说明土壤肥力的影响可能依赖于技术和当地的具体条件。

农民因子包括家庭中决策者的年龄、受教育程度和家庭的经济因素（比如家庭劳动力的转移比率、家庭收入来源和家庭资产）。年龄可能会产生两方面的影响。一些研究讨论了和年龄相关的短期规划和高折旧

---

① Gould, B., Saupe, W., Klemme, R. M., "Conservation Tillage-the Role of Farm and Operator Characteristics and the Perception of Soil-Erosion", *Land Economics*, Vol.65, 1989, pp.167-182.

② Kassie, M., Moti, J., Shiferaw, B., Mmbando, F., Muricho, G., "Plot and Household-Level Determinants of Sustainable Agricultural Practices in Rural Tanzania", Discussion Papers, Resources for the Future, 2012, p.15.

③ Shiferaw, B., Holden, S. T., "Resource Degradation and Adoption of Land Conservation Technologies in the Ethiopian Highlands: A Case Study in Andit Tid, North Shewa", *Agricultural Economics*, Vol.18, No.3, 1998, pp.233-247.

④ Bekele, W., Drake, L., "Soil and Water Conservation Decision Behavior of Subsistence Farmers in the Eastern Highlands of Ethiopia: A Case Study of the Hunde-Lafto Area", *Ecological Economics*, Vol.46, 2003, pp.437-451.

⑤ Amsalu, A., de Graaff, J., "Determinants of Adoption and Continued use of Stone Terraces for Soil and Water Conservation in an Ethiopian Highland Watershed", *Ecological Economics*, Vol.61, 2007, pp.294-302.

⑥ Kassie, M., Moti, J., Shiferaw, B., Mmbando, F., Muricho, G., "Plot and Household-Level Determinants of Sustainable Agricultural Practices in Rural Tanzania", Discussion Papers, Resources for the Future, 2012, p.18.

率的负面效果。①② 拉帕(Lapar)和潘迪(Pandey)认为更多的农业经验会产生潜在的积极效应。③ 一些研究也发现教育是有影响的,因为更多的教育更利于信息和管理专家的形成。④⑤ 家庭劳动力转移可计算成家庭劳动力在村子以外的地方工作(比如在县城、其他县或云南省以外的地方)。高的家庭劳动力转移比率通常会带来高的非农收入。这又可能带来两个相反的效果:一方面,高的非农收入可能会放宽农户流动资产的约束从而增加采用的可能性,这一效应不适于等高种植,因为这不是资金密集型的土壤保护技术;另一方面,高的非农收入可能会减少农业对家庭的重要性,从而减少采用的可能性。另外,高的劳动力转移比率会把家庭劳动力从农业中转移出去,这样会减少采用等高种植的可能性。在埃塞俄比亚的尼罗河盆地不采用土壤保护措施的一个重要原因就是劳动力的短缺。⑥ 农民对水土流失问题的认识和保护态度也常常被讨论。大多数研究认为农民对水土流失问题的认识和保护态度会有正的效应。⑦⑧

---

① Ervin,C.A.,Ervin,D.E.,"Factors Affecting the Use of Soil Conservation Practices-Hypotheses,Evidence,and Policy Implications",*Land Economics*,Vol.58,1982,pp.277-292.

② Norris,P.,Batie,S.,"Virginia's Farmers' Soil Conservation Decisions:An Applicatoin of Tobit Analysis",*Southern Journal of Agricultural Economics*,Vol.19,1987,pp.79-90.

③ Lapar,A.L.,Pandey,S.,"Adoption of Soil Conservation:The Case of the Philippine Uplands",*Agricultural Economics*,Vol.21,1999,pp.241-256.

④ Traoré,N.R.,Landry,R.,Amara,N.,"On-Farm Adoption of Conservation Practices:The Role of Farm and Farmer Characteristics, Perceptions, and Health Hazards",*Land Economics*,Vol.74,No.1,1998,pp.114-127.

⑤ Ervin,C.A.,Ervin,D.E.,"Factors Affecting the Use of Soil Conservation Practices-Hypotheses,Evidence,and Policy Implications",*Land Economics*,Vol.58,1982,pp.277-292.

⑥ Di Falco,S.,Veronesi,M.,Yesuf,M.,"Does Adaptation to Climate Change Provide Food Security? A Micro-Perspective from Ethiopia",*American Journal Agricultural Economics*,Vol.93,No.3,2011,pp.829-846.

⑦ Traoré,N.R.,Landry,R.,Amara,N.,"On-Farm Adoption of Conservation Practices:The Role of Farm and Farmer Characteristics, Perceptions, and Health Hazards",*Land Economics*,Vol.74,No.1,1998,pp.114-127.

⑧ Ervin,C.A.,Ervin,D.E.,"Factors Affecting the Use of Soil Conservation Practices-Hypotheses,Evidence,and Policy Implications",*Land Economics*,Vol.58,1982,pp.277-292.

技术因子和机构因子在文中也被检验。由于等高种植的主要投入需要是劳动力,因此可把每单位土地所需劳动力作为一个技术因子。阿姆莎鲁和德格拉芙也假设每单位土地劳动力的比率越大就越可能鼓励农民投资保护措施,因为对作物生产有更高的需求。[①] 一个重要的机构因子是土地所有权。如果农民有很清楚的、安全的土地所有权(在长期范围内),他们会有激励去保护土壤以提高土地未来的生产力。在描述性分析时,我们会查看经济资助对农民采用行为的影响。如果所有农民在接受了经济资助后都采用了等高种植,经济资助这一变量就不包含在多元回归分析里。

五、农户采用等高种植和持续采用的数据分析

(一)农户在项目期间采用和持续采用等高种植的描述变量分析

从图1-1中可以看出,采用等高种植的农民不多。1999年和2001年采用等高种植的样本地块只略超一半。在2000年,采用率只有33%。在云南,5—9月是玉米的种植季,这一季通常是季风季。2000年,云南乃至整个中国是自1949年以来最干旱的年份。干旱导致两方面的后果:如果农民预期这一年是旱年,他可能选择不用等高种植,因为水土流失会因降雨少而显著减少;另一种可能是增加使用等高种植,因为干旱,作物生长不好,会减少土壤中作物的残留,从而增大因风力导致的水土流失。在干旱年份采用等高种植的短期收益较小是因为干旱年份的产量较少。因此,我们所观察到的等高种植的采用率从1999年到2000年的下降不是显著的,或许是因为干旱年份的等高种植收益。

数据也反映出激励手段有助于提高农民采用等高种植。在2002

---

① Amsalu, A., de Graaff, J., "Determinants of Adoption and Continued Use of Stone Terraces for Soil and Water Conservation in an Ethiopian Highland Watershed", *Ecological Economics*, Vol.61, 2007, pp.294–302.

年和 2003 年,SHASEA 项目组对王家箐农民采用等高种植给予货币支持。[①] 农民采用等高种植和其他项目组将免费得到塑料薄膜(3 公斤/亩)、玉米种子(2 公斤/亩)和现金(30 元/户)。在这一政策鼓励下,2002 年的等高种植采用率达到 97%,2003 年达到 84%。图 1-1 表明了 1999—2003 年等高种植的采用情况。在后面的回归分析中,其他数据和表格只包含了三年的数据(1999—2001 年),这是因为 2002 年和 2003 年的采用率高达 80% 以上且对应于采用率缺乏相应的变量。

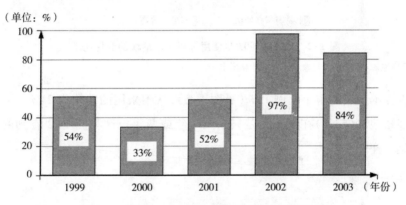

（单位：%）

图 1-1　1999—2003 年采用等高种植的地块比率

资料来源:根据笔者实地调研数据计算得出。

图 1-2 显示是否采用等高种植在年份之间没有高的关联性。采用等高种植比率高的年份并不会使下一年采用的比率也高。比如,14% 的样本地块,1999 年采用了等高种植,2000 年没采用,但 2001 年时又采用了。其他的转换模式可能是"不用—用—不用""不用—不用—用"等,但没有哪种模式是占主导地位的。

查看三年的等高种植采用情况,可以看出持续采用等高种植的只

① SHASEA, "Improving the Productivity and Sustainability of Crop Systems on Fragile Slopes in the Highlands of South China and Thailand", Final Report, University of Wolverhampton, Sustainable Highland Agriculture in South East Asia (SHASEA) Research Group, 2003, p.43.

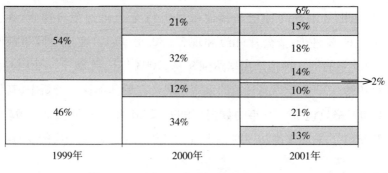

采用等高种植　　　□不采用等高种植

图 1-2　1999—2001 年使用等高种植地块的变化比率

资料来源:根据笔者实地调研数据计算得出。

占样本地块的很小比例 15%(见图 1-3),从不采用的地块为 21%。大多数地块(63%)在三年间是只采用一年或两年。这和图 1-2 看到的是一样的。

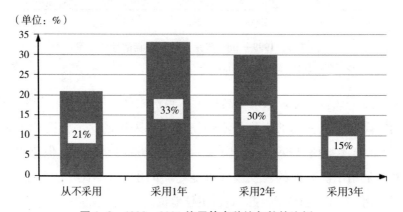

图 1-3　1999—2001 使用等高种植年数的比例

资料来源:根据笔者实地调研数据计算得出。

对地块是否采用等高种植的分析发现了一些不同(见表 1-1)。等高种植更有可能在较大的地块耕种。三年持续采用等高种植的地块的平均面积高于总平均 0.49 个标准差;相反,从不采用等高种植的地块小于平均数 0.37 个标准差。不同坡度的地块没有明显的差异。在四个类型(从不采用,采用 1 年,采用 2 年,采用 3 年)的地块中,地块的平均坡度是 15 度。是否采用等高种植与地块的所有权有点关系。绝大多数样本地属于农户自己拥有并自己耕种。在从不采用等高种植的地块中,29% 的是从其他农户那里租来的。这和三年全部采用等高种植的农户形成鲜明的对比,连续采用等高种植的地块没有一块是租用的。

表 1-1　采用和不采用的地块和家庭特征

	不采用	采用一年	采用两年	采用三年
地块大小,标准化	-0.37	-0.04	0.06	
	(0.53)	(0.93)	(0.94)	(1.55)
土壤肥力低于平均水平=1,其他=0	0.52	0.70	0.63	0.53
	(0.51)	(0.47)	(0.49)	(0.52)
地块坡度(度)	15.17	17.38	15.88	15.22
	(8.77)	(8.88)	(7.72)	(7.42)
自己拥有土地=1,其他=0	0.71	0.82	0.7	1
	(0.46)	(0.39)	(0.47)	(0)
单位土地的家庭劳动力(人/亩)	0.82	0.77	0.67	1.38
	(0.56)	(0.45)	(0.36)	(1.87)
家庭劳动力的转移比率(%)	0.33	0.26	0.30	0.25
	(0.27)	(0.30)	(0.27)	(0.30)
超过一半的收入来源于农业=1,其他=0	0.43	0.42	0.50	0.4
	(0.51)	(0.50)	(0.51)	(0.51)
家庭决策者是女性=1,其他=0	0.19	0.36	0.20	0.2
	(0.40)	(0.49)	(0.41)	(0.41)
家庭决策者的年龄(岁)	46.35	42.97	42.47	41.67
	(11.33)	(9.59)	(7.01)	(9.95)
家庭决策者是初中毕业=1,其他=0	0.24	0.24	0.3	0.07
	(0.44)	(0.44)	(0.47)	(0.26)

续表

	不采用	采用一年	采用两年	采用三年
家庭人均资产	7.51	7.23	6.92	7.26
	(1.31)	(1.39)	(1.44)	(1.02)
作物收入中玉米所占比率(%)	0.10	0.15	0.14	0.20
	(0.08)	(0.12)	(0.11)	(0.26)
将会采用那些减少水土流失的措施=1,其他=0	0.68	0.74	0.83	0.86
	(0.47)	(0.44)	(0.38)	(0.35)

注:括号中的是标准偏差;变量标准化是通过减去平均数,然后除以标准差;家庭人均资产是把家中除了土地外的固定资产折算成人民币后除以家庭人口。

资料来源:根据笔者实地调研数据采用 STATE 软件分析得出。

是否采用和持续采用等高种植与家庭特征也有一定的关系。家庭户主是年轻农民的则更有可能采用等高种植。三年连续采用等高种植的农户户主的平均年龄是 41.67 岁,从不采用的户主平均年龄是 46.3 岁。这一差异也和等高种植需要更多的劳动力投入有关。大部分农户表示会采用减少水土流失的措施,可能因为水土流失在这一区域是一个常见的问题。农民采用减少水土流失的措施更多的是采用等高种植。尽管三年持续采用等高种植的农户比其他组的农户有更高的单位土地劳动力(1.38 人/亩对 0.67—0.82 人/亩),但高劳动土地比率的两个家庭却拥有很少的土地。除去这两个家庭,劳动土地比率就下降到 0.66 人/亩。这样一来,采用和不采用农户之间的劳动土地比率就没有显著的差异了,可实际上采用等高种植的主要成本是劳动力。

(二)影响农户采用和持续采用的计量分析

表 1-1 中的描述性分析表明是否采用和持续采用等高种植与地块特征和家庭特征相关。然而,以上分析仅基于双相关分析,真正的相关关系需要对其他要素进行相关分析。为了找出哪些要素影响农户决定是否采用等高种植,通过应用多变量分析来控制其他变量不变。

这里主要采用 Probit 模型来分析 1999—2001 年间每年各要素对采用等高种植选择的影响;既然 Poisson 模型更适于检验对等高种植的

持续使用,在这里将使用该模型的分析结果。所有分析都在统计软件
Stata/SE 12.0 下进行估算。

　　Probit 模型显示地块特征影响对等高种植的决策(见表1-2)。和
表1-1 中的描述性分析相一致,农民在大的地块更可能采用等高种
植。1999—2001 年中地块大小的估计系数非常显著。这与施菲若和
霍尔顿对埃塞俄比亚高地的农民更有可能在大的地块采用保护措施的
结论相一致。[1] 另外,由于等高种植的简单性,大的地块可能更值得农
民进行投资而获得投资的优先权。[2] 相同于高尔德·布朗(Brian W.
Gould)等的讨论,认为农地的大小对使用水土保持措施有积极的效应,
大的地块可以产生规模经济,因为分摊了固定成本。[3] 土壤肥力对是
否采用等高种植有积极的影响,因为土壤保护措施增加了土壤肥力。
然而,地块的坡度没有显著的影响。一个可能的原因是多数地块都在
坡地上。陡峭程度对农民来说没什么大的影响。而且,土壤肥力和坡
度是负相关的。坡度低的土壤肥力比坡度高的土壤肥力更高。这一相
关性是显著相关。所以坡度的影响可能被土壤肥力的影响吸收了。土
地所有权有一点作用,但是不强烈。

　　Poisson 模型估计结果显示地块大小和土壤肥力增加了使用等高
生产的年限(见表1-3)。对于大的地块和有高肥力的地块更可能持
续使用等高种植。

　　家庭特征变量也影响到等高种植在某一年份的采用和可持续采用

　　[1]　Shiferaw, B., Holden, S. T., "Resource Degradation and Adoption of Land
Conservation Technologies in the Ethiopian Highlands: A Case Study in Andit Tid, North
Shewa", *Agricultural Economics*, Vol.18, No.3, 1998, pp.233-247.

　　[2]　Worku, G.B., Mekonnen, A., "Investments in Land Conservation in the Ethiopian
Highlands: A Household Plot-level Analysis of the Roles of Poverty, Tenure Security, and
Market Incentives", *International Journal of Economics and Finance*, Vol.4, No.6, 2012, pp.
32-50.

　　[3]　Gould, B., Saupe, W., Klemme, R.M., "Conservation Tillage: the Role of Farm and
Operator Characteristics and the Perception of Soil-Erosion", *Land Economics*, Vol.65, 1989,
pp.167-182.

（见表1-2和表1-3）。如果多于一半的收入是来自于农业生产,这样的家庭更可能采用等高种植。这在情理之中。如果一个家庭的生活依赖于农业,就更可能投资其农业资产,包括土地。同时,这一结果揭示出家庭中如果是女性决策者就更可能少采用等高种植。家庭中的女性可能更多地承担了诸如照顾孩子这类的家庭责任,所以她们没时间去进行等高种植。家庭决策者是老年人也很少可能采用等高种植。以云南农村为例,年龄产生的负面影响（计划周期短或高折现率）替代了其产生的正面影响（更多的农业生产经验）,这与最早对这一问题进行分析的艾维·克里斯汀和艾维·戴维1982年的研究结果相一致,采用意愿对是否采用和持续采用有着很强的影响。①

虽然家庭中单位土地劳动力的估计系数在1999—2001年中的期望标志是正的（见表1-2）,但仅在2000年是显著的,在Poisson模型中也没有显著影响（见表1-3）。因此,劳动力可获得性并不一定是是否采用等高种植的重要决定因素,尽管等高种植要求更多的劳动力投入。一种解释可能是,如果家庭为农业生产雇佣劳动力,就可以缓解因劳动力约束的家庭去采用等高种植。

表1-2 Probit 模型

	（1）	（2）	（3）
如果采用等高种植=1,否=0	1999	2000	2001
地块大小,标准化	0.328**	0.700***	0.246*
	(0.140)	(0.154)	(0.144)
土壤肥力低于平均水平=1,其他=0	−0.124	−1.064***	−0.588*
	(0.319)	(0.335)	(0.307)
地块坡度（度）	0.00232	−0.0148	−0.00341
	(0.0198)	(0.0201)	(0.0188)

① Ervin,C.A.,Ervin,D.E.,"Factors Affecting the Use of Soil Conservation Practices-Hypotheses,Evidence,and Policy Implications",*Land Economics*,Vol.58,1982,pp.277-292.

续表

	（1）	（2）	（3）
自己拥有土地＝1,其他＝0	−0.149	0.327	0.667*
	（0.413）	（0.506）	（0.404）
单位土地的家庭劳动力（人/亩）	0.143	0.364**	0.0284
	（0.152）	（0.166）	（0.176）
家庭劳动力的转移比率（%）	−1.701***	−1.016	0.822
	（0.649）	（0.634）	（0.606）
超过一半的收入来源于农业＝1,其他＝0	1.540***	0.0237	0.0202
	（0.386）	（0.361）	（0.307）
家庭决策者是女性＝1,其他＝0	−0.976***	−0.602**	−0.290
	（0.350）	（0.363）	（0.339）
家庭决策者的年龄（岁）,标准化	−0.485***	−0.137	−0.131
	（0.153）	（0.147）	（0.150）
家庭决策者的年龄,标准化后平方	0.0428	−0.271	−0.466***
	（0.168）	（0.166）	（0.171）
家庭决策者是初中毕业＝1,其他＝0	0.232	−0.332	−0.164
	（0.404）	（0.417）	（0.353）
家庭人均资产	−0.270**	0.254**	−0.0771
	（0.121）	（0.121）	（0.114）
作物收入中玉米所占比率（%）	−0.0459	0.0464	0.281
	（0.155）	（0.157）	（0.184）
将会采用那些减少水土流失的措施＝1,其他＝0	1.417***	0.881**	−0.328
	（0.403）	（0.439）	（0.367）
常数	1.155	−2.211*	1.176
	（1.067）	（1.169）	（1.016）

注:括号里的是标准误差;估计参数右上角的 *、** 和 ***,分别表示 $p<0.10,p<0.05$ 和 $p<0.01$。变量标准化是通过减去平均数,然后除以标准差。

资料来源:根据笔者实地调研数据采用 STATE 软件计算得出。

表 1-3　Poisson 模型,边际效应

因变量 1999—2001 年间采用等高种植的年份数(范围从 0 到 3)	
地块大小,标准化	0.217 ***
	(5.17)
土壤肥力低于平均水平=1,其他=0	−0.348 ***
	(−2.59)
地块坡度(度)	−0.00402
	(−0.58)
自己拥有土地=1,其他=0	0.194
	(1.52)
单位土地的家庭劳动力(人/亩)	0.0998
	(1.47)
家庭劳动力的转移比率(%)	−0.272
	(−1.23)
超过一半的收入来源于农业=1,其他=0	0.259 **
	(2.00)
家庭决策者是女性=1,其他=0	−0.330 ***
	(−2.78)
家庭决策者的年龄(岁),标准化	−0.140 **
	(−2.13)
家庭决策者的年龄,标准化后平方	−0.189 **
	(−2.36)
家庭决策者是初中毕业=1,其他=0	−0.0551
	(−0.38)
家庭人均资产的对数	−0.0172
	(−0.39)
作物收入中玉米所占比率(%)	0.0397 *
	(1.94)
将会采用那些减少水土流失的措施=1,其他=0	0.329 **
	(2.18)

因变量1999—2001年间采用等高种植的年份数(范围从0到3)	
常数	0.217***
	(5.17)

注:括号里的是标准误差。估计参数右上角的 *、** 和 ***,分别表示 p<0.10,p<0.05 和 p< 0.01。变量标准化是通过减去平均数,然后除以标准差。

资料来源:根据笔者实地调研数据采用 STATE 软件计算得出。

六、中国西南高原地区推广农业保护性措施的障碍及政策建议

云南省农民采用和持续采用等高种植这类农业保护性措施的实际情况,通过描述性分析说明即使是像等高种植这样易于采用的保护性措施,在没有补贴和货币激励情况下采用率也不高。多元分析显示地块较大、土壤更肥、男性和年轻户主的家庭更有可能采用等高种植,高度依赖农业收入的家庭也更可能持续使用等高种植。

从以上分析可以看出,要实现农业的可持续发展,应当注重农民的参与,但要农民积极参与到农业的可持续发展中,政府还得从以下几方面进行加强和改进。

第一,当前的农业产权结构不支持水土保护措施。中国农村的显著特点是小规模的土地种植为主。多数农村的土地面积都小于6亩且被分割成许多地块。在山区,分散的小地块减少了为提高土壤肥力和土地的可持续利用而采用保护性措施带来的收益。增加地块面积才有助于保护性措施的采用。虽然现在的土地使用权已延长至30年,允许农民进行土地流转,但是土地出租市场在多数地区比如云南是薄弱的。[1] 这部分是由于农民担心如果他们出租土地,就意味着他们不再

---

[1]　Benjamin, D., Brandt, L., "Property Rights, Labour Markets, and Efficiency in a Transition Economy:The Case of Rural China", *Canadian Journal of Economics*, Vol.35, No.4, 2002, pp.689~716.

需要土地,村集体可能会收回土地。①② 如果为农民提供更完整的、更有保障的产权,更多的土地将进行流转,邻近分散的地块才能合并成一个大的地块。在这种情形下,更多、更安全的产权将会有利于水土保护措施的采用,才会有利于农业的可持续发展。

第二,非农就业的增加、农业的老龄化和女性化不利于水土保护措施。随着年轻人非农就业的增加,更多的是老年农民待在中国农村。③当家庭里的丈夫们都到城里工作时,更多的女性成为农业生产的决策者。这些都不利于等高种植的采用,不利于可持续农业发展措施的推广使用。

第三,促进土壤保护技术的政策应当根据当地情况作适当变动。研究结果揭示在较肥的地块上中国农民更有可能采用和持续采用等高种植。因此,政策制定应该针对较贫瘠的地块。比如,政府坚持执行退耕还林计划,这是中国规模最大的水土流失治理项目。④ 在可朗村,政府的补贴要足以让农民从土地上退回的边际农业生产转向植树造林,农业的可持续发展才能实现。

第四,在这一研究领域,大比例的农户样本已经表示愿意采用保护性措施。然而,实际使用保护性措施的仍很低。这有可能是由于缺乏劳动力、知识或其他约束农民采用保护性措施的激励。

从上述观察中可知,如果要增加农业保护性措施的使用,当地政府

---

① Yang, D. T., " China's Land Arrangements and Rural Labor Mobility ", *China Economic Review*, Vol.8, No.2, 1997, pp.101–115.

② Brandt, L., Rozelle, S., Turner, M. A., " Local Government Behavior and Property Right Formation in Rural China", *Journal of Institutional and Theoretical Economics*, Vol.160, No.4, 2004, pp.627–662.

③ Joseph, A., Phillips, D., " Ageing in Rural China: Impacts of Increasing Diversity in Family and Community Resources", *Journal of Cross-Cultural Gerontology*, Vol.14, 1999, pp.153–168.

④ Uchida, E., Rozelle, S., Xu, J., " Conservation Payments, Liquidity Constraints, and Off-Farm Labor: Impact of the Grain-for-Green Program on Rural Households in China", *American Journal of Agricultural Economics*, Vol.91, No.1, 2009, pp.70–86.

应当提供更多资助。这种资助可能是货币激励,也可能是技术援助,也可能是两者的结合。给予合适的激励,农民会愿意采用保护性措施。为减少试验的复杂性,SHASEA 项目组已经给了每个采用等高种植的家庭 30 元钱,并给予玉米种子和塑料薄膜这类的实物资助。未来研究应当关注货币激励对采用率的效果分析,这可能会因为不同的激励水平而不一样。这些研究结果将有助于政策制定者决定资助的水平以取得理想的采用率。

第五节 发展喀斯特山区生态特色立体农业
——以六盘水为例[*]

由于石灰岩成土艰难、土层薄、生态脆弱,极易导致水土流失和石漠化,因此喀斯特山区(也称岩溶地区)不但大多处于贫困状态,成为扶贫攻坚主战场,而且成为珠江、长江上游的生态安全屏障。那么,喀斯特山区扶贫开发究竟应该走什么路子? 为此,以六盘水为例,从喀斯特山区生态环境实际出发,探讨山区生态特色立体农业发展路径,构建起符合山区实际的现代农业发展体系。

一、强化动力:弄清喀斯特山区生态环境优势和劣势

弄清喀斯特山区生态环境优势和劣势,发挥优势、克服劣势,化优势为信心动力,化劣势为挑战动力。

就六盘水喀斯特山区生态环境看,至少有五大优势:一是水资源优势。六盘水处于珠江、长江水系上游分水岭地区,河流纵横,珠江水系57 条,乌江水系 14 条,其中 10 公里以上河流 43 条,多呈现河谷深,河床窄,水流急,落差大,因此水能资源丰富。充分开发利用这一资源,是发展山区立体特色农业和扶贫攻坚必备的重要条件。二是气候资源优

---

[*] 作者封毅:中共六盘水市委党校副校长、行政学院副院长,教授。

势。六盘水处于亚热带湿润季风气候地区,总体气候变化幅度不大,年均气温在 13℃—14℃,夏季平均气温在 20℃左右,年均降雨量 1244 毫米,无霜期 230—300 天,其"立体气候"显示:常年雨量充沛、气候温和、夏无酷暑、冬无严寒,既适宜多种林木和农作物生长,又适宜生态避暑旅游。因此,发展相应的生态立体农业、乡村旅游,是扶贫攻坚和统筹城乡的重要内容。三是生物资源优势。特殊的地理气候使得六盘水地区拥有众多的野生植物种类,按用途可分为药用类、牧草类、果类及其他四种类型。科学开发利用生物资源,既是发展山区生态特色立体农业的题中之义,也是扶贫攻坚的重要内容。四是矿产资源优势。六盘水喀斯特地质地貌的形成,成就了丰富的矿产资源,境内已发现的矿种有 30 余种。其中,煤炭的可靠储量 711 亿吨(2000 米以内),探明储量 180 亿吨,并有 4 万亿立方米的煤层气储量,素有"江南煤都""西南煤海"之称。① 科学开发利用矿产资源,必将加速新型工业化和城镇化,大力反哺农业、带动农村,对不具备基本生产生活条件的山区贫困群众实施有计划的扶贫生态移民搬迁,为发展生态特色立体农业和扶贫攻坚提供坚实的物质基础和条件。五是生态旅游资源优势。六盘水喀斯特地理地质环境和条件,造就了多姿多彩的岩溶风光,有世界最高而壮丽的"天生公路桥",有世界垂直深度 424 米的第一"竖井",有被称为"活化石"的妥乐村千株连片古银杏,有保基乡连片 6000 亩第四纪冰川遗留的、国际公认濒临灭绝的一级天然珍稀抗癌植物红豆杉,有长 15 公里的喀斯特岩溶美景"大地缝",有丽质诱人的乌蒙山"大天坑",有国家北盘江大峡谷地质公园、玉舍森林公园,有贵州高原雄伟壮阔的坡上草原风光,有被称为"贵州屋脊"的最高峰韭菜坪,有徐霞客记载的神奇碧云洞、丹霞山,有揭示古人类演进的盘县大洞、水城硝灰洞、六枝桃花洞等遗址,有神神秘秘的牂牁江夜郎传奇,等等。保护

---

① 六盘水市地方志编纂委员会:《六盘水年鉴 2012》,方志出版社 2013 年版,第 78—80 页。

利用这些岩溶地质地理景观,发展农村生态旅游,必将为统筹城乡、扶贫攻坚增添新活力、新途径。

在看到喀斯特山区生态环境优势,增强信心动力的同时,还要看到喀斯特山区生态环境劣势,增强挑战动力。就六盘水喀斯特山区生态环境劣势看,其主要表现在四个方面:第一,卡斯特岩溶地质生态十分脆弱,恢复艰难。研究表明,石漠化末期阶段,群落的生物量只有未退化之前的1/200,水土流失和石漠化危害严重。六盘水地处珠江上游,是其重要源头,也是长江水源的重要补给区,生态区位特别重要。六盘水虽然通过西部大开发退耕还林、治理生态环境,取得了显著成就,但水土流失和石漠化防治取得的成绩还是初步的、阶段性的,防治的形势依然严峻,生态状况依然十分脆弱。因此,特别需要探索治山与治穷结合、生态与经济协调的发展路子。第二,喀斯特地质成土过程缓慢,土地资源显得十分宝贵。六盘水喀斯特岩溶地质成土艰难、土层浅薄、生态脆弱,并且山多地少,极易导致严重的水土流失和石漠化。土地资源匮乏,又常出现陡坡开垦现象,加之石漠化治理成本高,因此,如何把山地环境治理、生态特色立体农业发展与扶贫攻坚紧密结合起来,成为实践中的重大课题。第三,喀斯特地质易旱灾、易造成工程性缺水。六盘水尽管降水丰富、河流众多,但由于裂隙、暗河、漏斗、落水坑等较多,致使岩溶皱褶区地层易漏水、保水力差,遇到旱灾,农作物产量低,甚至有的地方颗粒无收。这种岩溶地质,往往是"山上水贵如油,山下水滚滚流",表现为干旱和洪涝并存的状态。加之水利设施不健全,常出现工程性缺水状况。为此,大力修建山区水库、人工湖、蓄水池,解决缺水问题,对发展山区生态特色立体农业和扶贫攻坚,具有重要的现实紧迫意义。第四,喀斯特山区基础设施建设难度大、代价高。由于六盘水坐落于高原喀斯特山区,山高坡陡、重峦叠嶂、连绵起伏,并且山谷深邃、峡谷众多、沟壑纵横,修建公路、铁路、水利设施、产业园区和城镇等基础设施的难度和代价高,农业现代化、产业化和农村工业化、城镇化的速率相对缓慢、滞后。因此,只有主动抢抓机遇,用活用好用足已有政策,积极争取新政策,才能加速改变产业基础设施落后的状况,为推进扶贫攻坚创造条件。

二、探索路径:发展喀斯特山区生态特色立体农业

发展喀斯特山区生态特色立体农业,特别需要创新与之相适应的农业发展方式、发展体系,探索出山区农业"生态化、立体化、科技化、规模化、合作化、企业化、品牌化和市场化"发展路径,构建起符合山区实际的现代农业体系。

其一,生态化发展。就是根据喀斯特地貌生态十分脆弱的特点,按照"生态协调、立体发展、循环再生、高效持续、生活改善、整体脱贫"的原则,发展以保护和修复生态为导向的山区现代立体农业和实施必要的生态移民搬迁。如果山区农民的生存问题不解决,不脱贫,各种为生存而导致的石漠化、水土流失现象就难以根治。因此,必须坚持尊重规律、和谐发展的原则,从不断改善山区农民的生存、生产、生活入手,把治理生态环境与改善民生、扶贫攻坚和发展山区生态特色立体农业紧密结合起来。一是遵循生态学、生态经济学规律,运用系统工程方法和现代科学技术,加速发展具有生态特色的立体农业,加快扶贫攻坚步伐。二是对不具备基本生存生产生活条件的山区贫困群众,实施有计划的扶贫生态移民搬迁工程,使他们"搬得出、留得住、能就业、有保障"。三是改善山区能源结构,发展沼气、水电、风能、太阳能等多元化能源结构机制,快速恢复生态植被。四是创新农业发展方式,发展山区多功能立体农业、循环型农业,建立山区生态特色立体农业管理、生态环境治理和流域水污染治理三大技术体系,形成生态、生产、生活良性循环机制,建设起农业和"两江"上游的生态安全屏障。

其二,立体化发展。就是根据喀斯特山区地理地质特点,按照"多功能农业、多物种共存、多层次配置、多时序交错、多级质能转化和循环利用"的原则,对山上山下、山里山外、水库溪坝,立体分层、综合利用、多元开发,使山水林田路综合治理、林牧农渔副全面协调和持续发展,

形成山区"种养加、农工商、产加销"为一体的农业经济与生态共赢的现代立体农业体系。一是发展与之相适应的立体种植、立体养殖、立体复合种养、立体综合发展的多功能农业经营方式。二是创建一批生态特色立体农业基地、园区,推行不同环境条件下林农、林经、林菌、林药、林果、林草畜、林旅游等生态农业综合发展方式,推进间作套种、错季种植等立体种植措施来提高复种指数、产出率,推广"养殖、沼气、种植、居住"四位一体的循环农业,发展融水库建设、自然风光、田园景观、农庄生活体验等为一体的乡村旅游。三是把开发利用山里的矿藏和反哺"三农"有机结合起来,把发展山区现代立体农业与农村工业化、城镇化有机结合起来,加速转移农民、减少农民、富裕农民。

其三,科技化发展。就是根据喀斯特山区的地理地质、自然资源等特点和发展需求,坚持"科技支撑"原则,创新山区农业科技体制和激励机制,把山区科技利用和科技研发贯穿于整个农业生产过程,凸显科技利用和研发效应。只有强化农业科技投入、推广、研发和管理力度,才能推进山区生态特色立体农业发展。为此,一是要以实施立体农业综合开发项目为重点、农业示范园区为标杆,全面推广利用适合喀斯特山区的农业新技术、新工艺、新品种,并研发自主知识产权为基础的喀斯特山区特色农牧业新品种、新种畜(禽),配套建设良繁基地。二是要培训培育乡村"技能型""知识型""创业型""理想型""企业家型"等各类新型农民。三是要创新农业科技体制机制,培育适应山区农业发展的科技队伍,充分调动其积极性、主动性和创造性。四是要综合利用山区农业发展的各种科技措施、林农牧副渔复合经营模式和结构调控技术,使多项农业适用技术组装配套。五是要利用科技发展"大中小型"蓄水工程,推行工程、生物、农艺等节水技术。

其四,规模化发展。就是根据喀斯特地理条件和山多地少的实际,坚持农业发展"规模化、集约化、项目化"原则,以山区高效农业为目标、农业基地和园区为载体,采用先进的农业技术措施、装备和"公司+基地+农户"等方式,实行农业"项目规模化、生产高效化、组织合作化、管理企业化、发展品牌化"和"布局区域化、生产专业化、经营一体化"战略,形成生态立体农业结构优势互补、竞相发展的新局面。农业规模化经营的必要条件是土地流转。随着六盘水工业化、城镇化、现代化进程加快,山区农民的生存生产生活观念日益更新,离土离乡的农民日渐增多,土地流转需求日臻强烈,因此要创造更加适合农业规模化经营的制度条件。一要积极建立流转机制,建立城镇工商企业与农村经济组织、农村经济组织与农户、农户与农业大户等土地承包经营权流转机制和利益联结机制。同时,建立吸引龙头企业入驻的发展机制,根据龙头企业的资金实力、能带动农户的多少和效益保障等情况,给予龙头企业相应的政策倾斜和融资扶持。二要搭建流转平台,建立县区、乡镇、村三级农村土地流转机构和组织,完善流转制度,设置流转信息咨询平台,健全流转服务窗口,在政策和资金上首先给予具备相应条件、具有示范作用的乡村、农业基地和园区倾斜扶持。三要创新流转方式,可采取农业专业协会助推型、龙头企业带动型、入股合作经营型、集体开发推进型等方式进行土地流转、规模经营。尤其要探索引导农户开展土地股份合作,形成"土地变股权、农户变股东、收益有分红"的收益方式,这能让农民"守土"有利、"离土"不失利。农业规模化经营,是改善农业生产设施、提升农业效益、推进扶贫开发的有效途径。

其五,合作化发展。就是针对喀斯特山区农户农业经营普遍分散的情况,用"合作化理念",按照"自愿、互惠"和"民办、民管、民受益"的原则,提升山区农业发展、农民进市场的组织化程度。没有强大的农村经济合作组织和农村专业协会,就没有农业农村经济的现代化。用合作化理念提升山区农民进市场的组织化程度,就是要适应山区农业规模化、产业化的客观需要,遵循市场规律,通过各种形式的经济组织和专业协会,把农村分散的个体劳动者有机组织起来,把农业的产前、产中、产后服务有机结合起来,解决好小生产与大市场的矛盾,实现千家万户的小农生产与千变万化的大市场有效对接,实现山区传统农业走向现代农业的组织创新。农业经济合作组织和龙头企业,是农村经济现代化的两个轮子,是用合作化理念组织农民进市场的两大载体。一要通过市场和政策导向,通过抓重点抓典型抓示范,以及引资引项引人才,壮大新的农业市场主体即农业经济合作组织与龙头企业。二要采取行之有效的形式和机制,如"农业经济合作组织+农户+龙头企业"等发展形式和利益连接机制,使其达到组织农民、整合资源、发展农业、致富农民的目标。

其六,企业化发展。就是针对喀斯特山区农业经营落后的实际,应用"企业化理念"全方位把贸工农、种养加、产供销、农科教等相关部门衔接起来,以商贸大思路统筹推进山区农业产业化经营,壮大山区生态特色立体农业,发展农村、富裕农民。山区农业的根本出路在于农业经营的企业化、产业化。农产品的生产、加工、销售,不但是农业与工商业的最佳结合点,而且是衔接农业与工商业的最佳链条。以加工销售带动种养业,强化产业链,才能提升农业增加值和比较效益,促使农业与工商业互利互惠、互动发展。因此,一要统筹城乡一二三产业,强化城乡一二三产业的关联度,加速城乡一二三产业对接,促使"三农"的小生产方式转变为社会化大生产方式。二要加速引导工商资本、民间资本和外商资本进入农村,并通过科技创新和产权创新提升农业与龙头企业发展水平,不断增强农业与城镇工商业的融合度,进而引领农业企业化、农村工业化、农村二三产业的发展。农业生产经营的企业化、产业化,是农村工业化、城镇化、现代化进程中的必然趋势,其核心是将各自独立作战的农户按自愿原则提升到公司体制下进行规模化生产的高度。农业生产企业化强调农业产业化经营中市场微观主体的培育、农村基本经营制度的创新和对传统小农经营方式的扬弃,农业产业化则强调农业的纵向一体化经营和农业经营体制的创新,二者有机融合是喀斯特山区生态特色立体农业发展的必然走势、基本条件。

其七,品牌化发展。就是对喀斯特山区生态特色立体农业实施品牌化发展战略,通过结构调优、品种选优、产品创优,因地制宜地创建一批特色鲜明、优质高效的农产品品牌。山区农业品牌化发展,是促进山区传统农业向现代农业转变的重要手段,是优化山区农业经济结构的有效途径,是提升山区农产品绿色水平、市场占有率和竞争力的迫切需要,是实现山区农业增效、农村增收、农民脱贫的重要举措。为此,坚持"农民主体、市场导向、企业带动、政府推动"的方针,按照"市场牵龙头、龙头带基地、基地连农户和贸工农、农工商、产加销"一体化的思路,加速"龙头企业品牌"建设步伐,加快发展绿色农业、有机农业、无公害农业、商标农业,有计划有重点推进山区农业标准化生产、产业化经营、品牌认证,积极培育、发展、保护特色农业品牌,创立国家、省市优质农产品系列品牌,拓展农业品牌市场。

其八,市场化发展。就是依据喀斯特山区整体资源优势、特点、地域特色,瞄准市场需求和城市餐桌,一头连基地,一头连市场,"山外抓市场,山腰建基地,山下搞加工",把"贸工农、农工商、产加销"紧密结合起来,推进山区农业市场化发展。一是把握市场经济的特点和脉搏,用市场规律、市场信息和政策引导农业经济结构调整、都市农业开发,创建一批市场前景好、经济效益好的山区农业基地、园区,创建、培育和引进相应的农业产业化龙头企业,并建立相应的特色农产品交易中心、批发市场,满足轻工业发展和城市居民生活需要,走出一条在工业化、城镇化深入发展中同步推进山区农业现代化的新路子。二是按照市场规律统筹都市农业资源配置,统筹城乡之间的物质流、资金流、信息流、技术流,实现农业资源开发与生产要素的优化组合、农业发展方式转变,提升山区农业发展能力和水平。当前,关键是畅通和健全都市农业市场,促进农业商品生产和生产要素流动,实现城乡优势互补、协调发展。现阶段,一要着眼于统筹城乡土地市场,通过土地流转制度实现农村土地规模经营。二要着眼于统筹城乡资金市场,按照有利于增加农村贷款,健全农村金融服务的要求,改革和创新农村金融体制,健全农村国有和民间金融服务体系,解决农村企业和农民贷款难的问题。三要着眼于统筹城乡劳动就业市场。当务之急是要清除对农民进入企业、工厂、城镇就业的种种限制,保障农民的各种合法权益,并使其规范化、制度化。

　　总之,发展喀斯特山区生态特色立体农业,实现山区扶贫攻坚目标,要用现代科学理念发展农业,用现代经营形式壮大农业,用现代科学技术提升农业,用符合实际的现代农业发展体系助推农业,用农民的"增收、脱贫、致富、奔小康"推进农业,用现代产业体系带动农业、转移农民。

第二章 高原农业经营方式的特征分析

第一节 云南高原以农户为基础的农业 经营主体构成分析*

2014 年年底,中央农村工作会议明确要求"积极发展多种形式适度规模经营。这是农业现代化的必由之路,也是农民群众的自觉选择。要引导和规范土地经营权有序流转,发展各类新型农业经营主体"。① 这是我国经济进入新常态背景下推动农业现代化的重要举措。对于云南高原来说,这一举措尤为重要。由于云南高原自然条件复杂、社会文化多样,不同自然禀赋和文化条件下农业现代化发展的适度规模和有效经营主体相异。因此,在坚持家庭经营的基础性地位和农民家庭的土地承包地位的同时,探索和发展各类适宜云南高原农业现代化发展的农业经营主体,是实现云南高原全面建成小康社会的保障。

2010 年,云南省农业就业比重为 60.4%,而农业产值比重仅为 15.3%,两者之间差距为 45.1%②,农业产业结构偏离度很大,农业经营效益严重不足。高原农业经营主体对于农业生产率的提高、农产品物流网络的通畅、农产品的加工增值、市场竞争力的提升,以及农业产业延

---

* 作者蔡葵:云南大学农村发展研究中心研究员,硕士研究生导师;刘冬冬,云南大学农村发展研究中心硕士研究生。

① 《中央农村工作会议在京召开》,2014 年 12 月 23 日,载于中央政府门户网站,http://www.gov.cn/guowuyuan/2014-12/23/content_2795588.htm。

② 杨菲、郑长德:《云南省农业结构特征探讨——基于农场(户)组织结构视角》,《南方农业学报》2013 年第 3 期。

88

伸、农业产业升级、农民增收、农村建设,都有着不可替代的作用。随着云南省高原农业产业的发展,在传统一家一户经营的基础上,逐步推动和发展形式多样的新型农业经营主体,如专业大户、家庭农场、联户经营、专业合作社等,极大推动了高原农业向产业化和现代化方向的发展。但是,目前云南高原的各种新型农业经营主体尚处于起步或初期发展阶段。

一、高原农业经营主体之农户分析

随着科学技术的进步,传统的农业产业也发生了翻天覆地的变化,自给自足的小农经营似乎已与社会化、专业化的生产大浪潮格格不入。但是,在山多平地少,社会、经济、文化多样性显著的云南高原边疆地区,这种农业经营形式仍然占据主体,它在维持高原农村居民的生计上还将继续发挥着不可替代的作用。然而,随着城镇化、工业化、信息化、全球化的快速推进,农业产业的资源条件、技术状况、市场模式都在迅速变化,高原农户的传统经营模式也必须随之改变,才能使高原农业产业的发展适应外界的变化,走上持续发展的道路。

(一)云南高原农业农户经营现状

1.小农户是高原农业经营的基本主体

自农村土地家庭承包经营以来,以小规模单一农户为单位的生产就一直是云南省农业产业的主要经营模式。截至 2013 年,全省共有984.8 万农户(按户口册统计)经营土地,其中,经营耕地 10 亩以下的农户高达 90%,经营耕地 10—30 亩、30—50 亩、50—100 亩的农户依次降为 7%、2.4%和 0.44%;在 39.4 万平方千米的国土总面积上,经营耕地 100—200 亩的农户仅为 0.6 万户,而经营耕地 200 亩以上的农户只有区区 0.1 万户。从经营规模来看,50 亩以上规模经营面积仅占家庭承包经营耕地面积的 5.2%,约占常用耕地面积的 3.48%,小农经营仍然占据主导地位,规模经营比重较低。[①] 不仅如此,云南高原的农业生

---

① 崔江红:《云南现代农业发展的隐忧与对策》,《南方农村》2014 年第 8 期。

产在较长时期内一直是以农户自给自足为主,剩余产品出售为辅。随着我国市场经济的快速发展,增收也逐步成为农户农业生产的重要目标。然而,在自给自足的传统经营模式惯性和市场发育不完善的双重作用下,农户仍然以传统的经营模式应对市场经济的需求,从而使得农业经营的成效不足。主观上,农户对市场需求和市场变化不敏感,固守自身的生产模式,产品销售以坐等上门收购为主,在市场经济中处于十分被动的地位;客观上,云南高原山区市场发育不完善,农户获得市场信息和技术支持的渠道不畅,金融和法律服务水平较低,个体农户在市场交易中的弱势地位,使得个体农户的农业生产经营风险巨大。加之小农生产抵御风险的能力较低,从而形成个体农户为规避市场风险而不敢扩大商品化生产规模的普遍现象。

2.高原农业产业主体劳动力流失

目前我国传统村落严重萎缩,出现了"空壳化"现象。云南也不例外,在一项 480 户的农村务农劳动力抽样调查中,女性占在家务农人数的比例平均为 55.3%,其中,45 岁以上的务农人员约占务农总数的 40%以上。① 在席卷全国农村的劳动力转移洪流中,云南农村的主体劳动力纷纷外出务工。由于与外出务工市场距离较远、交通十分不便,加之少数民族众多,教育水平相对落后,因而只有受过较长时间学校教育的劳动力才具备在城镇务工的基本教育水平,外出务工人员以农村受教育年限多者为众,几乎所有受过高中教育和初中教育的劳动力均以长期务工为主。留守的中年妇女及老年人不仅要担负起务农和照顾家庭的责任,还得承担社区发展的重任。从而使得农业产业经营的劳动力投入水平较低,是高原农业生产效率较低的重要原因之一。

3.高原农业产业主体劳动力经营能力不足

云南农村劳动力不仅普遍受教育程度低,同时农业经营的职业教育也严重不足。虽然农业劳动力在受教育程度和接受培训方面不断改

---

① 徐梅:《浅析云南省农村务农劳动力现状与培训》,《云南农业》2008 年第 12 期。

善,但情况仍不乐观。尽管全省已经普及九年义务教育多年,但在2010年,仍有将近半数的农村劳动力文化程度在小学及以下。① 目前农村务农劳动力人均每年能参加的农业技能培训次数也很少。尽管各级政府的多个部门每年都有农业技术培训的计划和安排,但培训资源仍然严重不足、成效不大。一项涉及云南4个州市9个县的调查表明,2010年参加过农业技术培训的劳动力仅占43%,而已经占据农村劳动力主体的妇女中,有过年度农技培训机会的人员比例低至31%。当然,农业经营的专门人才就更为缺乏,农村实用人才占农村劳动力的比重仅为1.6%,受过中等及以上农村职业教育的比例不足3%。②

4.分散的家庭生产经营难以与市场运作相衔接

自给自足定位的传统家庭农业经营方式与社会化大市场间有着巨大的鸿沟。由于传统生产习惯和市场信息失灵,单一农户的生产在品种选择、技术应用和质量控制等方面都按传统方式进行,生产产品的数量和质量易与市场需求产生偏差。同时,由于生产全过程均由单一农户完成,生产规模不大,无论是生产资料的采购及运输,还是产品的收获、运输和出售,各环节的成本都很高。另外,农户各自为政的小规模生产,使得生产量不足以进行相应的加工,从而无法产生规模效益。总之,目前云南高原农业经营的最主要形式为小规模单一农户传统经营模式,在与市场经济发展极不适应的过程中,逐步被市场边缘化,不仅影响了农户增收,同时也导致高原农业产业发展缓慢。

(二)云南高原农业农户经营的新兴发展方向

农业作为弱质产业,在一家一户的传统经营方式下,比较效益很低,在市场经济规则的调配下,大量生产要素流出农业,进入第二、三产业,如农村青壮年劳动力大量外出务工。农业建设资金缺乏,农业科学

---

① 杨菲、郑长德:《云南省农业结构特征探讨——基于农场(户)组织结构视角》,《南方农业学报》2013年第3期。

② 赵德武、付晴岚:《构建新型农业经营体系 加快云南高原现代农业发展》,《云南农村经济》2014年第2期。

技术研发人员不足,优质生产要素的流出,反过来又进一步加剧了农业的劣势地位。但是作为基础产业的农业有着重要的社会溢出效益,在保障粮食安全、维护环境安全、帮助农民增加收入方面发挥着重要的作用。如何走出高原农业发展的困境,增加农民的收入,是一个迫在眉睫的挑战;而实行农业的规模化、专业化、市场化、社会化是农业走向现代化的有效路径,但仍然需要找到有效的操作方式,才能产生实际的可持续效益。近年来,云南省以家庭联产承包责任制为基础,进行了一些大胆而有效的尝试。

1.专业大户

随着各种农业支持政策的出台,农村土地流转规模不断扩大,云南已经出现了一批专业大户。截至2012年年底,全省已经承包到户的耕地比例为90.1%、集体林地为52.1%、可利用的草原为63.2%,其中,全省承包集体耕地的农户达到857.6万户,占农户总数的88.1%,经营耕地面积在50亩以上的种植大户达到2.9万户,其中100亩以上的达7000户。[①] 通过土地流转,专业大户可以将迁出农户和劳动力缺乏农户的耕地统一经营,既扩大了生产经营的规模,又提高了因劳动力投入不足而生产力低下的耕地经营水平,从而更好地与市场需求衔接。

2.家庭农场

2013年的中央一号文件提出将扶持家庭农场作为加快转变农业生产经营方式,提高农户集约经营水平的手段之一。至此,云南省的家庭农场发展也开始起步。根据农村经济经营管理站的调查统计,截至2013年年底,全省有家庭农场9824户,包括种植业家庭农场、畜牧业家庭农场、种养结合型家庭农场,并以种植业家庭农场为主;平均每户经营土地61.4亩,其中,流转土地面积约15亩;近1/3的家庭农场有常年雇工;全省家庭农场均实现销售农产品收入20.7万元,其中,50

---

① 赵德武、付晴岚:《构建新型农业经营体系 加快云南高原现代农业发展》,《云南农村经济》2014年第2期。

万元以上的占家庭农场户的7.6%;户均固定资产8.8万元;有74个家庭农场通过农产品质量认证,有58个家庭农场拥有注册商标;大部分家庭农场领办或加入了农民专业合作组织。[①]处于起步的家庭农场已初显发展的强劲势头,除了规模化和集约化经营特征外,家庭农场更专注于在标准化和专业化上与市场需求紧密结合;同时,家庭农场对产品质量安全的注重将有利于政府和市场的监管。在商品化生产的基础上,家庭农场的发展前景极为广阔,发展空间还有待开拓。目前,国家相关的家庭农场标准和规范尚未出台,在高原农业产业发展中对家庭农场的积极试验和示范,不仅有利于推动高原农业产业经营的创新尝试,而且还能为国家的相关标准制定提供实践经验。

3.形式多样的联户经营

专业大户和家庭农场在短时间内不可能取代云南高原大量存在的小规模的农户经营,而小规模的农户经营模式将长期存在。为了使成千上万的小农户融入市场经济发展的主流中来,就需要去尝试不同的农户联合经营模式来克服单个小农户传统经营的弊端,提升农户在市场经济中的地位和参与程度。在相对闭塞的云南高原农业经营农户中,需要因地、因势尝试不同的资源管理方式、生产方式、经营方式和规模的联户模式,逐步将小规模、初级阶段的联户经营模式推向农民专业合作社。

(三)培育新型高原农业经营农户的建议

1.培育经营高原农业产业的新型农民

农业生产的过程,是人们利用自然资源的过程,如何有效和持续地利用自然资源,扩展农产品的种类、提高农产品的产量和质量,关键在于从业人员是否拥有良好的务农素养,特别是现代农业的发展,农业新知识、新技术的大量产生、日新月异,对农民的务农素养提出了更高的要求。除此之外,随着农业的市场化和全球化,从业人员是否拥有较强

---

① 赵德文:《云南家庭农场发展情况报告》,《社会主义论坛》2014年第7期。

的创新能力,是否拥有丰富的现代化管理水平,也变得日益重要。因此,培养"有文化、懂技术、会经营"的新型农民,是培育云南高原农业产业经营主体的重中之重。只有培育出一支专业农民队伍,才能解决人力资源问题。

2.加快农村土地流转

土地流转是推动高原农业规模化发展的重要措施之一,同时,推动耕地在不改变用途的前提下高效流转也会对耕地保护产生积极影响。为保障农地转让双方的合法权益,使不愿务农者获得土地财产收益,愿意务农、有能力的务农人员顺利地得到较多的土地,提高土地的产出效率,应尽快完善耕地流转的政策与措施,建立覆盖面广、方便快捷的耕地流转服务体系,这是吸引劳动力回乡务农、为农户提供发展高原农业产业助推力的当务之急。

3.完善政府的支持措施

随着农业的规模化、市场化的推进,农业生产除了面对传统的自然风险,将会面对更大的市场风险。为鼓励农户扩大经营规模,改进农业技术,政府应加快完善高原农业产业发展的全面措施,除加强生产、技术和经营的政策和措施外,还应在金融、保险等方面进行政策支持。为支持新兴农业经营主体的发育,还应在各种经营主体标准认定、程序登记方面,尽快出台相应的法律规章制度,为新兴的经营主体提供应有的权益保障。

4.推动农业企业与新型农业经营主体的"联姻"

2014年中央一号文件指出"鼓励发展混合所有制农业产业化龙头企业,推动集群发展,密切与农户、农民合作社的利益联结关系"。[1] 通过农业企业与市场链接,是以农户为基础的高原农业经营主体降低市场参与风险的有效方法,也是农业企业扩大规模、提高专门化程度的重

---

[1] 《关于全面深化农村改革加快推进农业现代化的若干意见》,载于新华网,2014年1月19日。

要途径。目前农业产业中企业与农户的合作形式大部分是与单个农户的简单产品收购关系,农户弱势地位明显、彼此信任程度不足、双方利益均难以充分保障。因此,推动以农户为基础的高原农业经营主体与农业企业的平等合作,需要有相关的政策的引导、政府的支持和社会组织的协助。

二、高原农业经营主体之农民专业合作社分析

自 2007 年 7 月 1 日《中华人民共和国农民专业合作社法》施行以来,农民专业合作社在全国蓬勃发展。农民专业合作社是高原农业经营的重要主体之一。在农业经营的全过程中,它不仅是连接农户与市场的有效桥梁,还是为农民争取应有权益的强有力代表;在传播农业知识技能上,它是实用技术的传播渠道;在提高农民农业经营能力方面,它是有效的信息平台。

(一)云南农民专业合作社的发展现状

1.农民专业合作社有所发展

根据云南省农业部门统计整理,截至 2013 年,云南共有农民专业合作社 20423 个,农民专业合作社成员数 1141233 个,覆盖全省农户的10%左右[1];合作社数量比 2012 年增加了 4656 个[2];与 2009 年相比,合作社数量增加了 2.62 倍,合作社成员数翻了 1.47 倍[3]。

2.农民专业合作社正努力打造高原特色农业基地

云南农民专业合作社涉及领域十分广泛,从行业分布来看,除了种植和养殖外,还包括林业、渔业、采集、手工艺等;从产业链过程来看,除了生产资料、生产过程、生产技术和产品销售外,合作社也逐步涉足农

---

① 崔江红:《云南现代农业发展的隐忧与对策》,《南方农村》2014 年第 8 期。

② 冯稚进:《2012 年云南省强势推进农民专业合作社发展》,《云南农业》2013 年第 3 期。

③ 李皎、袁冀、何云芬等:《云南农民合作经济组织发展现状分析》,《经济研究导刊》2011 年第 12 期。

机、加工、合作金融等。得益于云南丰富而独特的生物多样性，农业产品也具有丰富的多样性，烟、糖、茶、胶、菜、花、药等成为高原农业独具特色的产品，因而种植业占据了农民专业合作社的半壁江山，居第二位的养殖业也占到三成，其他类型的合作社基本处于发育初期。云南高原地形地貌十分复杂，不同区域自然资源禀赋差异较大，社会经济发展状况差异明显。云南各地农民专业合作组织的发展与其高原农业产业的发展状况紧密相关，经济水平较高、产业发展较好的州市，如楚雄、昆明、红河、临沧、保山农民专业合作社的数量较多、在区域农业经营中的地位也较重要。①

（二）云南高原农民专业合作社发展中的主要问题

在高原现代农业发展中，农民的组织化程度也是产业发达程度的重要标志之一。农民专业合作社是目前链接千家万户分散生产与广阔市场的最有效手段之一。但目前云南农民专业合作社发展中存在的一些突出问题极大地制约着合作社的发展。

1.总体规模偏小，农户受益面较小

虽然云南农民专业合作社已初具规模，但与全国相比仍然有较大差距。截至 2012 年 3 月底，全国依法注册登记的农民专业合作社达到 55 万多家，已经覆盖全国 91.2% 的行政村；实有入社成员 4300 多万，覆盖全国 17.2% 的农户，每个合作社的平均规模约为 78 个社员。② 而截至 2013 年，云南省农民专业合作社覆盖全省的农户仅仅为 10% 左右，合作社的平均规模约为每个合作社 56 名社员③，仅为全国水平的 72%。相比于有些省会员众多的跨县、跨区域、跨行业的大型合作社，云南合作社股金大都在 10 万元以下，农民专业合作社的覆盖范围大多

---

① 彭吉萍、高泉：《云南省农民专业合作发展特点分析》，《全国商情（经济理论研究）》2013 年第 8 期。

② 宋丽华、普雁翔、包函可：《欠发达地区农民专业合作社发展问题探析——以云南为例》，《全国商情（经济理论研究）》2013 年第 8 期。

③ 崔江红：《云南现代农业发展的隐忧与对策》，《南方农村》2014 年第 8 期。

是本乡本村,不超过本县。① 合作社规模偏小一方面令合作社各方面的能力偏弱,竞争力不足,在市场活动参与中地位不高、话语权弱化;另一方面,较小规模的合作社覆盖农户数量较小,农业产业规模不足,农户受益面不大,不利于社区经济的发展和农户的共同富裕。

2.农民的主体作用不明显

农民专业合作社是一个互助性经济组织,它存在的根本目的就是维护广大农民的利益。目前云南省成立的合作社大多是在龙头企业、乡村能人的带领下成立的,农民与合作社之间的利益关系基本上还处于一种最初的交易阶段,仅仅是农产品的供给或者购销而已,农民并不能从中获得较大的收益。除此之外,家族主导经营也是非常普遍的现象,合作社中的某个能人在社中作出贡献,树立了权威后,往往会操纵合作社的人事安排,以致出现了合作社中的主干成员都是其家族成员的现象,其他普通农民往往被边缘化,这样农民专业合作社的管理就主要限于"能人"及其家族了,所得收益当然也主要是在家族成员之间分配,广大农民的主体作用并没有得到很好的体现。②

3.管理规范性不足

由于目前云南大多数农民专业合作社农民的主体作用不明显,因而其管理也难以按照《中华人民共和国农民专业合作社法》和《农民专业合作社登记管理条例》的要求规范实施。大部分农民专业合作社的章程制订是按统一格式完成,未充分考虑各个合作社的实际情况,从而也就难以指导合作社的具体管理;内部组织机构往往不健全,难以有组织地实施日常管理;成员也缺乏民主管理意识,只要有经济利益,就忽视对合作社的运营监督。从外部来看,目前我国没有建立包括外部审计、工商年

---

① 宋丽华、普雁翔、包函可:《欠发达地区农民专业合作社发展问题探析——以云南为例》,《全国商情(经济理论研究)》2013年第8期。

② 孙雪萍:《浅析云南省农民专业合作社的发展》,《当代经济》2014年第5期。

检、主管部门的检查等合作社外部监督制度,外部监督较为缺失。①

4.人才缺乏,严重制约合作社发展

人才是农民专业合作社得以持续发展的关键,云南高原农村高素质劳动力外流严重,而全省农民专业合作社从业人员文化素质普遍偏低。有调查显示,在合作组织成员中,多数成员是小学和初中学历,分别约占31.3%和49.3%,高中或中专学历的仅占15.3%,没上过学的约占4.2%,而且大部分负责人的文化水平在高中以下。② 更不用说合作社的财务、市场等管理人员,具备相应能力的人才极其匮乏,往往是合作社的主要管理者身兼数职,致使农业合作组织的持续发展缺乏有效的人才支撑。

(三)云南省农民专业合作社发展方向

农民专业合作社是现今我国较为成熟的农民经济组织形式。合作社的发展壮大,会给云南农民带来很大的福利,除了可以解决农民最紧迫的农产品销路问题外,还可以根据各地农民的具体需要,提供农业生产全过程的各种生产资料、生产技术和金融服务,乃至合作社成员的医疗、保险、养老等所需费用的分担支付。加快云南高原农业农民合作社的发展不仅会提高农业的发展水平、农民的生活水平,改善云南农村地区的贫困状况,还能提高农业的产业地位、增强农民的职业自尊心。

1.拓宽合作社的行业范围

2007年以来,云南省农民专业合作社发展十分迅速,但合作社涉及产业仍然较为单一,种植和养殖的合作社占80%以上。对于农业和农村特色鲜明、生物和文化多样性极其丰富的云南高原而言,目前农民专业合作社的行业覆盖远远不足以支撑云南高原农业的产业发展。因此,在农民专业合作社的发展上,除了基于生物多样性推动更多具有地

---

① 宋丽华、普雁翔、包函可:《欠发达地区农民专业合作社发展问题探析——以云南为例》,《全国商情(经济理论研究)》2013年第8期。

② 鲁婷、陆意萍、倪大钊等:《云南省农民专业合作组织发展现状研究》,《法制与社会》2008年第29期。

方特色的种植和养殖合作外,还应当有意识地促进特色渔业、林业、非木材林产品采集、乡村手工艺、乡村社区旅游等特色农民专业合作社的发展。

非木材林产品是云南高原特色农产品中十分重要的一部分,由于独特的生物多样性,云南高原山区的野菜、菌类、药材等享誉国际市场,但在传统的粗放采集方式和日益增长的市场需求双重作用下,产品的产量和质量波动频繁,总体呈下降趋势;同时由于农户大多单独采集、实时出售,农户获利空间狭小。推动采集合作社的发展,能使农户联合起来获得更大的议价空间;更重要的是,采集产品合作社能够合理有效地管理采集资源,保证产品的规范采集,解决农户相互竞争的破坏性采集问题,同时实现收入提高、可持续采集和社区和谐的经济、生态和社会的三重效益。

云南高原的乡村旅游在全国乃至世界都享有盛名,是云南省旅游产业发展的支柱产业。然而,将丰富的自然和人文资源贡献于旅游发展的农户们却从旅游业发展中获益很少,其中最主要的原因之一就是旅游服务需要集体合作,难以靠单家独户完成。目前云南少量的农村社区旅游服务合作已经证明,农村旅游管理和服务合作组织不仅能使农户从旅游业中获得显著的收入,同时也能通过游客市场促进社区特色农业的发展。

2. 拉伸合作社的市场链

目前,云南高原农民专业合作社的绝大多数以初级农产品简单生产和直接销售为主[1],合作社市场链短小,产品附加价值的提升有限。要壮大合作社,通过合作社最大化农户的产业利益,就需要拉伸合作社的市场链,使合作社不仅经营产前的种子、种苗的提供,产中的化肥农药和技术支持,产后的产品收集,还应逐步加强合作社在产前的市场调

---

[1]　宋丽华、普雁翔、包函可:《欠发达地区农民专业合作社发展问题探析——以云南为例》,《全国商情(经济理论研究)》2013年第8期。

研、生产资料购入和产品销售商家的购销合同签订,增加农产品的加工、储藏、包装、运输等功能,最终使合作社从降低生产成本、减轻市场风险、增加农产品的附加值等方面增强功能,稳定提升合作社社员农户的收入,逐渐将高原农业经营转变为现代化产业。

3.回归农民的主体地位

农民专业合作社是在农村家庭承包经营的基础上,同类农产品的生产经营者或者同类农业生产经营服务的提供者、利用者,自愿联合、民主管理的互助性经济组织。① "成员以农民为主体"是农民专业合作社应当遵循的首要原则②。目前企业、能人主导合作社的普遍现象不利于农民专业合作社的成长,更不利于云南高原农业产业的健康发展和农民的共同致富。目前普遍的"农民文化程度低,不懂合作社的经营"褊狭认识成为排斥农户参与合作社管理的主要借口。然而,农民社员主体地位的缺乏、农民社员参与合作社决策管理的不足,会使合作社丧失其根本意义,成为企业或能人的财富积累工具。农民专业合作社必须朝着农民自愿合作、农民共同管理、农民平等受益的方向发展,才能使合作社坚实其合作根基、彰显其合作本质。

(四)云南高原农业农民专业合作社发展的支持措施

2014年中央一号文件明确对推动农民专业合作社发展提出支持措施要求:"鼓励发展专业合作、股份合作等多种形式的农民合作社,引导规范运行,着力加强能力建设。允许财政项目资金直接投向符合条件的合作社,允许财政补助形成的资产转交合作社持有和管护,有关部门要建立规范透明的管理制度。推进财政支持农民合作社创新试

---

① 中华人民共和国第十届全国人民代表大会常务委员会:《中华人民共和国农民专业合作社法》第二条,2006年10月31日颁布,2007年7月1日起施行,载于中央政府门户网站,http://www.gov.cn/flfg/2006-10/31/content_429392.htm。

② 中华人民共和国第十届全国人民代表大会常务委员会:《中华人民共和国农民专业合作社法》第三条,2006年10月31日颁布,2007年7月1日起施行,载于中央政府门户网站,http://www.gov.cn/flfg/2006-10/31/content_429392.htm。

点,引导发展农民专业合作社联合社"。① 云南高原农业和农民专业合作社因其特殊性,在切实落实中央的支持措施要求外,还需要针对高原的自然、经济和社会特殊性对农民专业合作社提供全方位的支持。

1.法律支持

在《中华人民共和国农民专业合作社法》的指导下,制订高原农业农民专业合作社的地方法规,根据云南农业和农民专业合作社的发展情况和发展趋势,对农民专业合作社的登记和经营管理、支持与监管等进行可操作的细化,以更好地指导和推动农民专业合作社的壮大和可持续发展。

2.政策支持

目前有关农民专业合作社的宏观管理、政策制定和实施是由多个部门负责的,难以互通有无,缺乏对合作社全方位的支持,也是致使合作社发展不尽如人意的重要原因之一。由于高原特色农业产业的多样性,需要对各地方、各具特色的农民专业合作社进行准确的定位并制定具体的发展规划,客观评估其各方面和各阶段的发展需求,从而有序地、适时地提供相应的支持,有效助推合作社和高原特色农业产业的发展。

3.监管支持

为实现合作社的持续高效经营,无论是内部治理还是外部监督,都需要设计出一套切实可行的监管机制。在内部治理上,要明确合作社成员对经营情况的知情权和监督权,除了规范日常账目公开制度外,还要强化监事会在合作社中的实际监督作用,以便从制度和机制设计上实现对合作社的经营、财务等方面的有效监督。在外部监管上,要解决"家家管、家家都不管"的多头管理、各自为政的问题,明确各部门的职责,实行有效的分工与合作;建立健全的合作社定期审计制度,解决较

---

① 《关于全面深化农村改革加快推进农业现代化的若干意见》,载于新华网,2014年1月19日。

普遍的合作社财务不清问题，推动合作社财务的规范管理。

4.金融支持

融资难是农民专业合作社的普遍难题。除了推动金融机构开发向合作社倾斜的专项贷款、优惠贷款外，还应探索和试验多样的方式，如灵活的抵押与担保、政府支持合作社资金的贷款撬动、合作社内部融资等，不仅能缓解合作社的融资困难，还有可能探索出推动农村金融发展的新方法。

5.能力支持

人是农民专业合作社发展与壮大的基石。农民专业合作社的长远发展需要专门的人才，不仅需要专业农民，还需要专门的管理、经营等人员。目前，我国合作社专业人员培育工作基本还是一片空白，在贫困面较大的云南高原这一问题显得更为突出。要加快云南高原农民专业合作社的发展，就需要短中长期结合向合作社提供能力支持。从短期来说，向合作社的生产人员提供专门的技术培训，迅速提高产品的生产技能；向合作社的管理、经营、财务人员提供实用的技能培训和实际操作培训，并配备随叫随到的指导人员，为合作社高效规范的管理经营提供全方位的实时能力支持。从中期而言，充分利用现有的学校教育、社会培训、政府农业指导等各种农业教育资源，努力培养合作社需要的实用人才。从长远来看，着眼于农民专业合作社长远发展规划，未来还需要"构建包含学历教育、职业教育和培训、农村基础教育等多层次、广泛覆盖农村地区的教育体系，建立完整的合作社人才培育体系"[1]。

第二节 高原农业经营服务体系分析[*]

农业经营服务体系包括农业科技研发与推广应用服务、农产品市

---

① 宋丽华、普雁翔、包函可：《欠发达地区农民专业合作社发展问题探析——以云南为例》，《全国商情（经济理论研究）》2013 年第 8 期。

* 作者马丹：云南大学经济学院教师，经济学，硕士研究生导师。

场信息咨询服务、农业经济核算服务、农产品质量监管服务、农产品市场营销服务、农业技术人员培养服务等重要组成部分。构建高原农业经营服务体系是转变高原地区农业发展方式、改善高原农业发展质量和高原农业运行效率的根本保证。

一、农业科技研发与推广应用服务

依托独特的地理和气候条件,高原地区生产的烟草、茶叶、蔬菜、花卉、天然橡胶、咖啡、甘蔗、热带水果等农产品具有较好的产品品质及经济效益。通过构建有效的高原农业科技研发体系与农业技术推广应用服务体系,不仅有利于各类高原农产品品质的改善和产量的提高,同时有利于调整农业结构、提高农业经济运行效率以及促进相关地区农业生产经营者收入的改善。

(一)构建多元化农业科技研发体系与农业技术推广应用服务体系

高原农业科技研发体系与农业技术推广应用服务体系不仅包括组织机构体系,同时也包括专业技术体系。

1.组织机构体系

有鉴于农业经济在国民经济体系中的基础性地位以及农业生产方式的分散化特征,农业生产经营者(包括集团化农业企业和分散化的农户)基本不具备对基础性农业进行科技研发与大规模农业技术推广应用的能力,因此需要组建国家级、地方级、非政府的农业科技研发机构和农业技术推广应用机构,国家级机构主要承担基础性的重大农业科技研发与大规模农业技术推广,地方级机构主要承担应用型农业科技研发和农业技术的具体推广研究,非政府农业科研机构则重点承担具有较高经济效益的高原农业科技研发与农业技术的推广。

2.专业技术体系

专业技术体系不仅包括研究所和大学、区域性研究中心、农业科技研发与推广实验站等专业技术组织体系,同时也包括农业生物与动物、农业遗传工程、农业植物与经济作物、昆虫与微生物、蔬菜与大田作物、农业园艺、农业品种病理等专业学科技术分类体系,通过推动农业专业技术组织体系与农业专业学科技术分类体系的有机结合,逐渐构建起分工明确、重点突出、相互协作的专业技术体系。

(二)构建农业科技研发与农业技术推广应用投融资体系

农业科技研发与农业技术推广需要筹集巨额的资金进行长期的持续投入,有鉴于此,构建起基于政府机构与非政府机构相结合的投融资体系,具有重要的现实意义。

1.政府投融资体系

政府设置的各级农业管理机构、农业科技研发机构、农业技术推广机构是政府类农业投资体系的核心与主体。而政府类融资体系的主要构成则包括中央和地方各级政府的农业融资平台及相关运行机制,政府类农业融资体系的资金来源主要包括各类税收的财政收入集成、政府债券及行政性收费。基于确保农业经济发展的实际绩效,各级政府必须对财政资金用于高原农业科技研发与推广的具体安排给予高度重视。

2.非政府投融资体系

银行类金融机构、信托机构、保险公司、风险投资公司、投资银行、农业企业等非政府投融资机构及其运作机制是非政府类农业投融资体系的主要组成部分。有鉴于农业科技研发与农业技术推广存在的诸多风险,非政府投融资机构则更倾向于对具有较高经济效益的农业科技研发与农业技术推广项目实施投资。

通过构建基于政府和非政府的投融资体系,增加对高原农业新品种、新技术、新知识的投资,构建以高原农业产业化为主线的现代农业体系,协调农业科技研发能力,重视农业科技研发的社会需求,有利于提高高原农业科技研发与推广应用体系的运行效率和经济效益。

二、农产品市场信息咨询服务

高原农业生产涉及粮食、蔬菜、水果、经济作物等诸多的农业部门,在市场经济条件下,高原农业生产需要得到农业信息服务系统的全面支持。通过构建跨部门的农业信息服务系统,可以有效推进农业生产、农产品市场、农业科技、农产品质量等信息对高原农业经济发展的支持作用。

(一)构建系统化农业信息技术体系

有鉴于农业经济发展对国家经济安全的重要支持作用,在各级政府的统一协调和支持下,通过组建必要的农业信息服务机构,针对高原农业生产、农产品市场、农业科技、农产品质量等信息进行系统的调研与收集、整理、分析及农业信息服务,可以有效促进农业经济的持续稳定发展。

1.高原农业信息调研与收集系统

通过将高原农业生产、农产品市场、农业科技、农产品质量等信息作为一个整体,按照预定的要求和方法,以全面调查与非全面调查相结合、重点调查与非重点调查相结合的调查方式,对反映上述农业部门的各项统计指标,进行有计划地、系统地、科学地分类登记,取得真实可靠的高原农业经济发展原始资料。

2.高原农业信息整理系统

根据支持高原农业生产、农产品市场营销、农业科技研发与应用、农产品质量监测与管理等需要,将统计调查所获得的原始资料(也称初级信息资料)进行加工,为高原农业经济发展动态的相关统计分析准备系统化、条理化的综合资料。

3.高原农业信息分析系统

根据调研和整理所获取的农业经济发展信息资料以及对农业经济发展进行系统化分析的实际经验,运用已经掌握的各种综合分析手段,对高原农业生产、农产品市场营销、农业科技研发与应用、农产品质量监测与管理等领域的发展动态进行分析和判断,以此确定对高原农业经济发展的相关管理决策,减少发展的不确定性。

（二）构建综合化农业信息服务体系

通过构建综合化的农业信息服务体系不仅有利于为农业生产经营者提供高原农业生产、农产品市场营销、农业科技研发与应用、农产品质量监测与管理等领域的综合服务信息，同时有利于各级政府确定支持农业经济发展的相关决策。

1.确立具有较高公信力的农业信息发布体系

农业生产经营者、消费者不仅对高原农业的综合信息及政策信息需求迫切，同时对信息的完整性、及时性、准确性、真实性寄予厚望。各级农业管理机构有责任通过各种媒体向相关农业生产经营者和消费者发布具有较高公信力的高原农业经济信息，而各类农业生产经营者、农产品营销机构和消费者均可通过农业信息发布系统获取相关信息。

2.构建和完善农业信息服务体系

通过构建和完善以广播、电视、报纸、互联网等媒体渠道为主体的农业信息服务体系，为农业生产经营者、消费者提供综合信息及政策信息，能够为推动高原农业经济的可持续发展提供必要的支持。

三、农业经济核算服务

长期以来，中国的农业经济发展更多地关注于农产品的产量、产值以及价格变动等指标，极少关注农产品的产品结构、区域结构、农业劳动投入与产出的效益比较等指标，从而在相当程度上影响了国家及各地区对农业经济发展的判断和决策。

（一）构建农业经济核算体系

开展高原农业经济核算是对发展动态与绩效、农产品生产效率进行系统化评估的重要方式。依托高原农业经济核算体系，不仅可以在一定程度上构建起结构合理、层次分明、标准规范的高原农业经济核算指标体系，强化系统性，同时有利于对高原农业经济发展动态、综合竞争能力和运行效率作出准确地分析和判断。

在市场经济的条件下，通过构建农业经济核算体系、开展农业经济核算,不仅有利于促进高原农业经济实现从粗放型向集约型发展方式的转变,同时也为各级政府在农业经济领域实施宏观调控提供了技术支持。农业经济核算体系包括农产品产量核算、价格核算、农业总产值核算、农业经济运行中间消耗核算、农业增加值核算、农业成本核算、农业经济发展利润核算、农业经济发展要素供给保障核算等。农业经济核算体系是描述农业生产、销售、消费等农业经济运行动态的完整体系。

(二)强化高原农业经济核算服务

家庭联产承包责任制在农村的推广,不仅使得农业生产和经济发展的分散化特征日趋明显,同时也增加了对农业经济结构实施调整的难度。基于稳定农业经济增长、调整农业经济结构和农产品结构、维护农业经济安全、为国家协调农业经济发展提供技术支持等需要,必须强化为农业经济发展的综合核算服务。

1.农产品产量核算服务

高原地区复杂的地理条件和气候差异,使得高原地区各类农产品的产量之间存在着明显的差异。在各级政府的统一协调和积极推动下,通过构建区域布局合理、职权配置明确的统计调查机构和农业经济核算技术机构,依托系统化的统计调研,获取尽可能准确的农产品总量数据、区域产量数据和种类产量数据,不仅可以有效改进农产品的种植结构、协调市场供需、稳定市场价格,同时也可以在相当程度上为各级政府制定和实施政策提供可靠的技术支持。

2.农产品价格核算

在高原农产品种植结构、产量变动、市场化率、市场供需协调等诸多因素的影响下,高原农产品的价格变动不仅对农业生产经营者的投资意愿、高原农产品种植结构、产量变动、市场供需协调产生着直接而重要的影响,同时也对高原地区农业经济发展的经济效益、投资回报影响极大。依托系统化的统计调研和高原农业经济核算体系,不仅可以较为准确地反映高原地区各类农产品的价格动态,同时也可以为农业生产经营者的投资决策以及各级政府制定实施相关的农业经济政策提供参考依据。

3.农业总产值核算

基于独特的地理气候条件,高原地区基础农产品(玉米、小麦等)的规模化生产条件远远低于非高原地区同类产品的生产条件,从而在一定程度上制约了高原地区基础农产品的产量和产值,然而,高原地区特色农产品的种类远远多于非高原地区。因此,对高原地区农产品产值按照地区、种类、产量等要件进行分类产值核算是对农产品总产值核算的核心。

需要特别说明的是,由于高原特色农产品生产条件、市场需求与市场价格存在诸多的不确定性,从而在一定程度上制约了高原农业总产值核算的准确性。此外,通过加大高原农业基础设施的投资,必将对提高高原地区农业总产值产生积极的影响。

4.农业经济运行中间消耗核算

高原农业经济中间消耗核算的目标在于,通过对农业生产经营单位(包括农户和生产企业)在农业生产经营过程中的各类生产要素进行统计测算与全面分析,从而为获取较为准确的农业生产成本、生产经营利润以及指导各级政府制定农业经济发展政策、引导农户调整生产结构、改进农业生产技术提供可靠的决策依据。

狭义的农业经济中间消耗核算是对农业生产过程中的种苗、化肥、薄膜、农产品包装等要素投入数量和结构的核算,而广义的农业经济中间消耗核算则还包括对农业水利设施、道路、桥梁等农业基础设施建设的投入数量和结构的核算。在不同的高原农业生产地区,对农业经济中间消耗核算的结果之间存在着较为明显的地区差异。

5.农业增加值核算

通过对高原农业增加值进行核算不仅可以对不同发展阶段运行动态和经济效益进行较为科学的分析,同时有利于为各级政府制定政策提供可靠的决策依据。

对高原农业增加值进行核算不仅需要以农业经济中间消耗核算（包括狭义和广义层面农业经济中间消耗核算）的结果为基础，同时需要通过利用多元化的统计技术和计算手段对不同农业生产条件下各类高原农业生产要素的投入绩效进行比较，从而确定在不同地理气候条件下农业增加值的变动差异，进而为各类农业生产经营者调整农业生产结构以及各级政府推进农业生产技术的研发与应用提供必要的技术支持。

6.农业成本核算

在农业生产经营的微观层面，农业成本主要包括农业生产经营者在种苗、化肥、薄膜、农产品包装等农业生产要素的货币价值，将农业生产成本与农产品市场销售价格进行综合测算，是农业生产经营者评估其所获经济收益、调整农业生产结构的基础。在农业生产经营的宏观层面，农业成本主要包括农业生产经营者和各级政府在农业科技研发、农业基础设施建设、农产品市场营销体系建设、农业科技人才培养、农产品质量监测与管理体系建设等诸多方面的投入。

通过对高原农业生产经营成本进行综合核算，不仅可以在支持高原农业经济发展层面产生重要的作用，同时也可以为各级政府促进高原地区经济与社会事业的持续稳定发展作出贡献。

7.农业经济发展利润核算

高原农业经济发展利润是农产品销售收入扣除农业生产经营成本之后的具体结果。地理环境的差异性、多元化的农产品结构、相对较低的农业经济规模以及较低的农产品市场化率是高原农业经济运行的重要特征。所有这一切，对高原农业经济发展的利润水平提高产生了明显的制约。

对高原农业经济进行发展利润核算的难点在于，除烟草、茶叶等少数农产品之外，较低的农产品市场化率、有限的农产品销售利润与相对较大的农产品生产规模之间存在着较大的差额，加之农业科技运用的有限性、农业基础设施建设投入的差异性，从而难以对高原农业经济的运行过程和具体成本进行相对准确测算。通过为农业生产经营者提供利润核算服务,必将对农业生产经营者调整农业生产结构以及各级政府制定农业经济发展政策产生重要影响。

四、农产品质量监管服务

按照国家标准化组织对"质量"所给出的定义:质量是产品、过程或服务满足规定与内在需要的特征与特性的总和。对高原地区农业或农产品提供质量监管服务则必须对"产品""过程""服务""规定""内在需要"等关键概念的理解以及相关流程环节进行精细化控制。

针对高原农产品的质量监管,高原农产品的生产过程、销售过程、营销机构的服务过程必须满足国家或地方政府管理机构针对农产品所建立的具体技术标准以及农产品生产单位(农业生产经营者)所确立的产品技术标准的规定。这些农产品技术标准包括政府管理机构的高原农产品检测"规定"和农产品生产技术流程的"规定"以及农业生产经营者在生产过程中控制农产品质量的"内在需要"。

(一)高原农产品质量标准的制定

高原农产品质量标准的制定过程可分为以下几个阶段:第一,确立质量管理标准:各级政府农业管理部门通过对高原地区全部的农产品进行系统性的生产销售调查与分类,起草和确立高原农产品的检测技术标准和生产技术标准;第二,审议质量管理标准:根据农产品质量管理技术部门提交的检测技术和生产技术标准,各级政府进行审议,在确认相关技术标准的具有合理性和有效性的基础上,各级政府将制定具体管理法规;第三,批准和发布:在确认高原农产品的检测技术标准和生产技术标准不会对农业生产经营者构成不利影响之后,各级政府管理机构将批准高原农产品的检测技术和生产技术标准并进行公开发布。

(二)高原农产品质量安全体系

1.构建高原农产品质量安全检测体系

通过构建高原农产品质量安全检验检测机构、科学制定高原农业经济发展规划和具体实施方案,针对高原农产品的生产流程和市场供求等业务强化高原农产品的质量安全监管,推动高原农产品质量检测体系的建设和运行。高原农产品质量安全检验体系是整合农产品生产基地、物流节点、销售市场、基层检验检测技术团队、相关检验检测设备以及检验检测流程与规章制度的综合性农产品质量管理技术平台,从而为高原农产品的质量监管提供有效的技术服务和管理服务。

2.构建高原农产品质量安全认证体系

高原农产品质量安全认证体系的构建是对高原农产品质量安全检验检测体系的重要补充。在农产品质量认证的技术层面,高原农产品的重点生产区域、重点生产经营机构、重点产品、主要生产技术、主要生产流程等是构建高原农产品质量安全认证体系的核心要件。

高原农产品质量安全认证体系的构建不仅包括无公害农产品、绿色农产品和有机农产品等高原农产品的技术标准认证,同时也包括高原农产品生产流程与管理流程的系统认证。通过确立较高的农产品技术标准以及规范的高原农产品生产流程与业务管理流程,形成以标准化生产示范园区、专业化与综合化相结合的高原农产品生产经营机构、特色优势农产品等为基础的高原农产品质量安全认证体系。

3.构建与完善高原农产品质量安全信息体系

长期以来,高原农产品质量安全信息体系无论在技术标准方面还是在生产流程与业务管理流程层面均存在明显缺陷。通过构建高原农产品质量安全检验检测数据库以及高原农产品质量安全预警系统,及时、准确、全面地获取反映高原农产品质量安全的相关信息,对高原农产品质量安全动态进行有效的分析,从而不仅为高原农产品的生产、经营和消费提供完整、系统、准确的信息咨询服务,同时为各级政府实施高原农产品质量安全管理提供可靠的技术依据。

(三)高原农产品市场准入管理

建立高原农产品市场准入管理制度不仅是保障高原农产品质量安

全的重要环节,同时也是为高原农产品生产提供质量监管服务的重要组成部分。第一,针对高原地区基础农产品和高效特色农产品实施市场准入管理制度:凡是进入市场销售的高原地区基础农产品和高效特色农产品,必须符合各级政府确定的高原农产品的检测技术标准和生产技术标准;第二,针对高原地区基础农产品和高效特色农产品实施质量认证管理制度:在对农业生产经营者的生产过程和产品质量进行长期监控的基础上,各级政府农业管理机构可以向农业生产经营者颁发针对相关农产品的高原无公害农产品生产基地认定证书、高原无公害农产品认证证书、高原农产品备案登记证书等;第三,农业生产经营者发布高原农产品质量安全承诺声明:针对农业生产经营者的生产过程和产品质量监管过程,农业生产经营者要发布高原农产品质量安全承诺声明,为其所生产的农产品提供质量担保。

通过建立起针对高原农产品市场准入管理制度、高原农产品质量认证管理制度以及农业生产经营者的质量安全承诺声明等,形成完整的高原农产品市场准入管理体系。

(四)强化高原农产品市场监管体系构建

高原农产品市场监管体系的构建主要包括以下几个方面:第一,在高原农产品生产技术标准和管理标准的基础上,确立高原农产品的市场经营标准、检验检测标准和市场管理标准;第二,以这些标准为基础,通过构建高原农产品市场监管评估机制以及实施具有较高公信力的检验检测方式,评估进入市场的高原农产品偏离市场经营标准、检验检测标准和市场管理标准等诸多标准的程度;第三,通过规范高原农产品的生产流程和市场营销流程,最大限度地降低进入市场的高原农产品偏离上述标准的程度;第四,通过对高原农产品市场供求状态进行有效监测,适时地对高原农产品的这些标准进行必要的调整,不仅增强标准的适应性,同时为有效改善高原农产品的质量安全状态、增强高原农产品的市场竞争力奠定必要的技术基础。

五、农产品市场营销服务

在高原地区独特的地理气候条件下,农产品生产获得了基于特定生产条件的农产品生产比较优势。高原地区的烟草、茶叶、鲜花、热带水果等农产品不仅形成了较大的生产规模和产品品质,同时也构建起具有特殊服务功能的农产品营销网络。然而,除上述农产品之外,其他类别的农产品的市场销售状态并不尽如人意。因此,有必要通过构建起商业属性更加符合高原农产品功能属性的市场营销体系、为其市场销售提供有效的市场营销服务,才能在根本上推动高原农业经济的持续快速发展。

(一)强化高原农产品市场销售的产业基础

长期以来,在交通与运输等基础设施以及农产品消费文化等诸多条件的约束下,高原农产品的市场销售面临下列诸多困难:

1.市场规模有限,市场分布较为分散

一方面,高原农产品的生产不仅受到独特的地理气候条件的影响,同时高原农产品的消费也体现出较为明显的区域性特征和地域文化特征,加之交通运输基础设施的相对落后以及消费文化传播面临的困难,从而在一定程度上导致农产品的市场销售被限制在较小的地区性市场范围之内;另一方面,由于区域性人口密度相对较低、人口居住较为分散以及高原地区经济发展水平和人均购买能力的制约,进而导致了高原农产品市场的规模极为有限、市场分布较为分散、市场基础设施极度落后。

2.市场营销企业规模较小、综合能力较弱

稳定的市场需求、持续的生产供给保障、可靠的质量安全保证是高原农产品企业营销规模扩大及综合能力增强的重要基础。由于受到高原农产品需求规模较小、生产规模和供给能力保障持续性不稳定、产品质量安全缺乏可靠保证等诸多因素的影响,高原农产品营销企业难以通过扩大农产品销售规模所获取的经济收益来对冲扩大农产品销售规模、增强企业综合能力所进行的投资。

3.市场营销环境不理想

在市场需求持续波动、高原农产品市场信息体系运行功能不完善、高原农产品集约化市场营销网络体系建设滞后、高原农产品经营企业与农业生产经营企业之间的业务合作面临诸多利益协调困难以及各级政府促进高原农业经济发展政策缺乏针对性等情况下,高原农产品的市场营销环境极为不理想。

(二)强化高原农产品市场营销服务的对策

1.推动区域性交易市场建设

在各级政府高原农业经济发展规划的统一协调下,结合高原农产品生产与销售的空间布局,重点支持高原农业主导产品市场的投资与建设,积极推进高原农产品物流配送、农产品销售代理、特色农产品拍卖、跨区域农产品连锁经营等现代市场营销模式,在有序推动高原农产品生产规模扩大、农产品质量提高的基础上,规划建设具有较高服务功能以及基础设施较为完善的区域性高原农产品交易市场。

2.增强营销企业的综合竞争能力

在各级政府的积极支持下,通过构建功能完善的高原农产品市场信息体系与集约化的市场营销网络体系,推动高原农产品经营企业与农业生产经营企业之间的业务合作,稳定高原农产品的质量安全保障水平、有序扩大高原农产品的生产规模,不断提高高原农产品经营企业的经济效益和综合竞争能力。

3.优化市场营销环境

通过强化农业生产经营企业的市场化发展和社会化营销理念,在充分重视消费者利益以及高原农产品经营企业与农业生产经营企业利益协调的前提下,积极推动高原农产品市场信息体系与集约化的市场营销网络体系的建设,加强高原农产品经营企业与农业生产经营企业之间的业务合作,充分发挥政府在引导高原农业经济发展、维持市场运行秩序的作用,逐步强化各级政府高原农业经济发展政策的稳定性和针对性,优化高原农产品的市场营销环境。

4.加强市场营销策略的针对性

在高原农产品市场营销的不同阶段,优化产品质量、降低或控制成本、拓展市场空间、推动产品种类的多元化、强化产品特色、加强产品生产与销售流程的标准化、积极推动产品营销的品牌化是促进高原农产品市场营销的重要策略选择。在高原农产品进入市场的初期阶段,优化农产品质量是确保高原农业经济持续稳定发展的重要基础;而降低或控制的生产成本和营销成本则是确保高原农产品经营企业与农业生产经营企业经济效益的必然选择;在高原农产品质量得到有效保证的情况下,随着生产规模的扩大,确保高原农产品经营企业可以通过市场信息体系的引导,细分目标市场,以推动高原农产品种类的多元化、特色化,积极开展高原农产品经营企业与农业生产经营企业之间的业务合作,加强集约化市场营销网络体系的建设,不断拓展市场销售空间;在高原农产品市场营销取得明显进展的情况下,积极推动农产品生产流程与销售流程的标准化、强化农产品营销过程中的品牌化,从而为高原农业经济得到持续稳定发展以及高原农产品市场营销的有效推进奠定可靠的基础。

六、农业专业技术人员培养服务

调整高原农业经济结构,优化资源配置,促进农业经济持续稳定发展,需要以充足的农业专业技术人员培训与供给保障为基础。

(一)农业专业技术人员的培训与供给保障面临的主要问题

现阶段,高原农业专业技术人员的培训与供给保障面临高原农业专业技术人员的总量(包括存量和增量)不足、综合业务能力明显偏低、地理区域分布结构严重失衡、培训机制和供给保障机制不完善、团队建设明显滞后等诸多问题。

1.专业技术人员的总量不足

农业专业技术人员不仅包括接受过正规专业教育的农业技术人员,同时也包括在农业生产第一线直接进行农产品生产、但没有接受过正规专业教育的实用化农业专业技术人员。大量青壮年农业人口进入城镇转为非农业从业人员,农业类高等院校和专业化农业类职业培训学校的农业专业技术人员培养数量明显偏低,从而导致高原农业专业技术人员的总量(包括存量和增量)不足。

2.专业技术人员的综合业务能力明显偏低

高原农业经济的发展是一个涉及农产品的生产与管理、市场营销以及科技研发的综合性产业流程,从而对高原农业专业技术人员的综合业务能力提出了较高的要求。然而,接受过或者没有接受过正规专业教育的农业技术人员以及没有接受过正规专业教育的实用化农业专业技术人员的能力更多地集中于农产品的生产技术领域,而在农产品的生产管理、市场营销以及科技研发等领域的综合能力则明显偏低。

3.专业技术人员的地理区域分布结构严重失衡

长期以来,接受过正规专业教育的农业技术人员绝大多数被安排在了各级政府的农业管理部门和科技研发部门,除此之外,在经济发展水平较高的地区,接受过正规专业教育的农业技术人员的数量以及没有接受过正规专业教育的农业专业技术人员的数量也明显高于经济欠发达地区,从而导致专业技术人员的地理区域分布结构呈现出严重失衡的特征,进而在相当程度上制约了高原农业科技的研发与科技成果的推广,更对高原农业经济的持续稳定发展产生了不利的影响。

4.专业技术人员的培训机制和供给保障机制不完善

长期以来,尽管各级政府对促进高原农业经济的持续稳定发展十分重视,并且也在宏观层面确立了高原农业专业技术人员培训与供给保障的主要目标,但各级政府对技术人员培训与供给保障的具体流程、机构设置与职权配置等核心要件并没有形成清晰的运作架构,从而在相当程度上制约了培训机制和供给保障机制的构建和完善。

5.专业技术人员的团队建设明显滞后

高原农业专业技术人员的培训与供给保障以及专业技术人员的团队建设不仅需要改变各级政府的发展高原农业经济的理念,并且需要对高原农业专业技术人员的培训与供给保障实施强化投资。然而,由于高原农业经济在区域经济发展规模中所占的比重明显偏低,从而不仅制约了各级政府对高原农业经济发展的重视程度,同时更忽视了对专业技术人员的培训及对专业技术人员的团队建设。

(二)强化农业专业技术人员的培训与供给保障的对策

1.确立依托农业专业技术人员的基本理念

基于确保高原农业经济持续稳定快速发展的需要,各级政府以及高原农业经营机构、高原农产品市场营销机构等必须确立依托农业专业技术人员促进高原农业经济发展的基本理念,充分认识农业专业技术人员的培训与供给保障对高原农业经济发展所产生的重大作用和深远影响,逐步优化高原农业经济专业技术人员、综合管理人员以及科技研发人员的能力结构和地理区域分布结构,加强专业技术人员培训与供给保障的针对性,有序拓展专业技术人员培训与供给保障的具体领域和业务范围,不断完善专业技术人员培训与供给保障的方式和基础。

2.加强对农业专业技术人员培训与供给保障的协调管理

在确立依托农业专业技术人员促进高原农业经济持续稳定快速发展的理念的基础上,通过制定科学、合理的农业专业技术人员培训与供给保障规划,加强对农业专业技术人员培训与供给保障的协调管理,科学协调相关资源,强化各级政府以及高等院校和农业技能职业培训机构在提高农业专业技术人员培训与供给保障方面的具体职责,有效缓解相关方面的主要困难,确保各类农业专业技术人员的数量规模及结构合理性。

3.强化对农业专业技术人员培训与供给保障的投资

强化投资是各级政府支持高原农业经济发展的必然选择。在高原农业经济自身发展能力较弱、农业科技研发与成果转化率低、农产品市场营销困难大的背景下,农业生产经营机构、农产品市场营销机构急需得到各类农业专业技术人员的技术支持和管理支持。通过强化各级政府对农业专业技术人员培训与供给保障的投资,逐步构建以各级政府财政投资为主体、农业生产经营机构、农产品市场营销机构积极参与的农业专业技术人员培训与供给保障投资体系及运行机制。

4.完善农业专业技术人员的培训机制和供给保障机制

随着各级政府对高原农业经济发展重视程度的不断提高,各级政府不仅应该对高原农产品的生产、市场营销、科技的研发与成果转化给予必要的重视,更需要对高原农业专业技术人员的培训和供给保障机制的构建与完善给予高度的重视。

确立清晰的培训与供给保障目标、科学的培训与供给保障流程、明确的机构设置与职权配置等,是构建和完善高原农业专业技术人员的培训机制和供给保障机制的核心要件,也可为高原农业经济的持续稳定发展培养大量具有较强专业技术能力和综合业务能力的专业技术人员。

5.强化农业专业技术团队建设

依托各级政府对农业专业技术人员培训与供给保障的发展规划与投资,不仅可以强化农业类高等院校、农业技能职业培训机构和农业科技研发机构的农业专业技术团队建设,同时还可以推进高原农业生产经营机构、农产品市场营销机构的农业专业技术团队建设,逐步形成专业结构合理、地理区域分布协调、正规教育与职业技能培训有机结合、科技研发与科技成果应用推广相结合、全社会共同享有的农业专业技术团队建设体系。

通过构建以农业科技研发与推广应用服务、农产品市场信息咨询服务、农业经济核算服务、农产品质量监管服务、农产品市场营销服务、农业技术人员培养服务等为基础农业经营服务体系,可以为支持高原农业经济的持续稳定快速发展奠定可靠的系统基础。

第三节　民族贫困地区农业产业化经营的思考[*]

2014 年"一带一路"国家战略构想的提出,加快了我国向西开放的

---

[*]　作者肖迎:云南大学农村发展研究中心主任、教授、硕士研究生导师。

步伐,内陆沿边地区由对外开放的边缘迈向前沿;同年中央农村工作会议也再次强调了农业现代化是国家现代化的基础和支撑,指出没有农业现代化就没有国家的现代化,发展现代农业,必须由单纯在耕地上想办法转变为面向整个国土资源做文章,大力发展农业产业化经营。民族贫困地区要改变农业滞后、农村落后,农民苦,农民穷,农民难的基本现状,必须做好"资源"文章、打好"资源"战役,把地方优势资源通过现代农业产业化经营转化为资产和资本。为此,本节在概述民族贫困地区农业产业发展取得成效的基础上,分析其农业产业化经营的难点以及系统资源问题,由此说明农业产业化经营应树立的理念及其选择的模式,并有针对性地提出农业产业化经营的政策建议。

一、民族贫困地区小康实现概况

《中国农村扶贫开发纲要(2011—2020年)》,将我国划分出11个集中连片特殊困难地区即:六盘山区、秦巴山区、武陵山区、乌蒙山区、滇桂黔石漠化区、滇西边境山区、大兴安岭南麓山区、燕山·太行山区、吕梁山区、大别山区、罗霄山区,加上已明确实施特殊扶持政策的西藏自治区,云南、四川、青海、甘肃四省藏区和新疆南疆三地州共14个连片特困地区,680个县,作为新时期扶贫开发的主战场。

民族贫困地区主要分布在我国的西部12+2省。2000年成都"西部论坛"从西部地理范围出发认为:湖南的湘西土家族自治州和湖北恩施土家族自治州也应属于西部的范围,构成西部地区12+2的格局。西部地区共有447个贫困县,占全国680个贫困县的66%,其中,云南85个、西藏74个、贵州65个、四川60个、甘肃58个、陕西43个、青海40个、新疆24个、广西29个、重庆12个、湖北恩施8个、内蒙8个、宁夏7个、湖南湘西7个。

全国56个民族除朝鲜族、赫哲族、锡伯族、畲族、黎族、高山族、毛南族、仡佬族、京族等民族在西部地区分布不明显外,40多个民族在西部地区多呈大杂居、小聚居的分布格局,其中云南省就有世居民族、跨境民族、"直过"民族等除汉族外的 25 个少数民族分布,突出地反映出这些民族经济社会发展进程的差异性。

2011 年 12 月 19 日,国家统计局发布《中国全面建设小康社会进程统计监测报告》对全国及各地区全面建设小康的进程进行了监测(见表 2-1)。

表 2-1 2000—2010 年中国全面建设小康社会及在六大方面的实现程度

(单位:%)

实现程度＼年份	2000	2001	2002	2003	2004	2005	2006	2007	2008	2009	2010
全面建设小康社会	59.6	60.7	61.8	63.0	64.8	67.2	69.9	72.8	74.7	77.5	80.1
经济发展	50.3	52.2	54.4	56.3	58.2	60.6	63.4	66.6	69.1	73.1	76.1
社会和谐	57.5	59.6	57.1	56.3	59.9	62.8	67.6	72.1	76.0	77.7	82.5
生活质量	58.3	60.7	62.9	65.5	67.7	71.5	75.0	78.4	80.0	83.7	86.4
民主法制	84.8	82.6	82.5	82.4	83.7	85.6	88.4	89.9	91.1	93.1	93.6
文化教育	58.3	59.1	60.9	61.8	62.2	63.0	64.1	65.3	64.6	66.1	68.0
资源环境	65.4	64.6	66.3	67.2	67.7	69.5	70.6	72.6	75.2	7.8	78.2

资料来源:中华人民共和国国家统计局:《中国全面建设小康社会进程统计监测报告》,2011 年 12 月 19 日。

表 2-2 2000—2010 年中国四大区域全面建设小康社会实现程度

(单位:%)

地区＼年份	2000	2001	2002	2003	2004	2005	2006	2007	2008	2009	2010
东部地区	64.3	66.5	69.0	70.5	72.4	75.1	78.1	81.4	83.5	86.0	88.0
中部地区	55.6	57.9	58.8	60.3	62.1	64.1	67.0	70.6	72.7	75.6	77.7
西部地区	53.2	54.2	55.1	56.1	56.9	59.2	61.0	64.4	66.2	68.9	71.4
东北地区	60.3	62.0	63.9	66.0	67.6	69.2	72.2	74.9	77.5	80.5	82.3

资料来源:中华人民共和国国家统计局:《中国全面建设小康社会进程统计监测报告》,2011 年 12 月 19 日。

2010 年,西部地区全面建设小康社会的实现程度为 71.4%(见表

2-2),低于全国平均水平8.7个百分点。从六大方面来看,西部地区均落后于全国平均水平,尤其是在经济发展、生活质量和社会和谐这三大方面,2010年的实现程度分别比全国平均水平低了13.7、11.2和8.4个百分点。截至2013年年末,农村居民收入在四个地区中,西部地区农村居民的收入仍然是最低的(见图2-1)。要在2020年与其他地区的居民一样达到15000元,同步进入小康社会还任重道远。

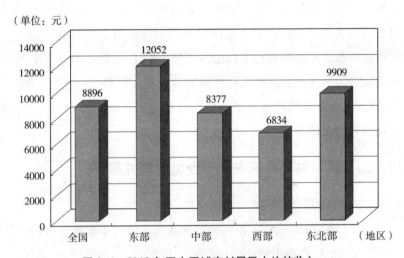

（单位：元）

图2-1 2013年四大区域农村居民人均纯收入

资料来源:中华人民共和国国家统计局:《中国统计年鉴(2014)》,中国统计出版社2014年版。

2014年中央农村工作会议指出:农业现代化是国家现代化的基础和支撑,目前仍是突出的"短板",全面建成小康社会的重点难点仍然在农村。推进农业现代化,要坚持把保障国家粮食安全作为首要任务。一是大力发展农业产业化。由单纯在耕地上想办法到面向整个国土资源做文章,促进第一、二、三产业融合互动;二是积极发展多种形式适度规模经营;三是建设资源节约、环境友好的农业;四是加大农业政策和资金投入力度;五是用好两个市场、两种资源①。

---

① 《时政新闻新京报》,2014年12月24日。

民族贫困地区大部分地处高原,山区半山区占土地资源的绝大部分,农业自古以来就是其主要的生计来源,改革开放以来,我国其他地方"三农"发展提速较快,不断朝着现代农业方向推进,但民族贫困地区至今仍是现代农业发展程度最低的区域,要改变农业滞后、农村落后,农民苦、农民穷、农民难的基本现状,民族贫困地区必须做好"资源"文章、打好"资源"战役,把优势资源转化为资产、资本,才能聚优势之源、汇创新之智,强力推动农业产业化发展,走生态发展、绿色发展的农业可持续发展之路。本节选择较具代表性的位于云贵高原的云南、贵州和位于青藏高原的西藏自治区三省(区)作为具体的研究案例,发现民族贫困地区的农业产业化经营的难点和支撑农业产业化发展的资源系统,以对特定资源禀赋下的民族贫困地区产业化推进有一个正确的判断并提出政策建议。

二、民族贫困地区农业产业发展成效显著

(一)农业综合发展能力显著提高

三省(区)2010—2013年农林牧渔业总产值均有大幅度增长(见图2-2),农业优势产业不断壮大(见表2-3)。

表2-3　云南农业优势产业在我国的位次

主要指标	在全国的位次
烤烟	1
卷烟	1
咖啡	1
花卉	1
核桃	1
茶叶(面积)	1
天然橡胶	2
甘蔗	2

资料来源:根据云南省农业厅2012年统计数据整理而得。

（单位：亿元）

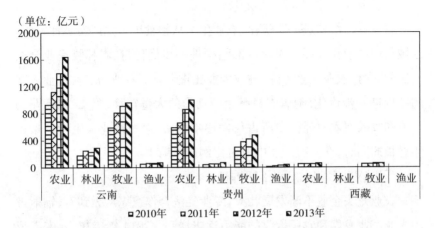

图 2-2　2010—2013 年三省（区）农林牧渔发展状况

资料来源：中华人民共和国国家统计局：《中国统计年鉴（2014）》，中国统计出版社 2014 年版。

（二）农业生产总值大幅度提高

农业生产总值的提高为民族贫困地区经济平稳较快发展提供了强有力的基础支撑（见图 2-3）。

（单位：亿元）

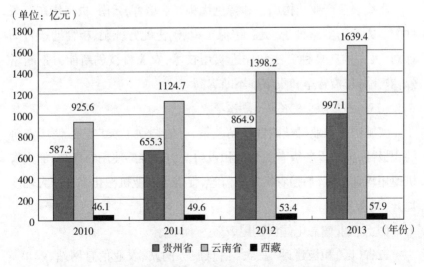

图 2-3　2010—2013 年三省（区）农业生产总值

资料来源：中华人民共和国国家统计局：《中国统计年鉴（2014）》，中国统计出版社 2014 年版。

（三）农业产业结构不断优化

农业种植结构进一步优化，农业生产从粮食单一生产向多种经营、区域化和产业化发展。农业内部结构进一步优化，在农林牧渔业全面发展的同时，农业比重下降，林牧渔业比重上升。农业与非农产业之间的结构进一步优化，随着农村剩余劳动力的大量转移，第二、三产业的产值和收入在农村经济中所占份额逐年加大，第一产业在生产总量逐年增长的同时，在三次产业中所占比例逐步缩小。

（四）农业产业化水平不断提升

农业龙头企业不断发展壮大，专业经济合作组织从无到有，辐射带动农业产业发展和农民增收的能力逐步增强。2014年年初，云南省依法登记的农民专业合作社发展到18724个，在西部地区位列第5，在全国列第17①，并据云南省农业厅2012年数据显示全省合作社统一组织销售农产品总值达94亿多元，云南系列品牌中的95%以上产品属于农民合作社产品。

（五）农业技术装备实现新突破

围绕农业产业结构调整和特色优势产业培育，云南、贵州均在有条件的地方大力实施种子工程、植保工程、测土配方施肥、粮食增产行动计划，大力推广良种良法和先进实用技术，农业科技创新能力不断增强，农业科技覆盖率和贡献率不断提高。

（六）农业机械化水平不断提高

实施国家农业机械购置补贴政策，有效调动了农户购置使用农机的积极性，辅之以各级有关部门积极协调引进推广使用农机具，加大农机使用培训力度，加强农机安全监管，促进了农业机械化水平的大幅度提升（见图2-4）。

（七）农业信息化建设初见成效

三省（区）积极建设"三农"信息服务网站、农业信息网站、农事e

---

① 云南省政府研究室:《云南农民合作组织发展近况》,2014年10月。

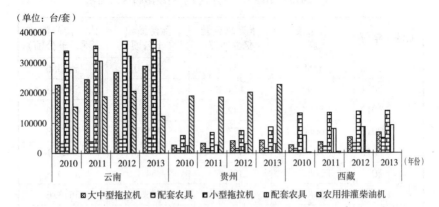

（单位：台/套）

云南　　　贵州　　　西藏

⊠大中型拖拉机　▤配套农具　▥小型拖拉机　▥配套农具　▨农用排灌柴油机

图 2-4　2010—2013 年三省（区）农用机械拥有量

资料来源：中华人民共和国国家统计局：《中国统计年鉴（2014）》，中国统计出版社 2014 年版。

网通，农业信息服务不断取得成效。

（八）农业基础设施不断改善

实施基本良田改造、土地整治，在着力增加农田有效灌溉面积的同时，也增加了不同层次的高产稳产农田（见表 2-4，图 2-5）。

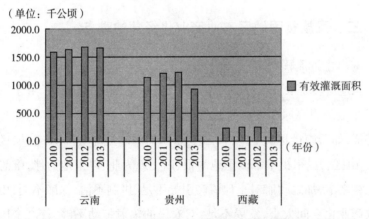

（单位：千公顷）

■有效灌溉面积

云南　　　贵州　　　西藏

图 2-5　2010—2013 年三省（区）有效灌溉面积

资料来源：中华人民共和国国家统计局：《中国统计年鉴（2014）》，中国统计出版社 2014 年版。

表 2-4　2010—2013 年三省(区)水利设施和除涝面积

地区	年份	水库数(座)	水库总容量(亿立方米)	除涝面积(千公顷)	水土流失治理面积(千公顷)
云南	2010	5558	131.7	254.0	5555.6
	2011	5593	134.8	257.8	5866.8
	2012	5634	142.6	260.1	6175.6
	2013	6060	373.8	261.3	7393.8
贵州	2010	2073	354.3	54.0	3109.1
	2011	2087	358.5	54.8	3249.8
	2012	2084	358.8	55.7	3513.6
	2013	2316	432.7	53.5	5816.5
西藏	2010	75	12.9	22.3	40.4
	2011	75	12.8	22.3	42.3
	2012	73	13.3	22.3	42.8
	2013	97	34.2	22.0	726.0

资料来源:中华人民共和国国家统计局:《中国统计年鉴(2014)》,中国统计出版社 2014 年版。

三、民族贫困地区农业产业化经营的难点

(一)土地流转规模小、速度慢

土地流转是农业生产集约化、发展集群化的必然选择。由于三省(区)地处云贵高原和青藏高原,有显著的高原、山区、半山区的地理环境特征,如云南山区就占该省国土面积的 84%,高原占 10%,坝区仅 6%。山区农民祖祖辈辈以土地为根、以土地为业、以土地为伴,唯恐丢掉生存之本,加之政府对土地流转引导不足、机制不活、保障不明,由此导致产业化空间太小、发展不足,对农民的辐射带动不够,较之全国和西部发达地区,民族贫困地区土地流转存在很大的差距。

(二)农业产业结构调整力度不够

尽管农业产出比和粮经比已发生了很大变化,粮食种植产出量下

降,林牧渔业和经济作物产出量明显上升,但农业产业区域布局与现代农业发展的要求依然不相适应,优势作物连片规模种植少,特色种养殖基地、加工企业原料基地、订单农业生产基地尚未形成规模经营,"一村一品""一乡一业""一县多业"特色不突出、持续性差,结合优势资源的产业发展潜能尚未充分释放。农林牧渔的产业结构还需进一步优化,农业内部结构(粮经)还需加大调整力度。

(三)农业水利化程度低

大多数民族贫困地区水利"瓶颈"制约突出,水资源时空分布不均,导致工程性缺水问题严重。"雨养农业""靠天吃饭"仍然是制约农业产业化发展的关键。民族贫困地区水资源开发利用率低,农田水利设施建设薄弱,抵御自然灾害的能力弱。山区"五小水利工程"蓄水容积小,供水能力不强。农田水利设施建设与农业优势产业基地建设不配套,难以满足产业发展需要。

(四)农业龙头企业带动作用不强

大多数民族贫困地区由于受基础条件、环境因素、群众素质等的影响,经济发展滞后,引进和发展农业龙头企业也受到较大影响,农业龙头企业总体存在数量少、规模小、实力弱等特点,生产方向主要以原料生产和初加工产品为主,产品加工深度不够、产业链条短、品牌意识不强、辐射带动能力不强、利益联结松散、加工能力和抗御市场风险能力较弱,在带动农业产业化发展方面尚未发挥很好的作用。

(五)农民合作社发展质量不高

现有的农民合作社一是数量少、规模小、经营能力弱、带动力不强,不能满足农业产业化发展的需要;二是大部分合作社未发挥应有的作用,存在着运行不规范、分配机制不完善、经营管理人才缺乏、辐射带动能力弱等问题。有的合作社只是注册挂了牌,合作社章程、管理制度、治理结构都尚未建立健全。有的则缺乏善于管理的人才和运行活力,合作社不仅不能进一步发展壮大,连正常运行都举步维艰,致使参与农户信心不足,多数合作社无企业参与,无龙头带动,产品生产无方向,缺乏与市场的有效对接。合作社与农户的利益联结机制尚未建立健全，甚至有的合作社存在分配不公、账目不清、理事长说了算的问题；三是政府部门对合作社的发展指导、扶持引导、技术辅导等服务不够，特别是新成立的合作社，往往因缺乏信息，缺乏长远规划、生产设计、市场发展研判人才，致使生产陷入盲目，发展走入死胡同。

（六）农业科技推广和应用不够

近年来，民族贫困地区农业科技推广和应用力度不断加强，但还存在农业科技创新能力不足，原始创新和关键技术成果较少，农业科技研究开发与农业生产需求的衔接不够紧密，科研、信息等高层次人才匮乏，科技层次低，信息化程度不高，农业科技成果转化率较低，产学研用结合服务农业产业化发展的合力不强，基层农技推广机构基础设施条件滞后，农业科技贡献率低，农村劳动力科技素质总体水平不高，农业劳动力素质结构性下降等问题。

（七）公路道路运输能力偏低

道路交通设施建设滞后，高速公路骨架路网还不完善，县（市）级公路、县（市）乡镇等级公路平均技术等级低（基本为三级公路水平），农村公路通达程度不够，很多自然村不通公路，基本为等外级公路，路面硬化率低、通畅能力弱。农产品基地缺乏必要的田间道路建设，农村客运站点建设不完善，农民出行、农业生产、农村运输困难的问题仍然严峻。

（八）农村能源开发利用低

还有很多自然村一级未完成农村电网改造升级，未实施农村电网改造的民族村寨由于电网线路老化、缆线损耗大，严重制约和影响了农业生产及加工用电。

（九）工业的反哺作用不明显

民族贫困地区工业化水平较低，工业基础薄弱。一些过去占优势的资源型工业面临着转型，整个工业结构尚处于由传统型向绿色环保调整的过程中，多数产业和产品结构仍以初加工型为主，科技含量和附加值较低、产业链较短,特别是对带动农业产业化和解决农民脱贫致富方面的作用还有很大差距。贫困地区的工业小、散、弱,与通过工业的发展吸纳更多农村富余劳动力就业,通过农副产品加工业的发展消化更多的农产品的要求还有很大距离。

(十)农村信息化程度较低

农村信息化建设滞后,信息化发展给农业带来的积极影响和便利条件没有显现出来。广大农村还没有建立起完善的农村信息服务体系,农村通信网络不够畅通,许多乡镇、村与互联网无缘,广大农村获取信息的手段单一。

(十一)带动农业产业化经营的外部力量不强

农业发展的政策扶持,体制机制建立还不够健全完善,城镇化、工业化、信息化对民族贫困地区农业产业化经营的带动作用还没有显示出来,对农业农村生产建设投入虽不断加大,但投入比例较小,增长过慢,因此,农业产业化的推进难度依然很大。

四、民族贫困地区农业产业化发展的资源存量不足、质量不高

世界环境发展委员会 1987 的报告指出:维系人类地球持续发展的资源中,一些资源已被消耗,当代和下一代不再能使用;一些资源为未来保留;一些资源则被投入当前的经济社会活动。可持续性意味着对某种资源投资但不剥夺其他资源。[①] 结合国内外研究对资源的详细分类,我们发现,民族贫困地区与全国一道同步走过改革开发的多年后,农业产业化经营要不断利用的七种资源目前面临极大的风险。

(一)自然资源

自然资源包括土地、水、气候、植物、动物以及它们之间物质能量转

---

① Cornelia Butler Flora, Jan Flora, *Rural Communities: Legacy & Change*, Westview Press, 2008.

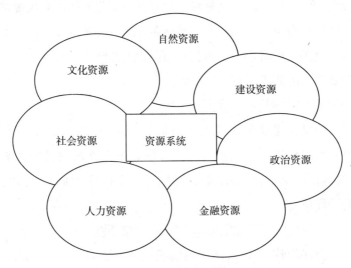

图 2-6　农村资源系统图

化形成的景观和生态环境。自然资源常因眼前的利益而被消耗或开采,对地方而言,它是一种持续利用的资源。我国工业化、城市化飞速发展下,优良的农业用地日趋减少,水污染严重,生物多样性下降,生态健康受损,这些问题在本已脆弱的民族贫困地区更加凸显。

（二）文化资源

文化资源包括价值观和生活方式,有经济也有非经济的含义。具体指各个时代、各个国家和地区的人们把他们所看到、所思考的这个世界的存在和运行方式记录下来并一代一代传承。在城市生活方式的刺激下,民族贫困地区农村居民原有的文化价值观、生计观均受到巨大冲击。

（三）社会资源

社会资源包括关系网络、彼此间活动的规则和信任,它们广泛存在于经济社会领域的方方面面,对个人、组织及组织间形成共同的认同观和共同的未来发展观极为重要。目前,农业经营者及其组织特征变化无常,生产约束力下降、风险增大。即使在贫困的农村,社会分层也日趋严重,各个阶层之间联系下降、信任缺失,不利于风险极高的农业产业的发展。

（四）人力资源

人力资源包括个人的健康、知识、技术和才能。正式或非正式的教育及生活阅历对获得人力资源的积累极其重要。民族贫困地区教育及医疗水平使人力资源质量不高,农村的"人才资源"又大量流出,城市人才不愿进入农村,发展现代农业、管理现代农业的人才在贫困地区尤为缺乏。

（五）金融资源

金融资源包括资金或其他金融工具,用于投资而不是消费,投资意味着要用某种购买或某种金融工具产生增值。我国农村金融机构普遍的只存不贷业务,使农业发展不仅得不到必要的生产性贷款,反而让农民辛苦挣来的钱流出农村,无偿地支援了城市化、工业化的发展。

（六）建设资源

建设资源指支持其他资源正常利用和得以转化的基础设施建设,如:道路设施、通讯设施、工厂、学校、医院、商场、能源站、休闲娱乐区等。建设资源通过公私部门得以建设积累,以有偿或无偿提供产品和服务的方式加以利用。民族贫困地区农村农业基础设施建设的投入不足、维护不力,给农业生产带来更大的风险;对农村社会基础设施的投入不平衡,如对农村学校、农村医院,强调场所建设,忽视服务质量与水平;对农村公共基础设施的建设如道路、水管、电网、排污管道等缺乏科学规划,使得农村建设资源散乱,利用效率低,甚至缺漏。

（七）政治资源

政治资源指掌握政治权力的个人或组织对政府、市场、公民社会的影响能力,包括制度、政策、法典、契约。政治权力极大地影响着内外部的资源分配,如制定什么资源可以利用,谁有资格利用的政策。长期以来,通过行政计划而不是市场机制,西部大量的自然资源流入东部地区支援了其繁荣发展,但当西部地区特别是民族贫困地区要发展时,会发现很多发展资源存量不足、质量不高。

五、民族贫困地区农业产业化经营理念及模式的选择

针对民族贫困地区农业产业化经营的难点和资源现状,要充分利用现有的存量资源,优先发展第一产业,走生态农业、绿色农业的发展道路,以第一产业孕育富有特色的第二、三产业,创造性地发展绿色工业、绿色服务业,提升民族贫困地区经济发展的量与质,加大就业,提升民族贫困地区人力资源转化为人才资源的能力,促进当地农民收入持续稳定增长,助推我国民族贫困地区尽快成为经济繁荣、社会和谐、生态健康的可持续发展区域。

(一)强化农业"固本强基"认识,大力发展优势农业

发挥地方资源和区位优势,打造有自身特色的支柱和优势农业产业,形成人无我有、人有我优、人优我强的竞争优势,在民族贫困地区发展生态农业、绿色农业、休闲农业、文化农业、种源农业、循环农业。

(二)适度规模经营是基本的发展方向

实践中,一家一户经营模式是世界很多国家,包括发达国家农业生产的共同点,区别在于土地规模的大与小,要转变我国一家一户不能进行规模、现代化生产的观念,就必须把农民组织起来,把土地有效整合起来,不断改变民族贫困地区农业弱质性、分散性和传统经营的状况。具体的土地利用模式可以是坝区设施农业、山区林果业、城乡园艺业、养殖小区化等。

(三)延伸地方性的农业产业链

围绕优势农业产业,加速农产品加工工业发展,提升农副产品附加值,建立"地方食物体系",促进农业、加工业、服务业之间的深度融合,促进农产品的现代物流、农村金融保险、农村信息咨询等现代服务业发展。同时把创业平台、就业岗位留在地方,即使是边远地区也是年轻人大有作为的地方。

(四)培育和壮大负责任的农业龙头企业

引进产业关联度大、发展层次高、辐射带动力强的农业龙头企业，推动农业龙头企业向优势产业聚集，形成相互配套、功能互补、联系紧密的龙头企业发展集群，鼓励组建大型农业企业集团，建立现代企业管理制度，开展技术研发和改造，创建农产品品牌。

(五)强力推动农民合作组织建设

农业产业化经营必须破解个体经营散、小、弱、难以融资、难以抗风险、难以持续发展的难题，要把农民组织起来，因而要积极探索农村能人、种养大户、返乡农民工、机关事业人员、村"两委"干部、退休干部、农业龙头企业等创办、领办或联办合作社的方式，农户以土地、资金、技术、劳动力等多种形式入股，形成以资源为纽带的利益合作联合体，农业龙头企业依托农民合作社建立生产基地，同一区域同产业类型农民合作社之间重组联合，合作社以法人身份按产业链、产品、品牌等组建联合社，形成大社强社。

(六)大力发展新型家庭农庄

探索以家庭成员为主要劳动力，从事农业规模化、集约化、商品化的生产经营，并以职业农民为新型农业经营主体的家庭农场和合作农场。鼓励和支持有一定规模的种养大户提升发展并成立家庭农场，鼓励农民利用农村承包土地入股组建家庭农场和合作农场，把平等的土地承包经营权量化变成平等的股权，使农民在获得基本保障权益的同时，分享农业生产、加工、销售和服务增值利润。探索家庭农场开展社区支持农业、农产品直接服务城市社区的模式，家庭农场开发乡村旅游产品的新型经营模式。

(七)培育新型农民，推动农业经营主体职业化

立足提升传统农民，大力培养新型职业农民，变 Peasants 为 Farmers，支持有文化、懂技术、会经营的农村实用人才和农村青壮年致富带头人回乡创业，通过多种形式开展现代化农业生产。各级财政要加大科技培训投入力度，加强农业实用技能培训，切实把科技培训办进

农村、办进田间、办进种养大户、办进合作社和具备一定文化基础的农民群众中,使其率先成为"职业农民"。加快职业教育发展,让没考上大学的高中毕业生、没考上高中的初中毕业生百分之百得到培训,使其率先成为"技能农民"。创新和制定优惠政策,支持高等院校、中等职业学校毕业生以及农业科技人员、外出务工农民、个体工商户、农村经纪人从事农业创业、农业开发,吸引周边农村青壮年进入农业企业就业,使其优先成为"产业工人"。

(八)创建优势农业产业示范园区

围绕农业优势资源及优势产业,以提升产业竞争力为核心,以龙头企业为依托,以标准化生产为手段,以改善品种、提高产量为目的,不断创建特色优势农业产业示范园区,推动相关产业融合发展,进一步提升产业生产水平和产品开发效率效益。

(九)探索股份合作的现代经营模式

鼓励农户及合作组织以土地、资金、技术、劳动力等多种形式参股龙头企业,通过土地规模流转,建设自控基地或通过发展订单农业,建设合同基地,创新利益联结机制,实现企业与农户互利共赢。探索农民以土地入股组建农民合作社,破解土地抛荒、流转难、贫困地区现代农业发展难题,实现新型联合。鼓励农户使用承包土(林)地入股组建家庭农场和合作农场,把平等的土地承包经营权量化变成平等的股权,使农民在获得基本保障权益的同时,分享农业生产、加工、销售和服务增值利润。政府对组建的股份合作农场实行"以奖代补"政策。

六、民族贫困地区农业产业化经营的政策扶持

(一)完善金融政策扶持

从破解农村融资难题出发,加强农村金融组织、产品和服务创新,引导和支持金融机构到农村设立金融服务网点。支持金融机构积极参与和发起成立新型农村金融机构,鼓励民间资本到小额贷款公司、信贷合作公司、农村资金互助社等适合农村发展需要的各种小微型金融组

织中去。进一步落实县(市)域内银行业金融机构新吸收存款主要用于当地农业发展贷款政策,落实和完善涉农贷款税收优惠、农村金融机构定向费用补贴和县(市)区域金融机构涉农贷款增量奖励政策,引导金融机构发放农业中长期贷款。鼓励金融机构为"三农"发展增信,大力开展信用评定和确定信用等级,提高无需抵押物的信用贷款额度,解决农民贷款抵押担保的问题。支持小额贷款公司放宽业务范围,发挥其简便、分散、灵活、快捷的服务优势,为"三农"发展提供信贷支持。大力扶持农业信贷担保组织发展,探索建立政府支持、企业入股、社会参与的农村投融资体制,创新设立政策性农业投资公司和农业产业发展专项资金,为整合支农资金、拓展投融资渠道搭建平台,增强担保能力和扩大农村担保品范围。探索政府补助、农户参保的联合模式,加快发展农业保险,扩大农产品保险范围,降低农业生产风险成本。

(二)价格政策扶持

强化农民生产利益保护。引导和鼓励按照市场经济规律办事,提高农产品的收购价格,取消对农产品价格的过度限制,通过价格的提高增加农民的收入,让更多的农民特别是有一定文化的年轻一代农民安心务农,从而使农业得到持久健康的发展。强化生产资料价格监管,预防农业生产资料价格欺诈行为的发生,严厉打击假冒伪劣农业生产资料进入民族贫困地区坑害农民,努力降低农业生产成本。强化贫困农村用电价格监管,推进用电价格改革,适当降低民族贫困地区生产生活、农产品初加工用电价格,实行"同网同价",甚至做到"不同网也要同价"的用电政策。

(三)生态补偿政策扶持

认真贯彻落实国家实施新一轮西部大开发战略的生态补偿政策,继续实施民族贫困地区的土地整理、水土保持、退耕还林、天然林保护、防护林体系建设和石漠化治理等重点生态修复工程。加快实施有利于保护环境的生态补偿政策,建立健全生态补偿动态机制。大力扶持发展生态产业和绿色产业,探索一条通过国家生态补偿政策获取地方产业发展,地方产业发展推动生态环境改善的良性发展道路。

(四)产业扶持政策

建立产业发展支持机制。科学规划布局农业产业,突出抓好地方优势产业,实施"一个产业、一个班子、一套方案、一笔资金、一套奖惩、一抓到底"的支持机制,切实做到目标任务明确、责任主体明晰、工作措施有力、推进落实有力、解决问题果断的工作机制,矢志不移地把推动农业产业化发展作为破解民族贫困地区农业难、农村苦、农民穷的第一要务,实现"县(市)有产业集群、乡镇有产业经济带、村有主导产业、户有增收项目"的目标,持续增加农民收入。

(五)土地政策扶持

进一步健全完善项目建设用地审批制度,切实保障重大项目建设用地需求,土地利用年度计划指标向重点工程倾斜。加强对各种农业经营主体用地的支持,按照依法自愿有偿的原则,鼓励吸引农民通过转包、互换、入股、租赁、转让等形式流转土地,扩大生产基地,发展适度规模经营;加强农业用地的管理,对直接用于或者服务于农业生产的设施用地,按农用地管理;对新增用地,若用于农产品加工、仓储和交易市场的建设项目,其用地指标在土地利用年度计划内优先安排、重点保障,外来企业投资从事种植业、林业、畜牧业、渔业生产等的用地,可以采取租用集体土地的方式,按规定依法办理用地手续。

(六)人才政策扶持

按照"用好现有人才、引进外来人才、培养未来人才"的要求,营造有利环境、创造优厚待遇、打造创业平台,建立"人才特区",吸引高层次人才从事农业产业发展。以"科技推广培训、实用技术培训、职业教育培训"为抓手,加快培育现代农业科技人才、经营主体人才、农村实用人才和就业创业人才,推进农业产业化发展。

(七)帮扶政策扶持

民族贫困地区要认真落实好种粮直补、良种补贴、农资综合补贴、农机具购置补贴、农民培训补贴、退耕还林补贴、能繁母猪补贴、牧草补贴等强农惠农政策,完善农业利益补偿、耕地保护补偿、生态补偿办法,让农业生产获得合理利润,强化农业补贴对调动农民积极性和稳定农业生产的导向作用,建立农业补贴政策落实的评估制度,健全完善补贴办法,探索建立补贴动态调整机制,争取的新增补贴主要向专业大户、家庭农场、农民合作社、农业龙头企业等新型经营主体倾斜。积极争取国家层面和省级层面的专项扶持政策,加大对种养殖大县、农业示范县的扶持力度,充分发挥引领带动作用,利用好发达地区对贫困地区的对口帮扶政策,促进现代农业产业蓬勃发展。

第四节　云南特色农业经营方式创新初探*

云南是全国乃至世界生态环境最复杂、生物多样性最丰富、生态系统最多样、生态功能最突出的区域。要探索云南特色的农业经营方式和创新,核心是要解决云南新型农村合作组织的建设问题。

一、农村新型合作组织建设研究必须适应现代农业发展的战略转变

（一）农业生产从以传统技术为主转向以现代技术为主

推进现代农业建设,调整农业产业结构,必须大力提高农业科技创新和转化的能力。这些年云南蔗糖的发展之所以没有从甜蜜的事业变为苦涩的事业,反而单产、糖分和出糖率大幅度提高,吨糖耗蔗率降低,套种面积和套种品种增加,这主要得益于农业科技水平的提高和推广。

（二）要以自给自足农业为主转向以市场化农业为主

这是传统农业与现代农业的重要区别。发展现代农业,就要充分发挥市场而不是政府在配置资源中的决定性作用。"围绕增收调结

　*　作者杨培森:云南省政府研究室原副巡视员、研究员,云南省中华文明研究会副会长。

构"，实际上是围绕市场调结构，结构是手段，增收是目的，市场是达到目的和实施手段的有效形式。市场既是农产品实现价值的交易平台，又是调整农产品结构的风向标，既是供求关系的晴雨表，又是盈利亏损的打擂台。农民种什么不种什么，要由市场决定，政府引导更应符合市场规律，千万不能由个别领导拍脑袋、乱指挥，这些年农民吃够了"某书记要种、某书记要砍"的苦头。

（三）要从以资源消耗为主转向生产要素优化配置可持续发展为主

经济发展不仅是量的增长，更应注重质的提高，是质和量的统一。经济发展方式转变就是要把粗放式经济增长转变为集约式经济增长；把盲目地单纯追求 GDP 量的扩张转变到更加注重提高经济效益和质量上来，把见物不见人的陈旧理念转变到以人为本，注重不断提高人民群众根本利益的新的发展理念上来。

（四）从农业支援工业，城乡分割的体制转向工业支援农业，城乡统筹发展的体制

从"两个趋势"的重要判断认识体制创新和机制转变。农业是自然再生和经济再生的特殊产业，始终面临自然风险和市场风险的双重考验，体制机制转变要健全市场导向机制，强化政府补贴机制，完善投入增长机制，形成产业延伸机制，建立产销合作机制，构建农民权益保障机制。

（五）从封闭型农业向开放型农业转变

我省提出的"两强一堡"发展战略，云南作为大西南各省区市向南亚、东南亚、印巴次大陆的重要枢纽，农业作为经济合作的首选，应在发挥"两个市场，两种资源"的作用上加大力度、彰显作用。

（六）农业产业化发展载体实现农户为主体向新型合作组织为主体的转变

市场经济体制就是建立政府调控市场、市场引导企业的管理体制，毋庸置疑，一定时期内，必须尊重和承认农户的市场主体地位，但不排

除培育龙头企业,专业合作社,市场中介组织,家庭农场、农业公司等类成为市场主体。美国有农场主没有农民,而我国有农民而没有或很少有农场主,现代农业的发展方向是培育大量新型农业合作组织使其成为新的农场主。

二、新型农村合作组织建设遵循的基本原则和主要组织形式

回顾历史,必须把握生产关系调整一定要适应生产力发展要求这一基本规律。解放初期我国的初级合作社,是一种土地分红和劳动分红相结合的带有资产性质的经营体制。这种体制促进了当时生产力的发展,使我国农村和农业发展出现从未有过的生机和活力。后来发展的高级合作社取消了土地分红,以至于急于求成发展起来政社合一和一大二公的人民公社,再一次剥夺了农民的土地所有权和经营权,加上1958 年以后国际国内的各种政治经济因素和自然因素,直至"文化大革命"灾难性的十年,我国农业生产力的发展始终没有走出低谷。以1978 年党的十一届三中全会为标志的改革开放新时期,首先在农村实行家庭联产承包责任制,后来发展起来的乡镇企业、农业个体经营户、各种专业合作社,借鉴城市企业改革发展起来的现代企业制度——以法人财产权为基础,有限责任为特征,法人治理结构为核心,也逐步被导入农业领域,成为发展现代农业的载体。这种生产关系的变革有利于农业的生产专业化、布局区域化、经营一体化、服务社会化、管理企业化。党的十六大报告指出"坚持党在农村的基本政策,长期稳定并不断完善以家庭承包经营为基础,统分结合的双层经营体制。有条件的地方可以按照依法、自愿、有偿的原则进行土地承包经营权的流转,逐步发展规模经营,推动农村经营体制创新"。党的十八届三中全会也指出"坚持农村土地集体所有,实现所有权、承包权、经营权三权分置,引导土地经营权有序流转。"总结回顾历史,新型农村经济合作组织建设必须遵循以下几个基本原则:

第一,坚持以家庭承包经营为基础,不改变农户的土地承包经营权和农民的财产所有权。

第二,坚持民主自愿,做到"民办、民管、民受益"。

第三,坚持多种形式,因地制宜。可以入股或入会,也可以单项技术、信息、加工流通组成实体。可以本地、本专业、跨地域、跨所有制成立合作联合体。也可以由能人或农村集体经济组织组成,也可以是龙头企业,各种协会、基层、站所、科研院所等各类组织和个人。

第四,坚持典型示范,正确引导。不能拔苗助长、急于求成,也不能求全责备、坐失良机。坚持边发展、边规范,以规范促发展的思路。

推进农村经济组织形式创新,建设新型农村经济合作组织,核心是培育企业型的农业市场主体。其主要组织形式有:

第一,农民专业合作社。《中华人民共和国农民专业合作社法》(全国人大常委会2006年10月31日通过,2007年7月1日起施行)。这是继《公司法》《合伙企业法》《个人独资企业法》之后又一部维护市场主体地位的法律。其定义为在农村家庭承包经营的基础上,同类农产品的生产经营者或者同类农业生产经营服务的提供者、利用者,自愿联合、民主管理的互助性经济组织。其特点是:合作成员中农民的比例不低于80%;施行一人一票制。成员总数20人以下可以有一个企业、事业单位或社会团体成员;成员总数超过20人以上的,企业、事业单位和社会团体成员不得超过成员总数的5%。① 这部法律为合作社今后发展留有足够的法律空间,具有明显的阶段性特点。明确登记机关为工商行政管理局,涉及纳税。登记机关并非民政部门,因涉及为非营利性的社团法人。法律规定其财务核算细则由财政部规定,扶持条例由国务院发布等这些细则尚未出台。

第二,农业产业化龙头企业。这种龙头企业可分为五种类型。一

---

① 第十届全国人民代表大会常务委员会第二十四次会议:《中华人民共和国农民专业合作社法》,2006年10月31日。

是加工企业;二是流通组织;三是专业市场;四是专业大户;五是中介组织。这些组织我们通常称之为"公司+基地+农户"或者是"公司+基地",也可以是"公司+农户",或者是由乡镇企业改制形成的多种组织形式。

第三,家庭农场。在农业产业化发展较为发达的沿海地区和平原地区,已经出现了多种形式的家庭农场,从生产关系调整的角度看,体制已经破题。而在云南这样一个特殊的不太适宜大力发展规模经济的山区农业地区,这种家庭农场很少出现。我曾经形象的说过"什么时候蔗农、胶农成为糖厂、胶厂的股东了,我们的体制就可以破题了"。家庭农场一般是独资、合资、股份制,其发展方向是现代企业制度,必须做到产权清晰、权责明确、政企分开、管理科学。只不过其产权不是土地所有权,而是土地承包经营权。

第四,市场中介组织。这种新型农村经济合作组织情况比较复杂,其介于事业单位和企业之间,也介于经营性和公益性之间,游离于政府和市场之间,要具体情况具体分析,切忌一概而论、草率行事。

第五,企业集团。这是现代农业发展的较高合作组织形式。我国尚无企业集团法,有时难以界定其经营活动。但企业集团不是企业法人组织,而是法人组织联合体。其运作依据是集团章程和有关的行政规范制度。比较规范的运作应是建立母子公司体制,内部组织形式分为全资、控股、参股和协作四个层次。其特点是规模化经营、集团化发展,可以进行大规模的资本、生产、科技、营销等多元化运作,从而带动农业的现代化发展。

三、新型农村合作组织建设的保障措施

农村新型经济合作组织建设问题,实际上是一个新形势下如何组织农民实现现代化的问题。研究这个问题,面对的不仅是我在第一个问题中阐述的传统农业向现代农业的六个战略性转变,还要面对我国计划经济向市场经济的体制转变;不仅涉及我国经济体制改革,还会涉

及我国的政治体制改革和社会管理体制改革;不仅要面对国内转方式调结构的经济格局,而且要面对国际抗危机保环境的经济格局。组织农民进行农业产业化发展、区域化布局、规模化经营,是一个长期艰苦和复杂的历史进程。我们既不可能实行 20 世纪 50 年代组织互助组、初级社、高级社、人民公社那种"大跃进",也不可能靠一部法律、一个模式或一个指令解决问题。因此,从研究探索的角度,提出"五个要"供参考。

（一）清醒认识

中央多次强调,我国正处于并将长期处于社会主义初级阶段,我省处于初级阶段的低层次,省委省政府判断的省情是"边疆、民族、贫困、山区"。20 世纪 50 年代初,云南作为全国少数民族最多的省份(独有民族 15 个,其中 10 万人以下的 7 个),以"直过区"或"和改区"分别从原始社会末期、奴隶社会、封建社会等各类社会形态直接进入社会主义社会。① 作为边疆民族地区,我省许多地方同样集"四位一体",生产水平较低,劳动者素质较差,加之其他各方面原因,造成农业组织化程度较低。根据 2013 年统计数据分析云南的几个主要经济指标:人均GDP、人均财政收入、城镇居民收入、农民人均纯收入等与全国比较仍较低,这些情况说明,在建设和发展农村新型经济合作组织的工作上,头脑一定要清醒。

（二）创新思路

新型农村经济合作组织建设核心是解决外与市场接轨,内与农户联结,即解决小生产和大市场的矛盾,使合作组织成为市场与农户之间、生产与流通之间的金色桥梁。围绕这一核心问题,合作组织建设和发展,必须创新思路,积极探索农村资产资本化管理的载体,即使农村生产的各种要素实行资本化,用现代企业制度这一市场主体进行运作和实施,有效率的经济组织成为聚集生产要素配置经济资源、独立组织

---

① 云南省民族学会主编:《云南民族》,云南人民出版社 2010 年版,第 25 页。

生产经营,主动参与市场竞争的法人实体,整个社会的经济效益和生产力必将大大提高。

为完善土地制度,农民承包的土地实行永包制,土地使用权可以转让、出租、抵押、担保和继承。废除国家用于经营性土地的征购制度,允许农民承包土地的使用权进入一级市场。鼓励农民承包土地使用权流动,形成土地的经营大户(农场主)。鼓励土地资产进入农业产业化经营链,实行股份制或股份合作制,使农户成为企业的股东,增强其凝聚力。农民宅基地应归农民所有,允许出租经营房地产业。

(三)城乡统筹

发展农村经济合作组织,要破除城乡二元结构障碍。20 世纪 80年代德宏边贸大发展,那个时候,穷人的孩子早当家(没有国家投入),无娘的娃娃本事大(无主管婆婆)。后来搞归大堆,硬将边贸国贸硬并在一起,造成大滑坡。发展农村个体户,曾经出现过十八顶大盖帽管一顶烂草帽的现象。即使后来形势变了,但深层的矛盾和体制障碍并未解决。我省作为农业大省,50% 以上财税和工业原料直接或间接来自农业。孟连事件一事,具有普遍性和必然性,应在全省进行深刻总结和认真反思。烟、粮、茶、胶、果等的生产没有从体制上解决利益分配问题,权力寻租和抑制市场竞争互为条件,腐败和行政乱作为相得益彰。城乡统筹就会成一句空话。

(四)整合资源

1.行政资源。管理上有农业、供销社、科委科协、妇联等。登记上有工商、民政等。对于这些应该怎么整合,党委政府应统筹考虑。

2.资金项目。绝大部分政府甚至党委部门都有名目繁多的资金和项目。整合原则,一是以县为单位,二是依据财政部(2006)36 号文件,构建项目或载体平台(龙头企业等)。

3.政策措施。中央连续几个一号文件及部门和地方的实施细则表明要把扶持和发展农村新型经济合作组织考虑到农业发展中,认真研究和实施细则。

4.供销社要创新开展合作提供服务的方式,商务部门要搞好规划,扶持重点工程(万村千乡、东桑西移、双百工程等),大力培育自然人、企业法人或社团法人发起的小额信贷组织,引导农户发展资金互助组织。

（五）方法灵活

发展农村新型经济合作组织,认识上要清醒、思路上要创新、方法上要灵活。千万不能定指标、下任务,要从实际出发,因地因时制宜,分类指导,灵活掌握。政府行政部门要从资金项目中解脱出来,深入调查研究,认真对照有关法律法规,该项目属于哪一种类型,现在以何种形式出现,发展中会出现什么问题,要从哪几个方面进行规范和引导,一定要做到心中有数。发展经济合作组织还要发挥理论工作者和实践探索者相结合的作用,克服盲目性和偏激性。另外,在借鉴学习发达地区经验时,既要学习别人符合规范的方向性东西,又要结合本地的实际情况,找出过渡或变通的做法。

第五节　集体林权制度改革对农民生产活动和经济收入的影响——基于鹤庆县六合乡的研究*

不完整、不持久和缺乏强制力的所有权会引起环境问题,还会使经济发展受到制约。林权制度改革是为了解决林地产权不清的问题,从而改善农民生活状况和保护自然环境。本节基于对云南鹤庆县六合乡的问卷和实地调查,建立线性规划模型模拟农民生产活动,目的在于详细地分析集体林权制度改革的影响,以便能更好地指导相关政策,从而实现资源的有效利用。这个模型的结果显示,集体林权制度改革的确对农户收入有一定促进作用。但只是提供使用权是不够的,政府需要

---

*　作者李岚:云南省社会科学院经济研究所助理研究员。

进一步落实林权制度改革的相关配套措施,例如林权证抵押贷款等。

一、清晰的林地产权是林地发挥生态和经济作用的基础

布罗姆(Bromley)和瑟尼(Cernea)说过:不完整、不持久和缺乏强制力的土地所有权造成的不只是土壤退化和森林耗尽等环境问题,还会制约经济发展。[①] 林地因为其生态重要性、收益缓慢性导致它的所有权归属更加敏感复杂。中国历史上,有多次因为林地所有权不明晰造成了乱砍滥伐,森林大面积破坏;或者是林农守山护山却无法"吃"山。为了兼顾生态效益和经济效益,2008年《中共中央国务院关于全面推进集体林权制度改革的意见》出台,新一轮集体林权制度改革开始实施。集体林权制度改革主要包括以下内容:第一,明晰产权。在坚持集体林地所有权不变的前提下,依法将林地承包经营权和林木所有权,通过家庭承包方式落实到本集体经济组织的农户,确立农民作为林地承包经营权人的主体地位。对不宜实行家庭承包经营的林地,依法经本集体经济组织成员同意,可以通过均股、均利等其他方式落实产权。林地的承包期为70年。承包期届满,可以按照国家有关规定继续承包。第二,勘界发证。明确承包关系后,要依法进行实地勘界、登记、核发全国统一式样的林权证。农民的林地承包经营权受法律保护。第三,放活经营权。实行商品林、公益林分类经营管理。对商品林,农民可依法自主决定经营方向和经营模式,生产的木材自主销售。对公益林,在不破坏生态功能的前提下,可依法合理利用林地资源,开发林下种养业,利用森林景观发展森林旅游业等。第四,落实处置权。在不改变林地用途的前提下,林地承包经营权人可依法对拥有的林地承包经营权和林木所有权进行转包、出租、转让、入股、抵押或作为出资、合作条件,对其承包的林地、林木可依法开发利用。第五,保障收益权。农

---

① Bromley, D., Ccrnea, M., "The Management of Common Property Natural Resources", *World Bank Discussion Papers*, No.57, Washington.DC, 1989.

户承包经营林地的收益,归农户所有。第六,落实责任。承包集体林地,要签订书面承包合同,合同中要明确规定并落实承包方、发包方的造林育林、保护管理、森林防火、病虫害防治等责任,促进森林资源可持续经营。

林权制度实施后林地使用是否能实现双赢,一方面农民的经济收益是否能增加,另一方面森林是否能获得有效管护? 同时,在有多种经营活动可供选择的情况下,如何配置经营活动可以实现效益最大化? 本节使用云南西部一个村子的数据建立线性规划模型,并运用几个场景来回答以上问题。

二、数学规划在农业领域被广泛应用

数学规划(Mathematical programming)被用于农业经济领域已经超过30年了。黑兹尔(Hazell)和科托(Norton)提到数学规划模型能用于分析引进新作物或土地制度变化导致的土地分配变化引起的经济结构直接变化的结果。[①] 他们提出的数学规划基础模型如下:

目标方程:

$$\text{Max } Z = \sum_{j=1}^{n} c_j X_j \qquad \text{(式 2-1)}$$

其中,

$$\sum_{j=1}^{n} a_{ij} X_j \leq b_i, i = 1 \cdots m$$

$$X_j \geq 0, j = 1 \cdots n$$

X_j:第 j 个农业活动,N 表示农业活动数

c_j:第 j 个农业活动的单位利润

a_{ij}:每单位第 j 个活动所需的 i 个资源(例如:土地面积,劳动力)的数量。m 表示资源品种,i = 1 ⋯ m

---

① Hazell, P., Norton, R., Mathematical Programming for Economical Analysis in Agriculture, Macmillan, New York, 1986.

b_{ij}：可用的资源量

姆哈瑞(Mudhara)使用一个五年线性规划模型比较农户在使用新技术和老技术的获益程度：这个模型评价了随着时间的推移在一定资源可获得条件下新技术的可兼容性。单个或多个目的新技术都能被合成在一个模型中。[①] 线性规划模型也被成功地用于政策影响评价。弗瑞多(Frito)、多利卡(Dolisca)和杰舒亚(Jushu)曾用线性规划模型研究处理海地滥伐森林问题的两种方法，他们建立一个线性规划函数来模拟农民的选择，然后运用几个在不同政策条件下的场景来看农民收入的变化。

国际上使用线性规划模拟人类行为从而进行政策评价、资源优化配置的研究已经非常多。这种方法一方面可以对农民如何高效使用资源提出建议；另一方面可以向政策制定者提供建议。以中国新一轮林权制度改革为背景，进行政策影响评价研究林地资源最优利用的研究还比较少。本研究的目的及创新在于：以林权制度改革为背景，研究经济效益和环境效益双赢的土地利用。

三、线性规划模型的建立

(一)调研点描述

以云南西北部大理州鹤庆县六合乡黑水村(在东经 $100°01'$—$100°29'$和北纬 $25°57'$—$26°42'$之间)作为调研点，即模型原型。选择这个调研点的原因有云南西北部被称为"三江并流地区"，有三条重要河流——怒江(萨尔温江)、澜沧江(湄公河)和金沙江流经此地，为涵养水源和防止水土流失，森林在此有非常重要的生态意义。同时，调研点海拔较高，75%的土地是山区，集体林地占森林总面积的92%。因为可用耕地面积非常少，在不能充分使用林地资源的情况下，农民收入来源非常有限、异常贫困。为了保护生态，长久以来这里的农民牺牲了许多

---

① Mudhara, M., Hiderbrand, P.E., Nair, P.K.P., "Potential for Adoption of Seabania Sesban Improved Fallows in Zimbabwe: A Linear Programming-based Case Study of Small-scale Farmers", *Agroforestry Systems*, Vol.59, 2003, pp.307-315.

发展机会。生态保护和经济发展同时兼顾存在矛盾。选择这个地方具有典型意义。

数据来源包括:一手数据:在鹤庆六合乡黑水村随机选择 40 户农户,进行本底调查,通过结构化问卷和半结构访谈了解农民生产生活情况,成为模型基础数据。二手数据:来源于学术论文、政府文件和统计年鉴。

(二)数据分析

1.NPV 和 AEV

考虑到林业投资多为长期投资,长期投资的投资回报不止一年,所以就使用净现值(Net Prsent Value,以下简称 NPV)和年当量值(Annval Equivalent Value,以下简称 AEV)的理论把多年投资回报折算到每一年。

$$NPV = \sum_{t=0}^{n} \frac{I_t - E_t}{(1 + i)^t} \qquad (式 2-2)$$

I_t 是第 t 年的收入,E_t 是第 t 年的成本。

$$AEV = \frac{NPV * i}{1 - (1 + i)^{-n}} \qquad (式 2-3)$$

n 是项目寿命,i 是折现率。

2.线性规划

本研究建立一个线性规划单周期模型来模拟一农户在林权制度改革前后的一个平均年的生产行为。这户农户的设置是这个村子的中等户。模型所需所有系数都是 40 份问卷的平均数或中位数。基本模型含有 29 个变量和 31 个约束条件的方程。这里仅对重要变量和主要约束条件进行解释。

(1)目标方程

目标方程是以一年为期限,在有限可用资源和其他约束条件下最大化家庭收入。目标等式是家庭纯收入,即种植业、养殖业、林业、打工收入和其他收入的总和减掉生产成本和家庭消费。目标方程如下:

$$\text{Max} Z = \sum_{j=1}^{n} (P_j X_j - C_j X_j) \qquad (\text{式} 2\text{-}4)$$

其中:

$$\sum_{j=1}^{n} a_{ij} X_j \leqslant b_i, \text{i} = 1 \cdots \text{m}$$

$X_j \geqslant 0, \text{j} = 1 \cdots \text{n}$

Z:一个农户的家庭纯收入

X_j:第 j 个农业活动。N 表示农业活动数,j=1…n

P_j:一单位第 j 种产出的价格

C_j:一单位第 j 种投入的成本

b_i:第 i 种资源的可用数量

a_{ij}:技术指数(进行一单位第 j 种生产活动要求的第 i 种投入/资源)

m:可能的活动数量

n:资源和约束的数量

(2)目标函数变量(见表2-5)

如表2-5,一列代表一个变量。各个变量含义如下:

种植业、养殖业和林业。是指每发展一单位粮食生产、家畜养殖和林业生产所需成本。成本包括种苗、肥料、农药、机械费和管理费等,但不包括雇佣人工费。

租入和租出耕地。一部分家庭收入来源于耕地租出,租入是花费。

农户消费自己的农产品。农户生产的部分农产品不出售而是供自己消费。在约束条件中这个变量不能低于一定数额(即农户生活所需最低口粮)。这也是一种类型的家庭收入,所以用市场价格把它折成钱计入家庭收入。[1]

---

① Kitchaicharoen, J., "Socio-Economic Assessment of the Farm Resources and Living Standards of Different Ethnic Groups: A Case from Northern Thailand", Germany: Margraf Publishers Verlagsgesellschaft mbH, 2003.

购买农作物/肉类。在家庭纯收入中这是一个负变量。农民可以自己生产农作物,但也会在市场上购买其他品种。

打工活动和雇佣劳动力。打工活动是家庭收入的一部分,是正向变量;雇佣劳动力是生产支出的一部分,是负向变量。其价格采用的是农民们提供的每人每天平均收入。林权制度改革之后,林业活动增加,需要雇佣有技术的劳动力(包括割松香等),所以从事林业生产的劳动力的雇佣金要高于从事农业生产者。

销售农作物/肉类。销售农户自己生产的农作物和家禽。

贷款利息。它由正规或非正规贷款利息决定。

存款。在目标方程中它是一个零值。在年度开始时它是启动资金。

家庭日常支出。家庭生活中的日常开支。

(3)约束条件

如表 2-5,一行代表一个约束条件。资源的约束条件是农业系统的基础。[1] 资源约束条件的相关系数都是来源于实际走访和 2010—2011 年统计年鉴。几个重要的约束条件解释如下:

土地。一户可用耕地和林地的总数,从事农业和林业生产的土地必须小于或等于这个数。数据来源于 40 份问卷。

劳动力。一户农户可用的劳动力数。通过调研发现这个地区家庭规模一般为 4—5 个人,即一对夫妇、一到两个孩子还有一到两个老人。同时劳动法规定一年一个成年人工作不得超过 225 个工作日。另外这里定义的打工都是指短期工,在农忙季节不外出打工,所以一年打工时间不能超过 125 个工作日。

农作物和肉类消费。Yang 研究过基于营养的需要,一个成年人一

---

① Maurer,M.,"Dynamics and Potential of Farming Systems in the Marginal Areas of Jordan",in:Doppler,W.(Ed.),*Farming Systems and Resource Economics in the Tropics*,Vol. 32,1999.

年平均需要消耗400千克粮食作物和24千克肉类。[1] 所以玉米、水稻和麦子的种植量不得低于这个数。

林业产品消费。在调研村,林地主要种植松树,松枝可以用于生火,松针可以垫圈。根据实际调研,每个农户每年需要3000千克松针松枝。同时,为了保护松树健康不能采摘过多松针松枝。

现金流转。一个种植季节开始时,可以用于生产的资金应该小于贷款和上年存款余额。

收益平衡。家庭总支出应该小于种植业、养殖业和林业等等的家庭总收入。

表2-5　一年周期的农户家庭收入基本线性规划

目标方程变量	种植业	租入耕地	租出耕地	林业	养殖业	打工活动	雇佣劳动力	农作物和肉类消费	林业产品消费	销售农作物/肉类	购买农作物/肉类	家庭日常支出	银行存款	贷款	RHS
解向量	-	+	-	-	-	+	-	0	0	+	-	+	0	-	
约束条件															
总共可用耕地(亩)	1	1	-1												=0
可用耕地租出(亩)	1	1													=b_j
农作物平衡(千克)	a_{ij}							-1		-1					=0
农作物消费(千克)								1			1				>=b_j

---

① Yang,L.F.,et al.,"Prediction on the Farmland Demand of Yunnan Province in 2020 Based on Food Security",*Journal of Anhui Agricultural Sciences*, Vol.20,2010.

续表

目标方程变量	种植业	租入耕地	租出耕地	林业	养殖业	打工活动	雇佣劳动力	农作物和肉类消费	林业产品消费	销售农作物/肉类	购买农作物/肉类	家庭日常支出	银行存款	贷款	RHS
林地（亩）				1											<=b_j
森林产品最大可消费量（千克）									1						<=b_j
森林产品最低可消费量（千克）									1						>=b_j
森林产品平衡（千克）				A_{ij}					-1						>=0
肉类产品消费（千克）								1			1				>=b_j
养殖也平衡（千克）					a_{ij}			-1		-1					=0
所需劳动力（工日）	a_{ij}	A_{ij}	A_{ij}	A_{ij}	a_{ij}	1	-1								<=b_j
可用打工劳动力（工日）						1									<=b_j
现金流（元）	$-a_{ij}$		$-a_{ij}$	$-a_{ij}$	$-a_{ij}$						$-a_{ij}$		1	1	>=0
收益平衡（元）		A_{ij}			A_{ij}					A_{ij}		-1	-1		>=0

(4)模型运行方案

本研究还通过改变部分变量和约束条件设计了几个不同自然状况、政策状况下的方案。以下对几个方案进行简要介绍：

基础方案：这是一个模拟农民在深化林权制度改革之前的生产活动方案。在改革之前，农民收入大多来源于种植、养殖和打工收入。农民个体只有非常有限的权利使用自留山，可以进行的活动只有收集林地产物（例如蘑菇、水果和柴火）。

方案1：深化林权制度改革后，农民有权利使用集体林地进行不伤害林地的生产经营活动。在这个方案中，种植、养殖和打工部分与基础方案一样，只是有更多的林业活动。因此，模型中添加了更多的变量，包括种植核桃树、收集松香、伐木和集体林地租出租入。

方案2：在林权制度改革后，通过核实、勘查、划界，农户可以获得部分林地的使用权，林权证是拥有使用权的证明。林权证还可以像房产证、土地证一样，作为抵押物向银行申请贷款。很多专家认为这种抵押贷款非常关键，可以成为发展林业生产的启动资金。在云南的一些地区已经开始实施并成效明显。用方案1的模型增加5000元的林权证抵押贷款，看模型如何变化。因为林权证抵押贷款是设计支持林业生产的，所以这些钱只能用于林业活动，如种桑树、伐木和收集松香。

(5)软件工具

使用Microsoft Excel对原始数据进行整理，并计算线性规划模型所需要的参数。使用Microsoft Excel Solver的规划求解功能计算不同方案的最优解。

四、模型运行结果

(一)模型检验

检验的目的是测试基础模型与实际情况是否相符，它是否适合测试更多方案。一个好的模型显示出来的结果应该与现实接近。因此，基础模型要建立的与现实尽可能接近。当然，因为现实环境非常复杂，基础模型与现实仍然会存在差距。

表 2-6 显示,由调查问卷获得的农民平均纯收入与基本模型计算出的农民纯收入非常接近。问卷调查的结果略低于模型结果,是因为基础模型是在最理想的自然资源设置下进行的,产出自然要高。

模型中种植业收入略高于现实 4%,原因可能是模型设定可用耕地是完全使用的,但是现实中受到一些个人因素等的影响可能没有完全使用。养殖业收入在模型中高于现实较多,达 11%。因为农民在回答养殖业收入时给出的是纯金钱收入,没有把他们自己使用消耗的部分纳入。而模型计算的是两块之和。关于林业和打工活动,基础模型计算收入较低。在实际询问中,农民提及一些非常偶然的收入,例如偶尔采到蜂蜜和兰花等,但这些不能列入规律性收入行列。

表 2-6　基础模型的农户家庭纯收入和实际问卷结果的比较

项目	问卷结果(元)	基础模型(元)	差别(%)
(1)种植业	14617.46	15268.02	4
(2)养殖业	1131.50	1258.65	11
(3)林业	438.87	416.94	−5
(4)打工	12877.81	12500.00	−3
总收入	29065.64	29443.61	1

总体来说,模型基础方案的各块收入已经比较接近农民真实活动,所以这个基础方案是可行的,可以用于模拟现实情况,作为其他方案的基础。

(二)模型结果

1.基础方案和方案 1 运行结果比较

由表 2-7 可以看出方案 1 的总纯收入是 30637.75 元,比基础模型提高了 1854.32 元,增加幅度达 6.44%。收入有一定增加,但是增加幅度不太大。各项收入比较后,主要变化是产生在种植业收入和林业收入,其他项目基本相同。种植收入增加了 1329.08 元,增幅 8.7%,林业收入增加到了 1089 元,增加幅度非常大,达 93.17%。养殖和打工收入没有变化。

表 2-7　基础方案和方案 1 各项收入比较

项目	基础方案(元)	方案 1(元)	变化值(增长率%)
(1)种植业	15268.02	16597.10	1329.08(8.70)
(2)养殖业	3082.65	3082.65	0.00(0)
(3)林业	563.76	1089.00	525.24(93.17)
(4)打工	12500.00	12500.00	0.00
(5)贷款	-631.00	-631.00	0.00
(6)食物支出	-2000.00	-2000.00	0.00
总收入	28783.43	30637.75	1854.32(6.44)

由表 2-8 可以看出,林改前后耕地都被充分使用,而对于林地,方案 1 即林改后只建议使用 6.7 亩,其他都出租。在基础方案和方案 1 中,劳动力都得到了充分使用,而且都需要雇佣劳动力。因为可进行的活动增加,方案 1 需要的劳动力比基础方案增加了 0.02 个工日。但是林业活动前期投入大、周期长,目前收入来源主要还是依靠种植业,所以模型还是把较多的劳动力分配给种植业。

表 2-8　基础方案和方案 1 主要资源对比

项目	基础方案		方案 1	
月份	4—10 月	11—2 月	4—10 月	11—2 月
总耕地面积(亩)	13.50	13.50	13.50	13.50
用于种植农作物的面积	8.73	8.73	9.54	9.54
租出的面积	3.39	3.39	2.58	2.58
桑树种植面积	1.37	1.37	1.37	1.37
总林地面积(亩)	60		60	
用于林业生产面积	7.81		6.70	
林地出租面积	0.00		48.00	

项目	基础方案		方案1	
月份	4—10月	11—2月	4—10月	11—2月
劳动力总量(工日)	537.30		537.32	
种植业劳动力	178.64		193.44	
林业劳动力	126.28		111.50	
养殖业劳动力	7.10		7.10	
桑蚕业劳动力	100.27		100.27	
打工劳动力	125.00		125.00	
雇佣劳动力	37.30		37.32	

因为玉米和蚕豆成本低,需要的劳动力少,所以模型建议在大春(4—10月)只种植玉米,在小春只种植蚕豆(11—2月)(见表2-9)。在调研点,农民大多种植烤烟和水稻,但因为在山地缺水地区,烤烟和水稻的资金成本和劳动力成本都比较高,模型从收益最大化的角度考虑并不建议种植烤烟和水稻。通过基础方案和方案1比较可以看出,在耕地不变的情况下,合理配置种植方案,种植业收入可以增加,用于采松毛的面积可以增加,而由于高劳动力投入,采菌的面积应该减少。

表2-9 比较基础方案和方案1的活动选择

活动和资源	基础方案	方案1	区别
农作物选择(亩)			1.62
玉米	7.96	9.54	1.58
水稻	0.68	0.00	-0.68
烤烟	0.09	0.00	-0.09
蚕豆	8.73	9.54	0.81
林业活动选择(亩)			-0.99
采松毛	5.87	6.00	0.13
采菌	7.81	6.68	-1.14
收集松香	0	0	0

续表

活动和资源	基础方案	方案1	区别
伐木	0	0.02	0.02
种植核桃树	0	0	0
养殖活动			
养猪（头）	1.00	1.00	
养蚕（张）	7.28	7.28	0

　　总之,方案1即林权制度改革之后,农户家庭收入小幅增加。林业潜力开始被挖掘,在家庭收入中开始发挥作用,虽然它的作用受到劳动力资金技术等的限制,在收入中还没有起到主导作用。林权制度改革对这种林地面积比较大的山区农民来说是有促进作用的。特别是随着水土流失加重,退耕还林政策实施,农民耕地越来越小,改变收入结构,把收入主要来源从种植业中转移出来对农民来说是非常重要的。

　　2.方案2运行结果:林权证抵押贷款的引入

　　正如之前的设计,这个方案是引入5000元林权证抵押贷款作为林业启动资金,利息按照银行平均一年标准贷款利息计算,即7%。通过运行方案2,得到以下结果。

　　由表2-10可以清楚地看出,引入林权证抵押贷款之后(即方案2)农户收入大幅增加,增长幅度达到14.08%。林权证抵押贷款对促进农户收入方面作用非常明显。

表2-10　方案1与方案2农户收入对比

方案\ 收入（元）	方案1	方案2	变化值	增长率
农户家庭纯收入	30637.75	34950.07	4312.316	14.08%

　　由表2-11中可以看出,引入林权证抵押贷款之后,农户农业活动出现了许多变化。因为有了更多的启动资金,一些前期投入比较高的

林业活动也可以进行了。在引入林权证抵押贷款之后,对耕地的使用从 9.54 亩减少到 9.29 亩,而林地使用面积大幅增加,方案 2 建议松香采集 12 亩,而投入之前因为松香采集耗力耗资金,方案 1 没有建议进行此项活动。同时,方案 2 也建议少量种植核桃树,这也是在之前没有规划的。因为可以从事的活动多了,收入来源就广了,收益自然增加。

表 2-11　方案 1 与方案 2 活动选择对比

活动	方案 1	方案 2
农作物选择(亩)		
玉米	9.54	9.29
水稻	0.00	0.00
烤烟	0.00	0.00
蚕豆	9.54	9.29
桑树	2.75	2.75
林业活动(亩)		
采松毛	6.00	6.00
采菌	6.68	5.28
收集松香	0.00	12.00
伐木	0.02	0.02
种核桃树	0.00	0.05
养殖活动		
养猪(头)	1	1
养蚕(张)	7.28	7.28

本研究还进行了一个基于方案 2 将贷款利息提高到 15% 的实验。15% 是一个很高的利息,许多民间小额信贷公司都没有达到这个值,但尽管如此农户还是有利可图,农户纯收入还是可以有 13.79% 的增加。方案 2 说明,只是放开林地的使用权对农户的帮助比较有限,如果有相关的资金技术方面的配套措施配合,这个制度的优势才能更好地体现。

表 2-12 贷款利息增加到 15%,农民家庭收入

收入（元）＼方案	方案1	方案2	变化值	增长率
家庭纯收入	30637.75	34863.74	4225.99	13.79%

五、林业资源的重要意义

通过使用线性规划模型模拟林权制度改革前后农户生产行为的变化,可以看出改革的确可以使森林资源得到更高效利用,农户的确因此获得了更高的经济效益,但是促进作用还比较有限。受到资金、技术和劳动力的限制,林业收入只是家庭收入的一部分,但不是最大来源。传统种养殖业的地位还非常重要,无论是从生活习惯还是经济效益方面考虑,目前种养殖业不可能完全被替代,林业只是起到辅助作用。所以只是单纯给予农民使用权是不够的,还需要做好配套措施扶持农民发展林业。资金方面,林权证抵押贷款就是一个很好的方式。林业前期投入高,投资周期长,需要一定启动资金和前期无收益时的扶持资金,所以林权证抵押贷款正好解决了资金问题。技术方面,政府应该提供适合当地的林业活动技术培训,目前很多地方都有农业技术培训,但大多数都是针对种植业的,政府可以适当增加一些林业技术培训,也包括一些林下生产培训。

模型显示,林地利用起来以后,林业在家庭收入中越来越重要,特别是有充足的启动资金以后,林业甚至可以部分替代种植业,这对于生活在山区的或环境保护任务较重,例如需退耕还林的农民来说,意义非常重大。森林健康与否只有直接与个人利益挂钩,农户才会自发地进行管护,这样环境效益也才能得到体现,最终形成一个兼顾经济效益和环境效益的良性循环。

林地的使用权放开之后,可以进行的生产活动大大增加,但是资金和劳动力是有限的,如何使用有限资源获得最大利益,也是农户需要抉

择的事情。本研究通过科学的手段,提供了一种方法来计算收益最大化的资源配置,帮助农民进行农业活动选择,以期实现资源的最有效利用。

第三章　高原农业现代经营体系的构建

第一节　进一步扩大云南农村消费
需求的对策思考[*]

消费需求不足已成为云南经济增长的重要制约因素,而消费需求不足的重要原因和主要表现在于农村消费不足。云南农村消费总体上仍处于以满足农民基本生活需求的食品消费支出为主的阶段。和我省城市居民比较,农村居民消费福利比城市居民低。主要原因是农村居民收入偏低,农村有效消费需求不足,消费成本偏高,这与农村市场开发工作存在差距有一定的关系。推动云南经济可持续发展,必须进一步扩大农村消费需求,并将扩大农村消费需求与开发农村市场有机结合。

一、云南农村消费需求现状

云南农村消费总体水平较低,消费成本却相对较高。农民消费基本上处于生存型消费趋稳、发展型消费较快增长的低水平小康阶段。

(一)全省人均国内生产总值和人均收入及增长率低于全国平均水平

全国人均国内生产总值从 1978 年的 381 元增加到 2012 年的 38459 元,增长近 100 倍,年平均增长 14.5%;城镇居民人均可支配收

---

[*]　作者施本植:云南大学经济学院院长、教授、博士研究生导师。

入和农村居民人均纯收入分别从 343 元、134 元增长到 24565 元、7917 元,分别增长了 70.5 倍和 58.3 倍,年平均分别增长 13.4% 和 12.8%。同期云南省人均地区生产总值从 226 元增长至 22195 元,增长 97.2 倍,年均增长 14.4%,城镇居民人均可支配收入和农村居民人均纯收入分别从 328 元、131 元增长至 21075 元、5417 元,分别增长 63.3 倍和 40.5 倍,年均分别增长 13.0% 和 11.6%。[①]

（二）农民收入增长相对较慢

改革开放初期,云南省农村居民与城镇居民的总收入水平相当,三十多年来差距不断扩大,到 2012 年,农村居民收入仅相当于城镇居民总收入的 30% 左右。

（三）农村居民恩格尔系数不断下降

1980 年云南省农村居民恩格尔系数为 70.3%。2012 年农村居民恩格尔系数降到 45.6%。[②] 说明经过三十多年的改革开放,人民生活水平不断提高,农村居民的恩格尔系数下降幅度较大。

（四）农民生产性消费比重较低

2012 年云南省农民人均总收入 8188 元,生活消费支出 4561 元,农民生活消费支出占总收入的比例为 55% 左右,而生产性支出仅占 45% 左右,这种低水平的支出结构影响了农民扩大再生产的能力和增加消费的潜力。

（五）农民的消费潜力很小

2012 年,我国城镇居民每增加 100 元用于生活消费的支出为 61.4 元,农民平均为 74.4 元,农民边际消费倾向为 0.74 左右,而云南农民的平均消费倾向和边际消费倾向均在 0.85 左右,两者较大幅度高于全国平均水平。一方面说明云南农村市场开发潜力大,同时也说明在目

---

① 中华人民共和国国家统计局:《改革开放铸辉煌　经济发展谱新篇》,《人民日报》2013 年 11 月 6 日第 10 版。

② 李茂萱:《云南省各州市农村区域消费的实证分析》,《大理学院学报》2013 年第 8 期。

前的收入格局下,挖掘农村消费的潜力有限,难度较大。

（六）农村消费成本相对偏高

由于山高路远、居住分散,加上农村基础设施不够完善、农村物流配送网络不健全等因素影响,云南农村居民在收入和消费水平偏低的同时,消费成本也远大于城镇居民。据调查,目前多数农村80%以上商品仍需进城购买,消费附加了一定的误工和路途等费用。同类商品的流通成本,农村通常比城市高15%左右。不少农户反映,由于水电通讯等基础设施不完善,导致一些家电预期消费损失,家电使用往往还要产生一些改装费用。

（七）农村消费支出地区差异较大

2011年,云南省人均全年生活消费总支出为3441.32元,但全省各地人均消费支出地区差异显著。除昆明市以外,玉溪人均全年生活消费总支出最高,达到5032.72元,怒江最低,为1681.08元,两者相差3倍。其中人均居住消费支出除昆明市以外,玉溪最高,为975.16元,怒江最低,仅为98.48元,两者相差10倍;人均其他商品和服务消费支出除昆明市外玉溪最高,为110.54元,迪庆最低,仅为10.22元,两者相差10倍;人均医疗保健保障支出玉溪甚至高于昆明的水平,达528.74元,怒江该项支出最低,仅为82.67元,两者相差6.5倍;人均文化教育、娱乐消费支出除昆明市以外玉溪最高,为327.55元,而文山州该项支出仅为83.91元,两者相差4倍。[①]

消费是生产的目的,也是拉动经济增长的"三驾马车"之首,消费也是目前制约云南经济增长的短板之一,增加占总人口80%左右的农村居民的消费,是确保云南实现经济可持续发展,推动经济发展方式转变的客观要求。增加农村消费,开发农村市场,也有利于满足民生,建设富裕和谐幸福的新云南。

---

① 云南省统计局、国家统计局云南调查总队:《云南省2011年国民经济和社会发展统计公报》2012年4月。

二、云南农村消费需求变化特点

云南农村消费需求总体水平较低、增长较慢、还存在明显的结构不平衡问题,但也出现了一些新变化。

(一)农民人均纯收入增速加快,近五年较大幅度高于全国平均水平

近几年来,云南省和全国一样,农民人均纯收入较快增长,还出现农民人均纯收入增速高于全国的可喜局面。

表 3-1　2008—2012 年云南农民人均纯收入增长与全国比较

(单位:%)

年份	全国	云南
2008	15	17.8
2009	8.2	8.6
2010	14.9	17.3
2011	17.9	19.5
2012	13.5	14.7

资料来源:根据杨雯主编《2013 年云南调查报告》整理而得。

(二)农民收入的增长速度总体上低于经济增长速度,农民人均纯收入与经济增长同步性趋于改善

"七五"以来,农民人均纯收入增长一直长期大幅度低于经济增长,但"十一五"以来,农民人均纯收入增长与经济增长的同步性明显改善。

表 3-2　云南农村居民收入与经济增长同步系数变化情况

年份	农民人均纯收入年平均增长(%)	人均 GDP 年平均增长(%)	同步系数
"六五"时期(1981—1985 年)	17.65	12.73	1.39

年份	农民人均纯收入年平均增长(%)	人均GDP年平均增长(%)	同步系数
"七五"时期(1986—1990年)	9.84	20.29	0.48
"八五"时期(1991—1995年)	13.33	20.29	0.66
"九五"时期(1996—2000年)	7.90	9.12	0.87
"十五"时期(2001—2005年)	6.67	10.36	0.64
"十一五"时期(2006—2010年)	14.12	15.07	0.94
2011—2013年	15.83	16.77	0.94

资料来源:根据《云南统计年鉴》《云南调查年鉴》等整理计算。

(三)近几年农民收入增速超过城镇居民收入

云南农民收入与城镇居民收入近几年都保持了较快增长,在最近的五年中,云南省农民收入有四年增幅超过城镇。

表3-3 2008—2012年云南农民收入与城镇收入增长比较

(单位:%)

年份	农民收入增长	城镇居民收入增长
2008	17.8	15.3
2009	8.6	8.9
2010	17.3	11.4
2011	19.5	15.6
2012	14.7	13.5

资料来源:根据《云南统计年鉴》《云南调查年鉴》等整理计算。

(四)农民现金收入较快增长

2012年云南省农民人均现金收入6693元,2008—2012年期间,年均增加701元,年均增长16%。其中工资性现金收入1431元,年均增长 22.4%；家庭经营现金收入 4539 元，年均增长 13.2%；财产性现金收入 241 元，年均增长 24.6%；转移性现金收入 482 元，年均增长 27.6%。

（五）文教卫生和服务性消费支出较快增长

2012 年云南省农民人均医疗保健支出 363 元，五年年均增长 16.6%。2007 年云南省农民人均文化教育、娱乐消费支出不到 100 元，2012 年增至 289.2 元，保持了较快的年均增速。2012 年云南省农村居民家庭服务性支出 1216.9 元，五年里，年均增长 13%。[①]

（六）农村消费和市场开发出现一些新特点

2006—2012 年，云南农村居民消费中，食品消费支出比重总体呈现出一定的下降趋势，家庭设备用品、交通和通讯、文化娱乐、医疗保健等消费支出比重开始有所上升。农村消费商品档次有所提升，农村消费者维权意识明显增强。云南农村居民的住房开支不断扩大。由于云南省"三免一补"政策的实施，除成人教育的开支增长外，总体而言，农村居民的教育开支有所缩减。此外，在生活消费支出中，农民现金支出的比重自 2008 年后开始回升，2009—2012 年均超过了 75%，说明云南农村生活消费中自给性消费的比重有所下降。[②] 部分地区农村市场不活跃，农村常住人口减少，特别是作为农村消费主力军的青壮年外出，农村市场向城镇转移，农村消费出现边缘化现象。

总体而言，云南农村居民生存型消费项目开始有所下降，发展型消费能力略有增强，云南农村开始进入追求消费质量的新阶段，但农村市场疲软的状况没有根本改观。

三、进一步扩大云南农村消费的对策建议

在推动云南农村消费进一步发展过程中，云南省委省政府要顺应

---

① 李茂萱：《云南省各州市农村区域消费的实证分析》，《大理学院学报》2013 年第 8 期。

② 李春波：《云南农村居民消费结构统计研究》，《中国农学通报》2012 年第 11 期。

经济发展新常态,抢抓云南经济发展的战略机遇,着力加强扩大消费需求特别是建立农村居民消费的基本制度和长效机制,通过促消费、有效地保增长。同时,要充分借鉴国内外扩大农村消费、开拓农村市场的经验教训,把二者有机结合,政府、企业、农民形成合力,扩大农村有效需求与改善农村供给结合、硬件建设和软件建设并举,通过出台扩大云南农村居民消费、开拓农村市场的重大决策和关键措施,促进农民增加收入,降低消费成本,提高消费能力,切实改变重投资、轻消费,投资热、消费冷的状况,实现云南经济向投资、消费、出口协调拉动的转变。

扩大农村消费是一项复杂的系统工程,需要短期措施和中长期措施有机结合。从云南农村实际出发,扩大农村消费需求应当坚持"两增两减"并举的方针,即增加农民收入和减少农民负担并举,增加农村商品供应和降低农村消费成本并举。关键是要从观念、政策和制度三个层面统筹创新。

(一)进一步提高认识,加大工作力度

各级政府要进一步提高对扩大农村消费和开发农村市场重要性的认识,把此项工作列入各级党政班子的重要议事日程,齐抓共管形成合力,加大政策和资金扶持。重点是加大对农业尤其是农业基础设施、农业科技和教育的投入,大力发展农产品加工业和农业社会化服务体系,推动农业走高效农业和农业产业化道路。从长远发展目标看,要将现代生物科技产业作为云南发展的重点产业,通过现代生物科技产业集群的发展,带动传统种植业与现代工业的结合,以工兴农、工农融合、城乡一体,进而实现占云南省人口80%的农业人口的现代化与城镇化,这将是增加云南农村消费、开发农村市场的关键。

(二)进一步完善政策体系,不断提高农民的实际购买力和有效需求

扩大农村消费,一是继续完善和落实现有各项农业、农村政策。要进一步增加对农民的直补、良种补贴、综合生产资料补贴和农机具购置补贴等,同时扩大良种补贴的范围,将牧业、林业、抗旱节水机械设备纳

入农机具补贴范围,增加每户购买的补贴资金,提高补贴的上限。二是加大贫困地区扶贫力度。大力推广整乡整村推进扶贫试点经验。力争形成各地"一村一品""一乡一特"的特色优势产业的发展格局,促进农民长远脱贫增收。三是大力鼓励、规范和推动劳务输出。政府应通过鼓励创业,完善就业援助制度,加强创业、就业指导服务;规范劳动力市场秩序,鼓励劳动者自主创业和自谋职业;通过户籍制度改革、提高农民素质等推动劳动力转移,增加就业和农民收入,这是目前农民增收最现实的捷径之一,也是一项投资少、风险小、见效快的富民产业。四是进一步规范教育收费政策。一方面要强化政府的义务教育经费保障责任,切实加大对农村义务教育的支持力度,特别是建立家庭困难学生专项补助,加大对困难学生的资助力度,扩大义务教育"两免一补"的政策覆盖范围,确保贫困家庭的基本教育需求,不断提高义务教育质量。与此同时,在切实规范各类教育收费的基础上,发展各类职业教育和民办教育,加强教育国际合作,积极培育教育消费新热点。五是将拉动住房消费作为近期重点来抓。按照新农村建设规划,支持农民建房,对农民建房实施补贴,推行建材下乡政策,以此扩大农村消费。六是加大对农资价格的调控力度。严厉打击串通涨价、哄抬物价等不法行为,防止由于农资价格过快上涨而导致的农民负担加重。

(三)进一步推动制度创新,构建农民增收的长效机制

一是推进农村土地产权制度改革。当前我省农村集体所有的土地不能进入一、二级市场,土地交易主体不是农民,收益大部分不归农民,宅基地及房产不能跨社区交易、不能抵押,增值的土地卖出后,农民不能携带土地收益进城改变身份,也无法将绝大部分土地收益转化为农民自己的消费,这部分土地收益实际上变成了各级地方政府预算外的收入和开发商的利润。进一步改革土地利用制度,就是要赋予农民更加充分的土地权利,培育农民在土地交易和流转市场中的主体地位,让土地增值的收益更多地转换到农民手中。二是加快户籍制度改革。改变农民工在工资、医疗卫生、养老保障、住房租购、子女就学就业等方面

不能享受与城镇居民同等待遇的二元政策安排的制度基础,以统筹城乡劳动力市场,进一步放宽农民工进城落户条件,从制度层面上解决农民工同城不同权、同城不同待遇的问题。三是加快推进农村金融制度改革。目前农村金融改革试点推进的速度太慢,试点范围太小,没有从制度上解决农村金融结构不合理,农民和农村中小企业贷款难的问题。由于农村金融制度安排不合理,导致农民建房、购置家电、子女上学和婚丧嫁娶缺乏正常的贷款渠道,一定程度上抑制了农村消费。加快农村金融制度改革,争取在"十三五"期间将农村金融制度改革试点扩大到每个县,让每位农民都能享受到金融制度改革的成果。四是全面建立农村最低生活保障制度。加快农村社会养老保险制度的改革试点工作,迅速扩大覆盖面,争取在"十三五"期间完成我省农村社会养老保险制度改革,以消除农民养老的后顾之忧,稳定农民未来支出预期。五是加快推进新型农村合作医疗制度。要进一步提高新型农村合作医疗筹资水平,增加中央和地方政府的补助标准,提高农民大病医疗的报销上限,降低农民的看病成本。六是建立和完善灾害防治机制。我省不少地区灾害频繁,建立一套完整的灾害防范机制势在必行。除了必要的基础设施外,还应建立农业、卫生防疫、气象等相关部门以及保险机构的交流平台,以及多部门合作的灾害快速反应机制、病虫害统防统治体系,以降低农民收入的波动风险。

(四)进一步围绕农村消费结构升级需要,调整投资结构,努力改善农村消费的硬环境和软环境

开发云南农村市场应当坚持硬件建设和软件建设相结合、刺激需求与改善供给相结合的方针。通过农村市场供给和消费环境的改善,农村消费成本的降低,来提升农村消费福利水平,提高农村市场运营绩效。为此,首先,要进一步加快现代综合运输体系建设,同时增加文化、旅游基础设施建设,为扩大农村居民文化、休闲、旅游等服务性消费创造条件。加快新一代互联网基础设施建设,促进三网融合。加大对农村基础设施、教育、卫生等投入,当前云南应切实加快农村电网建设和

改造的步伐,实现城乡用电同价;采取投资主体多元化的做法,采用国家投资和农民集资、参股等多种方式,加强农村道路建设;还要将农村基础设施建设与小城镇建设、新农村建设结合起来,逐步改变居民居住分散的局面,引导农民生产和生活适度集中,提高农村基础设施建设的规模效益。其次,加强农村市场体系建设,扎实搞好"万村千乡"市场工程。在连锁商业下乡试点的基础上,要进一步加大对农村商业网点连锁经营、农资物流配送等项目的支持力度,引导鼓励城市大型商贸流通企业经营网络向农村延伸,采取直销、加盟等灵活方式开办村镇超市、便利店,降低农村市场流通成本和农村居民消费成本。加快推进农村自来水、电气化和路网建设,为耐用消费品大规模、低成本进入农村市场创造条件。最后,建立健全农村市场秩序,保护消费者合法权益。建立健全食品质量安全生产技术保障体系、质量检验监测体系、品牌标识认证体系、社会监督举报体系、质量监管责任体系、质量安全法规体系,加强农村市场的质量安全监管,完善各项监管制度。严厉打击假冒伪劣商品,确保食品、药品质量安全,防止价格欺诈行为,提振农民消费信心。

第二节　云南省农产品加工业的竞争力评价*

农产品加工业是衡量一个工业化国家或地区综合竞争力的重要标志之一。它是农业、工业和服务业之间的纽带,产业关联度高,涉及面广,由于农产品加工业属于劳动密集型行业,因此对广大农村地区的劳动力具有较强的吸纳能力。近年来,云南省农产品加工业总产值逐年创新高,在落实惠农富农政策、提高农民生活、发展农村经济和稳定农业等方面发挥着日益重要的作用。然而,同发达地区相比,云南省农产

* 作者马子红:云南大学经济学院副教授;马兴泉:云南大学经济学院硕士研究生;黄珊:云南大学经济学院硕士研究生。本文是云南省哲学社科基金课题(YB2014030)的阶段性研究成果。

品加工业还存在诸多问题,如生产规模小、技术含量低、品牌效应弱等。其主要原因在于农产品加工业内部结构不合理,高附加值、高技术含量的产业和产品比重偏低,以及各地区的产业优势尚未得到有效发挥、产业竞争力不能在最合适的区域形成聚集效应等问题,直接影响了竞争力的提升。为了更好地发挥云南省高原特色现代农业的比较优势,延长农产品加工的产业链,切实提高产品附加值,有必要对农产品加工业的竞争力进行评价,进而明确产业发展方向,更好地推动云南省农业现代化和新型工业化的协调发展。本节基于产业竞争力理论构建了云南省农产品加工业竞争力评价指标体系,并利用因子分析对云南省 12 个农产品加工行业进行了综合评分,最后,提出了具有针对性的政策建议。

一、农产品加工业的竞争力评价指标体系

从普遍意义上说,农产品加工产业竞争力就是通过对农产品资源进行生产、加工和整合,使加工产品在国际国内市场获得一定的市场份额,并通过对农产品资源的优化配置,使其能够在未来与竞争对手进行角逐,并建立一定竞争优势的能力。现行对农产品加工业的竞争力评价指标种类繁多,且各指标间的关系较为复杂,不能直观地给出地区报告期内的农业发展的整体水平,从而难以对农业经济发展状况进行地区间的横向比较以及特定地区不同时期的纵向比较。产业竞争力是多种因素共同作用的结果,本节在消化吸收和批判借鉴波特的国家竞争优势模型、金培的产业竞争力分析模型以及国家计委宏观经济研究院、中国产业竞争力报告课题组等对产业竞争力评价的基础上,从影响国内产业竞争力的要素角度构建产业竞争力模型,对 2012 年云南省农产品加工业的产业竞争力进行评价和考核。

如果将农产品加工业视为一个系统,那么其产业竞争力指标体系主要包括生产竞争力、资本竞争力、市场竞争力、产业创新力和产业社会竞争力 5 个子系统,根据需要,再对系统细分为二级子系统。根据系

统层次性要求,选择最能反映其特征又具有数据可获得性的指标,便于建立完整的指标体系。选择的指标主要包括:反映生产竞争力的指标由工业总产值、企业个数、成本费用利润率、工业增加值率、全员劳动生产率、产值利税率等6个指标组成;反映资本竞争力的指标由固定资产原值、总资产贡献率、资本保值增值率、流动资产周转率、资产负债率等5个指标组成;反映市场竞争力的指标由产业相对专业化系数、市场占有率、市场化水平、产品销售率等4个指标组成;反映产业创新力的指标由研究开发(Research and Develop,以下简称R&D)人员、研究开发经费、年申请专利数、新产品销售收入等4个指标组成;反映产业社会竞争力的指标由纳税额、纳税额占农产品加工业总纳税额比重、产业就业人数、就业人数占农产品加工业就业人数比重等4个指标组成;共计23个指标(见图3-1)。

其中,几个主要指标的具体计算方法如下:

(1)成本费用利润率。成本费用利润率(%)= 利润总额/成本费用总额×100%。其中,成本费用总额包括产品的销售成本、销售费用、财务费用。

(2)工业增加值率。工业增加值率(%)= 工业增加值(现价)/工业总产值×100%

(3)全员劳动生产率。全员劳动生产率(万元/人)= 工业增加值/全部从业人员平均人数。

(4)产值利税率。产值利税率(%)= 利税总额/工业总产值×100%

(5)总资产贡献率。总资产贡献率(%)=(利润总额+税金总额+利息支出)/平均资产总额×100%。其中,税金总额为产品销售税金及附加与应缴增值税之和,平均资产总额为期初、期末资产之和的算术平均值。

(6)资本保值增值率。资本保值增值率(%)= 年末所有者权益/年初所有者权益×100%

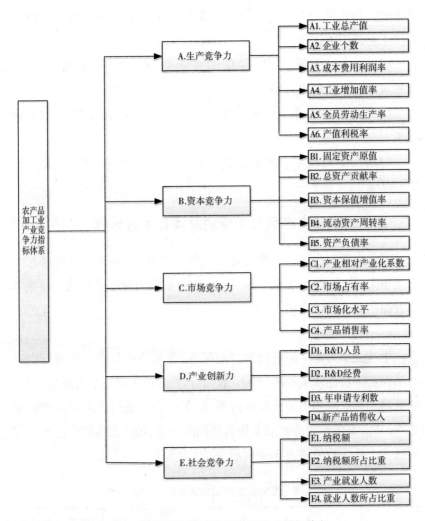

图3-1 农产品加工业竞争力评价指标体系

（7）流动资产周转率。流动资产周转率（次）＝产品销售收入/平均流动资产总额。其中，平均流动资产总额为期初、期末流动资产之和的算术平均值。

（8）资产负债率。资产负债率（%）＝负债总额/资产总额×100%

（9）产业相对专业化系数（也即区位商）。产业相对专业化系数＝

某个地区特定部门产值占该地区工业总产值比重/全国该部门产值占全国工业总产值比重。

(10)市场占有率。市场占有率(%)=区域产业产品销售收入/全国相应产业的销售收入×100%。

(11)市场化水平。市场化水平=(实收资本－国家资本)/实收资本

(12)产品销售率。产品销售率(%)=工业销售产值/工业总产值×100%

二、云南省农产品加工业的总体竞争力分析

对云南省农产品加工业的总体竞争力的分析,本节主要通过对生产竞争力、资本竞争力、市场竞争力、产业创新力和产业社会竞争力5个方面指标来加以说明。①

(一)生产竞争力

生产竞争力是指区域内某产业配置、使用各种经济资源进行生产活动而获得最佳效率的能力。一般而言,产业的生产竞争力越强,该产业就越能有效地利用各种经济资源,显著提高产业的经济效率和技术效率,从而实现产业的低成本和高利润的目标,最终在市场中占有一定的优势。具体数值如表3-4所示。

表3-4　云南省农产品加工业的生产竞争力

	企业个数(个)	工业总产值(亿元)	工业增加值率(%)	产值利税率(%)	成本费用利润率(%)	全员劳动生产率(万元/人)
农副食品加工业	303	412.19	27.3	10.25	8.5	11.82
食品制造业	99	139.26	24.5	10.09	8.0	12.26

① 本文采用的数据均为规模以上的企业数据,其中规模以上企业指的是年主营业务收入为2000万及以上独立核算的工业企业。

	企业个数(个)	工业总产值(亿元)	工业增加值率(%)	产值利税率(%)	成本费用利润率(%)	全员劳动生产率(万元/人)
饮料制造业	115	147.92	36.3	16.5	13.7	10.34
烟草制品业	16	1421.64	68.7	71.2	39.4	240.75
纺织业	21	19.55	24.1	11.4	8.3	4.19
纺织服装、鞋、帽制造业	5	3.50	41.4	18.9	16.1	2.05
皮革、毛皮、羽绒及其制品业	4	5.28	34.7	5.3	4.2	2.46
木材加工及竹、藤、棕、草制品业	68	50.16	26.7	7.5	3.8	5.55
家具制造业	3	0.99	34.3	4.0	3.8	2.57
造纸及纸制品业	64	68.93	30.7	9.8	1.7	12.37
印刷和记录媒介复制业	49	60.03	40.3	24.9	6	18
橡胶和塑料制品业	81	109.79	11.9	30.6	3.8	5.67

资料来源:根据《云南省统计年鉴(2013)》计算整理。

1.企业个数

云南省农产品加工业各子行业的企业总量存在较大差异。2012年年末,全省农副食品加工业的企业达303家,位列第一,占全省农产品加工业企业总数的36.6%。饮料制造业以115家企业紧随其后,占全省的13.9%。[①] 食品制造业、木材加工及竹、藤、棕、草制品业、造纸及纸制品业、橡胶和塑料制品业的企业数量虽然不及农副食品加工业的企业数量多,但各行业的企业数量均超过了60家,合计数占全省农产品加工业企业数量的37.7%。印刷和记录媒介复制业的企业数量为49家,超出了烟草制品业和纺织业的企业数量之和(37家),其中,具有较强垄断性的烟草制品业仅有16家规模以上的企业。另外,纺织

① 云南省统计局:《云南统计年鉴(2013)》,中国统计出版社2013年版,第190页。

服装、鞋、帽制造业与皮革、毛皮、羽绒及其制品业的企业数量仅分别有5家、4家,总和仅占全省的1%。不难发现,云南省规模以上农产品加工业的企业数量相对较少,多以中小型企业和家庭手工作坊为主。

2.工业总产值

2012年年末,云南省农产品加工业的工业总产值达 2439.24 亿元,其中,烟草制品业工业总产值高达 1421.64 亿元,占比超过 50%,是影响最大的子行业。[①] 农副食品加工业的工业总产值为 421.19 亿元,位列第二。橡胶和塑料制品业、食品制造业和饮料制造业的工业生产总值均超过 100 亿元,三者之和相当于农副食品加工业的工业生产总值。印刷和记录媒介复制业、造纸及纸制品业木材工业类的工业生产总值分别为 63.03 亿元、68.93 亿元和 50.16 亿元,均已超过 50 亿元,总和占省的 7.5%。纺织业的工业生产总值为 19.55 亿元,仅占全省的 0.8%。而纺织服装、鞋、帽制造业、家具制造业和皮革、毛皮、羽绒及其制品业所创造的工业总产值非常小,三者的工业总产值之和仅为 9.77 亿元,占全省的 0.4%,仅占烟草制品业的 0.6%。[②]

3.工业增加值率

工业增加值率是指在一定时期内工业增加值占工业总产值的比重,反映降低中间消耗的经济效益。工业增加值率的大小直接反映企业降低中间消耗的经济效益,反映投入产出的效果。工业增加值率越高,企业的附加值越高、盈利水平越高、投入产出的效果越佳。增加值率是一个地区工业企业盈利能力和发展水平的综合体现,其增加值率高低直接决定着一个地区的发展水平和效益水平。2012年年末,云南省烟草制品业的工业增加值率达 68.7%,表明烟草制品业盈利水平高,投入产出的效果非常好。饮料制造业、家具制造业、造纸及纸制品业、印刷和记录媒介复制业、纺织服装、鞋、帽制造业和皮革、毛皮、羽绒

---

① 云南省统计局:《云南统计年鉴(2013)》,中国统计出版社 2013 年版,第 190 页。

② 据《云南统计年鉴(2013)》计算而得。

及其制品业的工业增加值率超过 30%。① 橡胶和塑料制品业工业增加值率只有 11.9%,可见这个行业资源消耗大,无法有效降低中间能耗。

4.产值利税率

产值利税率指在一个时期内部门或企业已实现的利润税金额占同期全部工业总产值的百分比。产值利税率表明每单位工业总产值可提供的利润税金额,利用产值利税率指标进行动态对比,可以反映一定时期内经济效果的大小。2012 年年末,云南省农产品加工业各子行业的产值利税率差异较大,身处垄断地位的烟草制品业的产值利税率高达 71.2%,约是橡胶和塑料制品业的 2.33 倍,印刷和记录媒介复制业的 2.86 倍,纺织服装、鞋、帽制造业的 3.77 倍,纺织业的 6.25 倍,饮料制造业的 4.32 倍。而农副食品加工业、食品制造业、木材加工及竹、藤、棕、草制品业、家具制造业、皮革、毛皮、羽绒及其制品业、造纸及纸制品业的产值利税率均在 4%—11%之间,远远落后于烟草制品业。②

5.成本费用利润率

成本费用利润率是企业一定期间的利润总额与成本、费用总额的比率。它表明每付出一元成本费用可获得的利润,体现了经营耗费所带来的经营成果。该项指标越高,利润就越大,反映企业的经济效益越好。2012 年年末,云南省农产品加工业各子行业的成本费用利润率差异较大。烟草制品业的成本费用利润率以 39.4%高居榜首③;饮料制造业、纺织服装、鞋、帽制造业的成本费用利润率都超过 13%;说明这三个行业的企业为取得收益而付出的代价相对较小;农副食品加工业、食品制造业、家具制造业、橡胶和塑料制品业、印刷和记录媒介复制业、造纸及纸制品业和皮革、毛皮、羽绒及其制品业的成本费用利润率都不到 10%,说明这几个行业的企业为取得收益都付出了较大的代价。

① 据《云南统计年鉴(2013)》计算而得。
② 据《云南统计年鉴(2013)》计算而得。
③ 据《云南统计年鉴(2013)》计算而得。

6.全员劳动生产率

全员劳动生产率是指根据产品价值量指标计算的平均每一个职工在单位时间内的产品生产量。它是考核企业经济活动的重要指标,是企业生产技术水平、经营管理水平、职工技术熟练程度和劳动积极性的综合表现。2012年年末,云南省农产品加工业各子行业中,烟草制品业以240.75万元/人的全员劳动生产率远超其他行业;纺织服装、鞋、帽制造业以2.05万元/人,木材加工及竹、藤、棕制品业的2.46万元/人,家具制造业的2.57万元/人的全员劳动生产率落后于其他行业;剩余子行业的差异并不是很明显①。

(二)资本竞争力

一个产业的发展、生产能力的提高,离不开充足的物质资本、人力资本以及技术设备等的投入,资本竞争力正是从产业的资本投入、生产设备投入角度来反映产业所具有的竞争实力。因而,本节从5个方面来加以描述(见表3-5)。

表3-5　云南省农产品加工业的资本竞争力

农产品加工业类别 \ 资本情况	固定资产原值(亿元)	总资产贡献率(%)	资本保值增值率(%)	流动资产周转率(次)	资产负债率(%)
农副食品加工业	97.50	16.1	118.6	2.3	64.4
食品制造业	15.77	19.0	132.9	3.4	48.2
饮料制造业	40.87	16.1	115.0	1.5	56.8
烟草制品业	336.15	70.9	111.4	1.4	25.4
纺织业	11.19	7.7	108.0	1.3	61.1
纺织服装、鞋、帽制造业	0.75	11.2	225.0	0.8	55.4
皮革、毛皮、羽绒及其制品业	0.52	11.3	403.5	3.8	43.4
木材加工及竹、藤、棕、草制品业	10.87	9.3	180.1	1.8	56.3

① 云南省统计局:《云南统计年鉴(2013)》,中国统计出版社2013年版,第195页。

续表

资本情况 农产品 加工业类别	固定资产原值 （亿元）	总资产贡献率 （%）	资本保值增值率（%）	流动资产周转率（次）	资产负债率（%）
家具制造业	0.86	5.0	84.1	0.9	69.5
造纸及纸制品业	41.90	9.0	95.8	1.5	64.6
印刷和记录媒介复制业	26.10	21.6	104.1	1.4	41.1
橡胶和塑料制品业	23.17	14.9	143.8	3.9	53.4

资料来源：根据《云南省统计年鉴（2013）》计算整理。

1. 固定资产原值

固定资产原值是固定资产取得时的实际成本支出，或以同类资产的市场价格计算的价值。它主要反映企业在固定资产方面的投资和企业的生产规模、装备水平等，同时也是进行固定资产核算、计算折旧的主要依据。2012 年年末，除了家具制造业（0.87 亿元）、纺织服装、鞋、帽制造业（0.75 亿元）和皮革、毛皮、羽绒及其制品业（0.52 亿元）之外，云南省农产品加工业各子行业的固定资产投资均实现了亿元以上的投资规模。其中，烟草制品业以 336.15 亿元高居榜首，占全省农产品加工业固定资产投资的 55.6%。农副食品加工业以 97.50 亿元紧随其后，占全省农产品加工业固定资产投资的 16.1%。之后，分别是造纸及纸制品业（41.90 亿元）、饮料制造业（40.87 亿元）、印刷和记录媒介复制业（26.10 亿元）、橡胶和塑料制品业（23.17 亿元）、食品制造业（15.77 亿元）、纺织业（11.19 亿元）和木材加工及竹、藤、棕、草制品业（10.87 亿元）。①

2. 总资产贡献率

总资产贡献率反映企业全部资产的获利能力，是企业经营业绩和管理水平的集中体现，也是评价和考核企业盈利能力的核心指标。

---

① 云南省统计局：《云南统计年鉴（2013）》，中国统计出版社 2013 年版，第 75 页。

2012 年年末,云南省饮料制造业、纺织服装、鞋、帽制造业、农副食品加工业、印刷和记录媒介复制业、食品制造业、造纸及纸制品业、橡胶和塑料制品业的总资产贡献率分别为 16.1%、11.2%、16.1%、26.16%、19.0%、9.0%、14.9%,分别低于全国平均水平 8.7 个百分点、6.3 个百分点、4.7 个百分点、4.6 个百分点、2.9 个百分点、2.8 个百分点、0.5 个百分点。① 纺织业、木材加工及竹、藤、棕、草制品业、家具制造业的总资产贡献率都不到 9%,低于全国平均水平 10 个百分点以上。这表明云南省农产品加工企业的获利能力、经营业绩和管理能力等均低于全国平均水平,且差距比较明显。

3.资本保值增值率

资产保值增值率主要反映企业资本的运营效益及其安全状况,是评价企业经济效益的主要指标。该指标值越高,表明企业的资本保全状况越好,所有者权益增长越快,债权人的债务越有保障,企业发展后劲越强。资本保值增值率若为 100%,说明企业不盈不亏,实现资本保值;若大于 100%,说明企业有经济效益,实现资本增值。2012 年年末,云南省农副食品加工业、食品制造业,饮料制造业、烟草制品业,纺织业,纺织服装、鞋、帽制造业,皮革、毛皮、羽绒及其制品业,木材加工及竹、藤、棕、草制品业,印刷和记录媒介复制业,橡胶和塑料制品业企业不但实现了资本保值,还使资本分别增值了 18.6%、32.9%、15%、11.4%、8%、125%、303.5%、80.1%、4.1%、43.8%。然而,家具制造业、造纸及纸制品业的资本运营收益及其安全状况并没有得到很好地保证,分别下滑了 15.9%、4.2%。② 这表明云南省农产品加工业的大多数子行业的资本保全状况良好。

4.流动资产周转率

流动资产周转率指企业一定时期内主营业务收入净额同平均流动

---

① 据《中国统计年鉴(2013)》、《云南统计年鉴(2013)》计算而得。
② 据《云南统计年鉴(2013)》计算而得。

资产总额的比率,主要反映投入工业企业流动资金的周转速度。一般情况下,该指标值越高,表明企业流动资产周转速度越快、利用越好。在较快的周转速度下,流动资产会相对节约,相当于流动资产投入的增加,在一定程度上增强了企业的盈利能力;而周转速度慢,则需要补充流动资金参加周转,会形成资金浪费,降低企业的盈利能力。2012年年末,云南省农产品加工业的平均周转次数为2次,相比全国平均水平仅低0.94次,其中,农副食品加工业、食品制造业、皮革、毛皮、羽绒及其制品业、橡胶和塑料制品业的流动资产周转较快,分别为2.3次、3.4次、3.8次、3.9次,表明这些行业的大中型企业经营状况较好,流动资金周转较快,资金的利用率较高。① 饮料制造业、烟草制品业、纺织业、纺织服装、服装业、家具制造业、木材加工及竹、藤、棕制品业、造纸及纸制品业、印刷和记录媒介复制业流动资产周转次数都低于全国平均水平,但都接近于1,表明这些行业的经营状况虽然不佳,但是流动资产周转次数至少不低于1。

5.资产负债率

资产负债率是负债总额除以资产总额的百分比,反映企业经营的风险状况,也反映企业利用债权人所提供的资金从事既定经营活动的能力。如果资产负债比率达到100%或超过100%,说明公司已经没有净资产或资不抵债。一般情况下,资产负债率越小,表明企业长期偿债能力越强,债权人得到保障的程度越高。保守的观点认为资产负债率不应高于50%,而国际上通常认为资产负债率等于60%时较为适当。② 2012年年末,云南省农产品加工业的资产负债率除烟草制品业(25.4%)、食品制造业(48.2%)、皮革毛皮羽绒及其制品业(43.4%)和印刷和记录媒介复制业(41.1%)以外,其他行业都介于50%—65%的正常值区间,其中,农副食品加工业、家具制造业和造纸及纸制品业

---

① 据《中国统计年鉴(2013)》《云南统计年鉴(2013)》计算而得。
② 赵德武:《财务管理》(第二版),高等教育出版社2007年版,第196页。

的资产负债率均高于全国的平均水平(61.3%)。① 这表明云南省农产品加工业企业的资产负债率处于正常水平的范围内,企业偿债能力较强,债权人得到保障的程度较高。

(三)市场竞争力

市场竞争力反映的是产业影响市场和竞争对手的能力,及其对市场的支配程度,该指标值越大表明产业越有可能占领市场并能扩大市场份额。具体的市场竞争力数据如表3-6所示。

表3-6 云南省农产品加工业的市场竞争力

产业市场情况 农产品加工业类别	产业相对 专业化系数	市场占 有率(%)	市场化 水平	产品 销售率(%)
农副食品加工业	0.68	0.88	0.98	93.0
食品制造业	0.72	0.97	0.98	96.3
饮料制造业	0.91	1.16	0.97	90.9
烟草制品业	15.15	20.19	0.83	97.2
纺织业	0.04	0.05	0.84	89.3
纺织服装、鞋、帽制造业	0.02	0.03	0.51	99.2
皮革、毛皮、羽绒及其制品业	0.04	0.06	0.54	94.9
木材加工及竹、藤、棕、草制品业	0.41	0.01	0.69	90.4
家具制造业	0.01	1.30	1.00	88.5
造纸及纸制品业	0.41	0.50	0.45	94.1
印刷和记录媒介复制业	1.13	1.12	0.72	94.1
橡胶和塑料制品业	1.09	2.49	0.96	98.7

资料来源:根据《云南省统计年鉴(2013)》计算整理。

1.产业相对专业化系数

产业相对专业化系数又称为区位商,是指一个地区特定部门的产值在地区工业总产值中所占的比重与全国该部门产值在全国工业总产

———

① 据《中国统计年鉴(2013)》《云南统计年鉴(2013)》计算而得。

值中所占比重之间的比值,主要反映一个产业相对于全国该产业平均水平的专业化程度。该指标如果大于1,可以认为产业是该地区的专业化部门;如果小于或等于1,可以认为产业是该地区的自给性部门。2012年年末,云南省的烟草制品业、印刷和记录媒介复制业、橡胶和塑料制品业的产业相对专业化系数均大于1,说明这三个产业的专业化程度高于全国平均水平,产品在满足本地区需求外还能够输出到其他地区,具有较强的市场竞争力。其中,烟草制品业的专业化程度尤为显著,产业相对专业化系数高达15.15;农副食品加工业、食品制造业、饮料制造业产业相对专业化系数均超过0.5,可以将它们视为云南省的自给性部门。木材加工及竹、藤、棕制品业和造纸及纸制品业的产业相对专业化系数均为0.41,表明这两个产业专业化程度明显低于全国平均水平;纺织业、纺织服装、鞋、帽制造业、家具制造业、皮革、毛皮、羽绒及其制品业等产业相对专业化系数还不到0.1,表明这些产业的专业化程度明显低于全国平均水平,市场竞争力极弱。①

2.市场占有率

市场占有率也称市场份额,是一个企业的销售量(或销售额)在市场同类产品中所占的比重,主要反映企业所提供的商品(劳务)在市场上所处的地位和企业对市场的控制能力,该指标值越高,表明企业的经营能力、竞争能力越强。2012年年末,云南省烟草制品业在全国的市场占有率为20.19%,是全省农产品加工业中市场占有率最高的行业,表明烟草制品业的企业对国内市场有较强的控制能力,并能向国内其他地区进一步扩张。饮料制造业、家具制造业、印刷和记录媒介复制业、橡胶和塑料制品业市场占有率均超过1%,其中,橡胶和塑料制品业的市场占有率为2.49%,在全省农产品加工业中所占比率相对较高,但也并未超过一成,表明橡胶和塑料制品业的企业基本无法向全省扩张。农副食品加工业、食品制造业、纺织业、皮革、毛皮、羽绒及其制

---

① 据《云南统计年鉴(2013)》计算而得。

品业和造纸及纸制品业在全国的市场占有率均未超过1%,其中,纺织业、纺织服装、鞋、帽制造业、皮革、毛皮、羽绒及其制品业、木材加工及竹、藤、棕制品业的市场占有率甚至不足0.1%,表明这些行业大多拘泥于本土化销售,企业及其产品很难走向全国乃至全球。[①]

3.市场化水平

市场化水平反映政府对经济的管制及产权私有的影响程度。2012年年末,云南省家具制造业的市场化水平为1,表明政府并未介入这个行业,完全由民间资本主导。农副食品加工业、食品制造业、饮料制造业、橡胶和塑料制品业的市场化水平也高达0.96以上,说明政府虽有介入这四个行业,但是管制程度较低,市场化水平相对较高。但是,纺织服装、鞋、帽制造业和皮革、毛皮、羽绒及其制品业的市场化程度分别为0.51和0.54,表明这两个行业的市场化程度较低。[②] 另外,由于政府对烟草制品业、印刷和记录媒介复制业的管制比较严格,导致这两个行业的市场化水平相对较低。

4.产品销售率

产品销售率反映工业产品对社会需求的满足程度,该指标可以用于分析企业产品的销售和盈利的整体状况。2012年年末,云南省农产品加工业的产品销售率相对较高,表明各行业企业的产品销售状况整体较好。其中,除了橡胶和塑料制品业(99.2%)和纺织服装、鞋、帽制造业(98.7%)的产品销售率高于全国水平之外,其他所有行业的产品销售率均低于全国水平,但是程度并不明显。这表明云南省农产品加工业大部分子行业的产品销售率虽然都低于全国平均水平,但差异并不是十分显著,毕竟各行业的产品销售率都超过了90%。[③]

---

① 据《云南统计年鉴(2013)》计算而得。

② 据《云南统计年鉴(2013)》计算而得。

③ 云南省统计局:《云南统计年鉴(2013)》,中国统计出版社2013年版,第197页。

(四)产业创新力

美国经济学家波特(1998)认为,产业竞争力的关键是该国(或地区)能否有效地形成竞争环境,推动创新;对国家竞争力起决定作用的产业创新是产业技术创新、管理创新和市场创新的集成。而技术创新作为产业发展的基础,对增强产业效率、提升产业竞争力有着显著影响力。技术研发人员和经费的多少能够体现产业创新力的强弱。本研究着重从产业竞争力的核心因素——产业技术创新来分析研究产业创新力。具体产业创新力的指标数据如表 3-7 所示。

表 3-7　云南省农产品加工业的产业创新力

农产品加工业类别 ＼ 产业创新情况	R&D 人员(人)	R&D 经费(亿元)	申请专利数(件)	新产品销售收入(亿元)
农副食品加工业	180.4	0.59	119	7.55
食品制造业	196.2	0.89	63	10.73
饮料制造业	268.3	1.28	95	10.38
烟草制品业	285.1	5.45	197	30.82
纺织业	34.0	0.04	15	0.61
纺织服装、鞋、帽制造业	—			
皮革、毛皮、羽绒及其制品业	4.1	0.01		0.02
木材加工及竹、藤、棕、草制品业	39.7	0.10	9	0.29
家具制造业				
造纸及纸制品业	141.8	0.34	16	9.88
印刷和记录媒介复制业	351.6	0.79	47	17.78
橡胶和塑料制品业	37.6	0.44	37	6.61

资料来源:根据《云南省统计年鉴(2013)》计算整理。

如表 3-7 所示,2012 年年末,云南省农产品加工业开展了科研活动的行业主要有:农副食品加工业、食品制造业、烟草制品业、纺织业、皮革、毛皮、羽绒及其制品业、木材加工及竹、藤、棕、草制品业、造纸及纸制品业、印刷和记录媒介复制业、橡胶和塑料制品业等 10 个行业,另

外,纺织服装、鞋、帽制造业和家具制造业的科技创新能力和动力明显不足。具体而言:

1.R&D 人员

R&D 人员指参与新知识、新产品、新流程、新方法或新系统的概念形成或创造,以及相关项目管理的专业人员。2012 年年末,云南省农副食品加工业、食品制造业、烟草制品业、造纸及纸制品业、印刷和记录媒介复制业的 R&D 人员最多,分别为 180.4 人、196.2 人、268.3 人、285.1 人、141.8 人、351.6 人;而纺织业、食品制造业、皮革、毛皮、羽绒及其制品业、木材加工及竹、藤、棕、草制品业、橡胶和塑料制品业的 R&D 人员数量均不足百人,表明云南省农产品加工业的总体 R&D 人员投入量具有明显的行业差异。①

2.R&D 经费

R&D 经费指全社会研究与试验发展经费。2012 年年末,云南省烟草制品业的 R&D 经费支出为 5.45 亿元,比其余有科研活动行业的 R&D 经费总和高出了 0.97 亿元,其中,除饮料制造业的 R&D 经费超过 1 亿元之外,其他有科研活动的行业的 R&D 经费均不足 1 亿元。②这表明除了具有明显市场垄断地位的烟草制品业较重视科技研发之外,其他行业的科研投入明显不足,一定程度上限制了农产品加工业的创新发展能力。

3.申请专利数

2012 年年末,烟草制品业年申请专利数达到 197 件,位列全行业第一,这同其 R&D 人员投入和 R&D 经费支出明显具有密切关系;农副食品加工业的年申请专利数为 119 件,位居全行业第二,这和云南省独特的生物资源开发有十分密切的关系;饮料制造业、食品制造业、印刷和记录媒介复制业、橡胶和塑料制品业分别以 95 件、63 件、47 件、37

---

① 云南省统计局:《云南统计年鉴(2013)》,中国统计出版社 2013 年版,第 359 页。
② 云南省统计局:《云南统计年鉴(2013)》,中国统计出版社 2013 年版,第 359 页。

件紧随其后。但是,造纸及纸制品业、纺织业、木材加工及竹、藤、棕、草制品业的年申请专利数都不到 20 件,特别是木材加工及竹、藤、棕、草制品业的年申请专利数仅有 9 件,表明这些行业是云南省农产品加工业中的衰退产业,将逐渐成为农产品加工业结构调整的重点领域。[①]

4.新产品销售收入

鉴于 R&D 人员投入的经费支出和申请专利数的雄厚支撑,烟草制品业于 2012 年实现了 30.82 亿元的新产品销售收入,占云南省农产品加工业新产品销售收入的 32.5%;印刷和记录媒介复制业紧随其后,也实现了 17.78 亿元的新产品销售收入;食品制造业、饮料制造业、造纸及纸制品业、农副食品加工业和橡胶和塑料制品业的新产品销售收入都落在 6—11 亿元这个区间内,差异不是很明显。但是,纺织业、皮革、毛皮、羽绒及其制品业和木材加工及竹、藤、棕、草制品业的新产品销售收入都不足 1 亿元,这与这三个行业的 R&D 人员投入的经费支出和申请专利数较少是密切相关的。[②]

(五)产业社会竞争力

产业社会竞争力是产业在对社会作出贡献及造成影响方面所表现出的竞争力,增强产业社会竞争力能够有效促进社会的稳定和协调发展,同时社会的稳定和协调发展可以为产业发展提供有利的外部环境,促进产业竞争力的提高。因而,本节从四个方面来构建反映云南省农产品加工产业社会竞争力的指标体系(见表 3-8)。

表 3-8　云南省农产品加工业的产业社会竞争力

产业社会竞争力情况 农产品加工业类别	纳税额 (亿元)	纳税额占农产品加工业总纳税额的比重(%)	产业就业人数(万人)	就业人数占农产品加工业就业人数比重(%)
农副食品加工业	42.25	3.74	5.84	25.68

---

① 云南省统计局:《云南统计年鉴(2013)》,中国统计出版社 2013 年版,第 365 页。
② 云南省统计局:《云南统计年鉴(2013)》,中国统计出版社 2013 年版,第 365 页。

续表

产业社会竞争力情况 农产品加工业类别	纳税额 （亿元）	纳税额占农产品加工业总纳税额的比重（%）	产业就业人数（万人）	就业人数占农产品加工业就业人数比重（%）
食品制造业	14.05	1.24	2.44	10.73
饮料制造业	24.42	2.16	3.49	15.35
烟草制品业	1012.84	89.70	4.15	18.25
纺织业	2.23	0.20	0.75	3.29
纺织服装、鞋、帽制造业	0.66	0.06	0.24	1.05
皮革、毛皮、羽绒及其制品业	0.28	0.02	0.20	0.88
木材加工及竹、藤、棕、草制品业	3.76	0.30	1.42	6.24
家具制造业	0.04	0.004	0.06	0.26
造纸及纸制品业	6.77	0.60	1.28	5.62
印刷和记录媒介复制业	15.69	1.40	1.08	4.75
橡胶和塑料制品业	5.73	0.51	1.79	7.87

资料来源：根据《云南省统计年鉴（2013）》计算整理。

1. 纳税额

纳税额反映产业的经济成果及其社会贡献程度。2012 年，云南省烟草制品业的纳税总额高达 1012.84 亿元，约占云南省农产品加工业纳税总额的 89.7%，约为其他农产品加工业纳税总额的 8.74 倍，对社会的贡献程度明显高于其他行业。农副食品加工业、饮料制造业纳税总额分别为 42.25 亿元和 24.42 亿元，仅次于烟草制品业，约占云南省农产品加工业纳税总额的 3.74% 和 2.16%。[①]

食品制造业、印刷和记录媒介复制业的纳税总额为 14.05 亿元和 15.69 亿元，约占云南省农产品加工业纳税总额的 1.24% 和 1.4%。而纺织业、纺织服装、鞋、帽制造业、皮革、毛皮、羽绒及其制品业和家具制造业、造纸及纸制品、橡胶和塑料制品业的纳税总额相对较低，分别为

① 据《云南统计年鉴（2013）》计算而得。

2.23 亿元、0.66 亿元、0.28 亿元 0.04 亿元、6.77 亿元和 5.73 亿元。这是由于这些行业大多属于资源初加工型行业,其产品附加值偏低,导致纳税额占比还不到 1%。[①]

2.产业就业人数

产业就业人数反映产业吸收社会劳动力的能力,是一个企业社会效应的集中反映。2012 年年末,云南省的农副食品加工业、食品制造业、饮料制造业、烟草制品业吸收的就业人数都超过了 2 万人,其中农副食品加工业以 5.84 万人居首,对广大农村区域的就业贡献十分显著;烟草制品业、饮料制造业、食品制造业分别以 4.15 万人、3.49 万人和 2.44 万人紧随其后。这几个行业就业人数占农产品加工业就业人数比重分别为 25.68%、18.25%、15.35% 和 10.73%。相比而言,纺织业,纺织服装、鞋、帽制造业,皮革、毛皮、羽绒及其制品业,木材加工及竹、藤、棕、草制品业,家具制造业,造纸及纸制品业,印刷和记录媒介复制业、橡胶和塑料制品业吸收劳动力就业的能力就明显较弱,吸收的就业人数均不超过 2 万人。特别是家具制造业仅有 0.06 万人从业,纺织业、纺织服装、服装业、皮革毛皮羽绒及其制品业的从业人员也不足 1 万人。这说明云南省农产品加工业的整体就业贡献率相对较低,一定程度上反映了农产品加工业具有产业链条偏短、生产规模偏低、加工程度粗放的发展特征。

三、云南省农产品加工业的子行业产业竞争分析

为了更好地研判云南省农产品加工业的产业竞争力,在分析了农产品加工业的总体竞争力的基础上,我们将利用产业竞争力综合指数对 12 个行业的产业竞争力进行分析。为了避免变量之间存在的较高相关性,确保分析的系统性和严密性,本节主要采用因子分析法对云南省农产品加工业的竞争力进行综合评价。

---

①　据《云南统计年鉴(2013)》计算而得。

对表 3-4、表 3-5、表 3-6、表 3-7 和表 3-8 中的相关数据进行标准化处理后,运用 SPSS19.0 软件加以分析,得到云南农产品加工业各个统计指标的特征根和方差贡献率,见表 3-9。

表 3-9　各因子对应特征根及方差贡献率

成分	初始特征值			提取平方和载入			旋转平方和载入		
	合计	方差的%	累积%	合计	方差的%	累积%	合计	方差的%	累积%
1	14.717	63.985	63.985	14.717	63.985	63.985	13.564	58.974	58.974
2	3.377	14.681	78.666	3.377	14.681	78.666	3.588	15.600	74.574
3	2.166	9.419	88.085	2.166	9.419	88.085	2.445	10.631	85.205
4	1.340	5.825	93.910	1.340	5.825	93.910	2.002	8.705	93.910

注:提取方法为主成分分析法。

从表 3-9 可以看出,根据因子分析提取特征根大于 1 的原则筛选出的 4 个公因子包含了全部数据信息的 93.910%,其中第一个公因子可以解释变量的 63.985%,第二个因子可以解释变量的 14.681%,第三个因子可以解释变量的 9.419%,第四个因子可以解释变量的 5.825%,说明 4 个公因子对原始数据解释状态良好,数据信息保留较充分,这在统计学上是有意义的。为了更清晰地看出各变量在主成分上的载荷,我们对因子载荷做方差最大化旋转,得到旋转后的因子载荷阵,进行筛选后得到表 3-10 的结果。

表 3-10　旋转后因子载荷矩阵

项目　　　　成分	成分			
	1	2	3	4
产业相对专业化系数×12	0.992			
纳税额(亿元)×20	0.992			
纳税额占农产品加工业总纳税额的比重(%)×21	0.992			

项目 \ 成分	成分			
	1	2	3	4
全员劳动生产率(万元/人)×6	0.989			
市场占有率(%)×13	0.989			
R&D 经费(亿元)×17	0.962			
总资产贡献率(%)×8	0.962			
工业总产值(亿元)×2	0.949			
成本费用利润率(%)×5	0.945			
固定资产原值(亿元)×7	0.945			
产值利税率(%)×4	0.927			
工业增加值率(%)×3	0.843			
资产负债率(%)×11	-0.818			
新产品销售收入(亿元)×19	0.787		0.573	
申请专利数(件)×18	0.767	0.571		
产业就业人数(万人)×22		0.930		
就业人数占农产品加工业就业人数比重(%)×23		0.930		
企业个数(个)×1		0.894		
市场化水平×14		0.644		
R&D 人员(人)×16			0.857	
资本保值增值率(%)×9			-0.808	
流动资产周转率(次)×10				0.867
产品销售率(%)×15				0.853

提取方法:主成分分析法。

旋转法:具有 Kaiser 标准化的正交旋转法。

我们将 23 个指标综合起来,就可以发现:(1)公共因子 F1 包含载荷值大于 0.5 而且大于 0.78 的指标有 14 个,包括产业相对专业化系数(x12)、纳税额(x20)、纳税额占农产品加工业总纳税额的比重(x21)、全员劳动生产率(x6)、市场占有率(x13)、R&D 经费(x17)、总资产贡献率(x8)、工业总产值(x2)、成本费用利润率(x5)、固定资产原值(x7)、产值利税率(x4)、工业增加值率(x3)、资产负债率(x11)和新产品销售收入(x19)等。这些指标主要是反映农产品加工业市场的绩效,因此可以将公共因子 F1 命名为"生产竞争力因子"。(2)公共因子 F2 包含载荷值大于 0.5 且大于 0.57 的指标有 4 个:产业就业人数(x22)、就业人数占农产品加工业就业人数比重(x23)、企业个数(x1)、市场化水平(x14)。这几个指标主要反映了农产品加工业在产出方面的社会效益,因此可以将公共因子 F2 命名为"社会竞争力因子"。(3)公共因子 F3 包含载荷值大于 0.5 的指标有 2 个:R&D 人员(x16)、资本保值增值率(x9)。这两个指标主要反映了技术创新和资本增值能力,因此可以将公共因子 F3 命名为"产业创新力因子"。(4)公共因子 F4 包含载荷值大于 0.5 的指标有 2 个:流动资产周转率(x10)、产品销售率(x15)。这两个指标主要反映资本利用和产品销售的状况,因此可以将公共因子 F4 命名为"市场竞争力因子"。

根据主成分的权重公式,计算得 4 个主成分的权重,进而可以计算出云南省农产品加工各子行业因子得分及其综合得分情况,具体数据如表 3-11 所示。

表 3-11　云南省农产品加工产业竞争力综合得分

项目 农产品 加工业类别	生产竞争力因子	社会竞争力因子	产业创新力因子	市场竞争力因子	综合得分	排名
农副食品加工业	-0.45	2.26	0.07	-0.35	1.52	2
食品制造业	-0.36	0.16	0.06	1.32	1.18	3
饮料制造业	-0.30	0.72	0.60	-0.58	0.44	5
烟草制品业	2.65	0.08	0.19	-0.03	2.88	1
纺织业	-0.34	-0.70	-0.59	-1.07	-2.71	10
纺织服装、鞋、帽制造业	-0.41	-0.76	-0.83	-0.71	-2.72	11

农产品加工业类别　　　项目	生产竞争力因子	社会竞争力因子	产业创新力因子	市场竞争力因子	综合得分	排名
皮革、毛皮、羽绒及其制品业	−0.38	−0.47	−0.84	−0.76	−2.45	9
木材加工及竹、藤、棕、草制品业	−0.13	−0.50	−1.72	−0.84	−3.19	12
家具制造业	−0.28	−0.87	−0.52	−0.48	−2.15	8
造纸及纸制品业	−0.49	−0.87	0.68	−0.59	−1.27	7
印刷和记录媒介复制业	−0.34	−0.90	1.69	0.27	0.72	4
橡胶和塑料制品业	−0.24	−0.23	−0.98	1.87	0.42	6

四、云南省农产品加工产业竞争力的总体研判

根据以上的模型和数据,计算出云南省农产品加工业12个行业的竞争力综合评价指数及排名,我们不难发现云南省农产品加工业总体竞争力不高。

总体看来,2012年云南省农产品加工业的产业竞争力评价中,最好的是烟草制品业,其次是农副食品加工业、橡胶和塑料制品业、食品制造业、印刷和记录媒介复制业等,综合评价得分为正值,表明这几个行业在全国具有一定的竞争力。其他的8个行业的综合评价得分为负值,表明这几个行业的竞争力较弱,其中,最不具竞争力的行业是木材加工及竹、藤、棕、草制品业、纺织服装、鞋、帽制造业和纺织业。

从生产竞争力来看,烟草制品业的生产竞争优势明显;木材加工及竹、藤、棕、草制品业、橡胶和塑料制品业、饮料制造业的生产竞争力略强于其他行业,而造纸及纸制品业、农副食品加工业和纺织服装、鞋、帽制造业的生产竞争力比较差,反映出云南省尚未有效利用各种经济资源提高产业的整体经济效益。

从社会竞争力来看,农副食品加工业的优势明显,反映其社会贡献率远超过其他行业,饮料制造业、烟草制品业、食品制造业具有一定的优势,得分均为正值;剩余其他行会的得分均为负。其中,印刷和记录媒介复制业、家具制造业、造纸及纸制品业的竞争力最弱,位居倒数前三名。

从产业创新力来看,印刷业记录媒介复制业、造纸及纸制品业位居前两位,具有明显的竞争优势,符合信息技术革命和节约型社会建设的时代趋势。饮料制造业、烟草制品业、农副食品加工业、食品制造业的得分均为正值,反映出了一定的产业创新力。纺织服装、鞋、帽制造业和皮革、毛皮、羽绒及其制品业位列倒数前两名,表明这两个行业的企业大多属于资源初加工型行业,对技术创新方面不够重视。

从市场竞争力来看,橡胶和塑料制品业、食品制造业和造纸及纸制品业具有较强的市场竞争优势,能够通过扩大销售而不断提升市场份额占有率;木材加工及竹、藤、棕、草制品业、皮革、毛皮、羽绒及其制品业和纺织服装、鞋、帽制造业等行业缺乏市场竞争优势,容易受到市场和竞争对手的影响,对市场支配程度相对较弱。

第三节　以提供安全食品为导向的高原农业经营模式 *

食品安全问题并非一个新命题。也并非是局限于中国某一个地方的个别问题。自21世纪以来,随着食品现代化生产的快速发展、信息沟通效率的大幅提升、食品安全监管脱节等现象的共同出现,加之其影响面的深度与广度,食品安全已然成为中国乃至全球的热点问题。除了加强监管、完善立法和执法、调整市场等措施外,从市场角度而言,将生产安全食品作为一个市场导向,实际上也是食品安全问题给食品市

＊　作者周观琪:云南大学农村发展研究中心讲师、博士研究生。

场带来的一个机会。目前,随着人们物质生活水平的提升、食品消费结构的变化,中国食品市场、特别是高品质的安全食品市场巨大。而食品安全问题的出现则进一步催生了消费者对安全食品的渴求。

安全食品的生产实际上并非易事,天时、地利、人和三者缺一不可。食品的生产原料多为对气候等自然因素极为敏感的农产品,所以"天时"不可缺;生产安全食品需要安全的环境,所以"地利"也不可缺;而"人和"的要求则至少涉及管理者、消费者和生产者。从管理的角度看,需要一套完善合理的食品安全监管法规制度,以及配套执行的高效体系;从需求的角度上看,需要消费者对食品的期望客观合理,并对食品安全有相对客观的判断力;而从生产的角度上看,则需要食品生产者配套相应的生产条件、有效的道德约束,以及负责任的食品危机应对策略。由此看来,安全食品的生产需要多因素的有效协同配合。

安全食品的生产尽管不易,但中国存在巨大的市场空间。能够提供安全食品的生产者(或地区)就能占得市场先机。本节从介绍中国目前食品安全问题入手,分析由此催生的市场潜力与机会,继而进一步探讨云南省的食品生产者应该通过高原农业经营模式适应性创新,在把握市场机会的同时,提高高原农业生产者的竞争力,形成更加合理和可持续的竞争格局和发展模式。

一、中国食品安全问题与市场潜力

食品安全问题并非一个新的问题,也并非只存在于中国。早在古罗马时期,食品添加剂就被应用于美化红酒的色泽①,而在 19 世纪的英国,劣质的食品原材料也被用于啤酒、面包、白兰地、奶油、橄榄油和咖啡等食品中。② 现代此类的报道依然不少,如英国食品委员会曾报

---

① Sumar, S., Ismail H., "Adulteration of Foods—Past and Present", *Nutrition & Food Science*, Vol.95, No.4, 1995.

② Brone C.A., "Life and Chemical Services of Frederick Accum", *Journal of Chemical Education*, No.2, 1925.

道:"由于经济利益的驱使,非法商贩在肉类中添加水以增重的做法给消费者带来了巨大损失。每年英国消费者为在培根、火腿等肉类中非法添加的至少4662吨水分买单。"①近年来,欧洲市场也传出了马肉充当驴肉卖的丑闻。由此可见食品安全问题是一个遗留时间较长的世界性问题。

食品安全问题在中国也并非新问题,并且食品安全事件爆发的频率也并不乐观。根据在中国知网的关键词全文搜索②,1950年至2004年有记录的食品安全事件共有364起。③ 这些食品安全事件多为食品卫生问题和集体食堂食物中毒事件,事件的爆发往往有着很强的区域性,且影响范围不大,其中由于主观人为因素造成的食品安全事件非常少。在这一阶段,有关食品安全问题治理的法案也在不断出台完善。其中最具代表性的为1982年第五届全国人民代表大会通过的《中华人民共和国食品卫生法(试行)》。④ 这是我国第一部有关食品安全方面的法律,既显示了食品安全问题影响的深度与广度,也表明应对食品安全问题的紧迫性。

自2004年以后,食品安全问题的爆发频率出现了可怕的增长,且其产生的后果之恶劣、影响范围之广泛也是前期无法相比的。其中,2008年曝光的以三鹿为代表的三聚氰胺奶粉事件成为一颗重磅炸弹,使得中国的食品安全问题成为国内乃至国际舆论中的热点问题。与此同时,由于信息披露愈发的及时和信息渠道的多样化,2004年以来有

---

① Food Quality News, "Survey Finds Branded Meat Pumped with Water", Food Quality News, http://www.foodqualitynews.com/Public-Concerns/Survey-finds-branded-meat-products-pumped-full-of-water.

② 由于2004年以前,媒体报道的有关食品安全的事件都不够系统,为了统一数据口径,所以本节采用了对知网进行关键词全文搜索的方式来获得数据。尽管数据中会有遗漏,但依然有足够代表性。

③ Yunxiang, Yan, "Food Safety and Social Risk in Contemporary China", The Journal of Asian Studies, Vol.71, No.3, August 2012.

④ 全国人大常委:《中华人民共和国食品卫生法(试行)》,1982年,载于 http://www.npc.gov.cn/wxzl/gongbao/2000-12/06/content_5004417.htm。

关食品安全的报道层出不穷。与 2004 年以前的食品安全事件相比，2004 年以后的食品安全事件呈现出诸多新特点。

首先，食品安全事件的影响范围不断扩大，后果严重。截至 2008 年 12 月，三聚氰胺奶粉导致全国 29 万儿童出现肾结石、肾衰竭等不同类型肾损伤疾病；2004 年安徽阜阳的劣质奶粉使得至少 12 个婴儿丧命；当人们还寄希望于将地沟油变成能源的时候，2010 年报道称每年有 300 万吨地沟油回流到中国人的餐桌上；2011 年，全国知名肉制品品牌双汇被曝光违法使用含瘦肉精的猪肉原料；2013 年 3 月，黄浦江上总共漂过 10395 头死猪，让人不得不思考这些死猪的由来和曾经的去处；同年，"镉大米"成了一个新名词，让消费者开始警惕并担忧每天都要吃的主食。这些食品安全事件所形成的后果远比 2004 年以前的同类事件要严重，且影响范围非常广泛，后续的治理也异常困难。

其次，食品安全事件中的主观人为因素增加。2004 年之前出现的食品安全事件多为食品卫生问题，主要是在食品加工操作不当、公共食堂食物中毒、误食过期食品等原因。其中不乏一定的主观因素，如使用过期原料等。但 2004 年以后的食品安全事件，很多是因为经济利益的驱使而人为制造的食品风险。诸如为了提高奶制品蛋白检测量，从而获得较高收购价而添加三聚氰胺；将杂肉利用化学黏合剂冒充羊肉进行高价销售；还有更多的案例中，都涉及商贩为了食品有更好的卖相或口感，添加非食品添加剂或过量使用食品添加剂的行为。人为风险已经成为现代食品安全问题中的主要风险。

再次，食品安全问题的种类多样化、复杂化。由于食品生产环节的增加、工艺的复杂化，以及食品风险中人为主观因素的增加，食品安全问题的种类也变得更加多样化。在 2004—2013 年这十年间，各类媒体中有关食品安全的报道超过两万起，这些报道中的食品问题大致可以分为以下七类：使用非食品添加剂或过量使用食品添加剂、食品掺假或造假、合法生产者生产劣质食品、未取得资质的非法生产者生产劣质食品、死亡原因不明的动物销售、使用存在安全隐患的食品包装、以及来自生产地有污染源的食品。以上分类中还有未能涵盖到的一些其他食品安全问题，诸多的食品安全问题带来了前所未有的巨大挑战。

最后，食品安全问题的应对和解决愈发的困难。这种困难主要来源于几个方面：第一，由于食品加工的链条在现代化、细分工的生产环境下不断增长，造成食品风险可能产生的环节增多，因此治理食品问题要覆盖的范围会变得更大，需要投入的资源也会更多；第二，食品安全风险中大量人为因素的出现，使得食品犯罪的治理更加困难；第三，由于信息流通快，食品风险信息发布的不及时、虚假信息的鱼龙混杂都会使得消费者对监管者丧失信心，从而进一步增加食品安全治理的难度；第四，某些类型的食品安全问题，诸如"镉大米"，由于生产资源的有限性、污染减少或清除的时间性等问题，这类食品风险的应对和解决尤为困难。

食品安全问题已经上升为中国民众最为关注的问题之一，解决食品安全问题需要多方面的共同努力。目前大量的关注点放在了食品安全问题的监管方面，这一点无可厚非，之前的食品安全问题确实也暴露了在食品监管环节的诸多问题。自2009年第一部《中华人民共和国食品安全法》出台以来，相关的食品安全规则和执行细则纷纷被制定或修订，对应的执行体系也在进一步完善。

诸多的食品安全问题暴露了食品生产和监管的问题，但也显示了一个巨大的安全食品市场。对于生产者而言，中国现有的食品安全现状一方面对他们提出了更高更严的要求，但换一个角度看，对于能够达到更高更严要求的生产者，他们无疑拥有着一个潜力巨大、机会丰富的市场。随着全球化的推进，各类进口的商品纷纷进入中国市场，特别是乳制品和保健食品，这满足了一小部分中国消费者对安全食品的市场需求。但对于消费需求巨大的基础食品而言，这部分市场还是需要更多中国的食品生产者来提供。

二、高原农业经营的优势

高原农业经营有其自身的特点和优势。就云南省的高原农业而言,虽然山地面积大,不具备大规模农业生产优势,这对农业经营的产出和效率会有一定影响。但云南省高原农业经营有其自身的特点,这些特点为安全食品的生产奠定了重要基础。

(一)高原农业经营的环境优势

云南省气候具有多样性。云南省气候有北热带、南亚热带、中亚热带、北亚热带、暖温带、中温带和高原气候区七个类型,同时兼具低纬气候、季风气候、山原气候的特点。这样的气候特点导致云南省气候区域差异大,垂直变化明显,而这为种养殖的多样化发展提供了一定的有利条件。同时,云南省平均年温差小、日温差大、降水充沛、干湿分明,这样的气候特点也满足了部分特定农产品生产的需求。

云南省的整体环境较全国而言有一定优势。安全食品生产中很重要的一个条件就是环境的安全性,而环境污染给安全食品生产带来的影响是长期且难以清除的。过去中国经济的飞速发展,使得目前全国的环境污染问题不容乐观,云南省环境污染问题同样严峻,特别是一些矿产区,环境污染问题较为突出。但总体而言,由于云南省工业相对落后,整体环境虽然同样存在污染问题,但较经济发达地区而言,污染程度较轻。《2013 年度云南省环境状况公报》从水环境、自然生态环境、大气环境、声环境、湿地公园、自然保护区和高原湖泊对云南省环境进行了评估。就与农产品生产紧密相关的环境因素而言,评估显示云南全省河流水质为轻度污染,总体稳定,全国六大水系中云南省主要水系污染较轻,且九大高原湖泊水质保持稳定,泸沽湖、洱海和抚仙湖水质达到优及良好标准;同时云南省大气环境较好,按日均污染浓度评价,全年达标天数在 300 天以上,其中昆明达标天数达到 333 天,达标率为 91.2%。

此外,土壤作为农产品生产一个高度依赖的条件,云南省也略有优势。从 2014 年 4 月 17 日国家环保部和国土部联合发布的《全国土壤污染状况调查公报》来看,尽管全国土壤总体不容乐观,耕地土壤环境质量堪忧,但云南省不在土壤污染较重的区域之内。从污染分布情况看,中国南方土壤污染重于北方;长三角、珠三角、东北老工业基地等部分区域土壤污染问题较为突出,西南、中南地区土壤重金属超标范围较大;镉、汞、砷、铅四种无机污染物含量分布呈现从西北到东南、从东北到西南方向逐渐升高的态势。[1] 与此同时,云南省环境保护部门积极加强对新增土壤污染的控制。2014 年 7 月 4 日,云南省土壤环境保护和综合治理联席会议第一次会议在昆明召开,会议指出了 2014—2015 年云南省土壤环境保护和综合治理的重点,强调严格控制新增土壤污染、划定土壤环境保护优先区域和土壤污染重点治理区、强化被污染土壤的环境风险控制等七个方面重点工作。至 2015 年年底,云南将建立省土壤环境重点实验室,基本建成全省土壤环境质量监测网,以及土壤环境质量定期监测制度。[2] 由此可见,云南省相对清洁的环境、完善的配套措施以及对环境问题的高度重视,为安全食品的生产提供了良好的环境基础。

(二)高原农业经营的产品优势

云南省有着得天独厚的自然光热条件,适宜农作物和经济作物多季生长。许多作物一年可种植两到三季,尤其是冬春季节,各类蔬菜、水果产出旺盛。而有着"植物王国"之称的云南也具备了明显的物种等优势。集合了云南的气候、生态、物种等优势,云糖、云茶、云菜、云果、云花等优质食品品牌已经闻名中外,各地都不乏富有特色和优势的产品。而高原农业生产的特色农产品,不仅受到云南本地和国内其他

---

① 中华人民共和国环境保护部、中华人民共和国国土资源部:《全国土壤污染状况调查公报》,2014 年 4 月 17 日,第 2 页,载于 http://www.mlr.gov.cn/xwdt/jrxw/201404/P020140417573376167417.pdf。

② 胡晓蓉:《云南省土壤环境保护和综合治理联席会议召开》,《云南日报》2014 年 7 月 6 日。

地区消费者的欢迎,云南省出产的农产品也成为带动当地出口的主力军。其中不少农产品已经变成云南高原农业经营的品牌名片,如遮放贡米、摩尔农庄、蒙自石榴、滇红集团、大益普洱、帝泊洱茶珍、后谷咖啡、易门野生菌、文山三七、昭通天麻、锦苑花卉等。

云南蔬菜已使全国多地消费者受益。出产的蔬菜具有品种多、品质高、品相好、天然无污染、绿色生态无公害、反季冬早蔬菜等鲜明特色,受到全国广大消费者欢迎。目前"南菜北运"项目在云南试点 3年,投入资金 2 亿元,提升了基础设施的建设,满足了国内更多消费者对优质安全蔬菜的需要。同时,云南省蔬菜还受到海外消费者的欢迎,仅 2014 年 1 月至 7 月,云南省蔬菜出口达 22.6 亿元,同比增长 20.6%。①

云南出产的果品也颇受国内消费者的青睐。云南气候兼具低纬气候、季风气候、山原气候的特点,水果种类繁多,各种时鲜水果四季不断,昆明街头常年都有供应。著名的果品有:景谷象牙芒果,新平、元阳、元江、潞江坝产的菠萝,红河、玉溪、思茅、德宏产的芝麻蕉、天宝蕉、矮脚蕉,河谷区的菠萝蜜、酸角,呈贡的宝珠梨,富民的大树杨梅,昭通的青苹果,昆明郊区的黄桃,昆明、陆良产的桃李,会泽、蒙自的石榴等。而近年来,"云冠"牌褚橙荣登榜首。从 2002 年的第一颗褚橙之树,到2012 年 11 月褚橙大规模进入北京市场大获好评,再到 2014 年"一橙难求"、太火爆以至于被模仿,褚橙已经成了全国水果市场上的新宠。除了褚橙本身的高品质,其背后的传奇励志故事和卓越的营销策略之外,"云冠"品牌以哀牢山无污染的优良种植生态环境、绿色安全的种植理念打造了高品质安全食品的王牌,也成为吸引消费者的重要原因。

云南省独特的气候和环境条件还孕育了一大批特色食品。例如,西双版纳、普洱、临沧、保山等地都有出产的普洱茶,因其与众不同的口

---

① 商务部驻昆明特派员办事处:《云南高院特色农产品出口增长趋旺》,2014 年 8月 28 日,载于 http://www.mofcom.gov.cn/article/resume/n/201408/20140800713445.shtml。

感和卓越的保健功效成为了茶叶市场上的明星,且不同茶区的普洱茶还呈现出不同的特点和口感,使得单一的普洱茶品种有了多样化的选择①;云南的小粒咖啡被国际咖啡组织评价为哥伦比亚湿法加工的小粒咖啡,为世界上最高品质的咖啡,主要出产于海拔800—1800米的山地,如云南的临沧、保山、思茅、西双版纳、德宏等地州,小粒咖啡卓越的品质还吸引了雀巢、星巴克将云南作为咖啡原料的供应地②;云南也成为有着苛刻生长气候和地貌要求的野生菌类之家,出产的野生菌占了中国食用菌的三分之二,占全世界食用菌的一半以上,而野生菌鲜美的口感和丰富的营养也使其成为了国内外消费者餐桌上不可多得的美味。③ 除此之外,云南出产的香料及油品、三七天麻等保健食品、食用花卉等高品质食品也进一步印证了以提供安全食品为导向的云南高原农业经营模式之高度可行性。

(三)高原农业经营的模式优势

云南省森林资源丰富,环境资源较为优越,这既为林下经济的开发注入了更多自然的元素,又为将来可持续循环农业的发展打下了基础。云南是全国空气质量最好的省份之一,天然林面积达891.42万公顷,人工林面积达449.26万公顷,均在全国名列第四位。④ 在云南发展林下经济,主要侧重于特色农产品的种养、食品开发,包括林下食品、林下药材、林下养生、林下旅游、林下畜牧等。高原农业林下经济出产的食品涵盖茶叶、杨梅、蓝莓等水果,以及鲜切花卉等。仅以花卉为例,云南的鲜切花占国内市场的70%以上,出口近40个国家和地区,花卉产业总产值300亿元。云南有可食用花卉700多种,鲜花饼、鲜花食品已经

---

① 刘艳丽、闵庆文、沙丽清、汪云刚、计云:《古茶园的生命世界》,《世界遗产》2012年第4期。

② 王玉辉:《云南德宏州咖啡高原特色产业发展现状及对策》,《农村经济与科技》2014年第5期。

③ 刘婷:《云南野生菌产业发展现状、问题及对策》,《当代经济》2014年第19期。

④ 四川林业网:《我省森林面积1703.74万公顷 居全国前列》,2014年3月3日,载于 http://www.sc.gov.cn/10462/10464/10465/10574/2014/3/3/10294629.shtml。

成为云南的特色产品。

云南省农业经营的规模适合发展庄园经济。受地理环境限制,高原农业难以按平原地区的大规模模式发展。而较小规模、富有特色的高原农业经营模式,恰好为庄园经济的发展提供了合适的资源。与此同时,云南是旅游大省,旅游基础能够最大限度推动区域农业特色化与产业化发展。在庄园经济发展的过程中,丽江市无疑是一个很好的示范。丽江市玉龙县有四个精品庄园被省市列为扶持项目,分别为拉市雪桃庄园、雪山农场庄园、丽江美鲁精品庄园、大具油橄榄精品庄园,而每一个庄园都将特色安全食品的生产与农业旅游有机结合。其中,雪山农场庄园总投资约 4.6 亿元,计划开发休闲农业 11 个子项目,主要包括特色水果品种资源圃观光及采摘区(百果园)、特色高山花卉区(百花园)、特色中药材种植观赏区(百草园)、特色农业高技术示范区、丽江世居少数民族农业文明及文化展示展馆、特色农产品加工示范参观区、都市休闲农业区、特色山珍生态餐饮区、教育农园等。① 这样的庄园经济发展模式,一方面可以提供特色安全食品,另一方面庄园自身能为旅游开发项目提供配套的资源,能够更好地将市场导入乡村,从而进一步推动高原农业经营的升级和发展。

此外,云南农业经营的规模和特色,还在不断尝试其他经营模式。由于安全食品的供应和需求不对等,社区支持农业(Community Supported Agriculture,以下简称 CSA)在很多环境污染较为严重的大中型城市已经小有规模。而云南很多城市周边有着丰富且污染相对较小的乡村资源,对于尝试社区支持农业有一定的有利条件。尽管 CSA 存在成本较高、有一定风险性等现实问题,会对其推广产生一定阻碍,但这样的经营模式在提供安全食品的同时,也让社区、消费者参与到安全食品的生产过程中,这种互动有利于消费者认识到食品生产的不

---

① 和相武、赵飞:《建设"高大上"庄园经济　打响高原特色农业品牌》,《丽江日报》2014 年 5 月 5 日。

确定性和对外部环境的敏感性,从而帮助消费者建立较为客观的安全食品观念。而这种观念的构建对于改善中国食品安全问题有着重要意义。

(四)高原农业经营的政策优势

经过高原特色农业战略的实施,云南省的高原农业经营有了跨越式的发展。至2014年,云南高原农业经营吸引了大规模的投资热潮和一批批的农业种养加工大型企业,同时多样化的电商平台和物流渠道也广泛被使用。与此同时,更多支持和推动高原农业经营的政策也在频繁出台、不断叠加,力度不断加大。

云南高原农业经营所生产的安全食品"走出去"需要相应的平台支撑。从2013年起,由政府牵线,云南农业企业纷纷尝试网络直销,开启了高原特色农产品行销全国乃至全球的电商时代。2014年1月,云南高原特色农产品展示中心在昆明成立,首批200余种高原特色农产品线上、线下闪亮登场。[①] 该中心通过展示中心、电子商务平台、实体销售店"三位一体",整合云南省优势特色农副产品资源,对接前端生产和终端消费,构建线上线下结合和互动的展示、营销平台,促推云南高原特色安全农产品走出深闺、走向市场。生产的农产品虽然优质、安全,但很多农牧企业规模小、销售渠道有限、营销手段较为落后,而这样的尝试能有效规避这些问题,更好地整合云南高原农业经营的资源。

针对高原农产品小、散、杂的特点,云南省还积极实施标准化战略来推进高原农业的发展。在过去的几年中,云南省委省政府积极推动农业标准化战略。截至2014年7月,云南省建立了烟草、花卉、林业、咖啡、桑蚕、橡胶、食用菌、木本油料、香料油、马铃薯等重点产业包括产地环境、种子种苗、农业投入品、生产技术规范、检验检测的技术标准体

---

① 吉哲鹏:《云南为高原特色农产品建立"三位一体"展示中心》,新华网云南频道,2014年1月14日,载于 http://www.yn.xinhuanet.com/newscenter/2014 - 01/14/c_133042900.htm。

系;制定或修订农业地方标准 490 余项,地方农业规范 1000 余项,农业生产技术章程和技术要求近 5000 项,覆盖了农业生产、加工、流通全过程;同时还建设国家级农业标准化示范区 127 个,省级农业标准化示范区 59 个,涉及全省 120 多个县(区、市),涵盖了粮食、畜禽、水产、蔬菜、水果等大宗农产品和各地优势、特色农产品,有效地促进了科技成果的转化;积极组织农业标准的宣传与贯彻,带动广大农业从业人员实施标准化生产,提高生产效率。① 标准化战略的实施使农业生产、农产品加工、农产品流通、农业观光旅游等环节形成有机结合。而农业标准化示范区建设坚持人与自然和谐共处的良好生态农业发展,尊重自然规律,保护生态环境,进一步提升了安全食品生产的条件和环境。

此外,云南省在推动高原农业经营的过程中,还不断出台政策来扩大云南品牌影响力,调整优化高原农业结构;提升农业设施保障能力,改善农业生产条件;加大科技支撑能力,增强农业科技服务水平;激发创新驱动能力,全面深化农村各项改革。

三、以提供安全食品为导向是云南高原农业经营的必然选择

(一)高原农业经营提供安全食品是市场导向使然

食品安全是百姓安居乐业的基本保障条件,在食品安全问题堪忧的今天,安全食品必然有其庞大的市场。纵观历史,很多国家在发展过程中都曾遭遇过食品安全问题集中爆发的阶段。而在此之后,需要食品生产者、消费者和监管者共同努力,食品安全才能进入一个相对稳定的阶段。中国也不例外,食品安全问题的爆发暴露了多个参与主体的不足,也涉及了整个生产环境和道德约束的问题。食品安全的改善,还需要多方努力,经历一定的时间周期。

---

① 傅小冰:《云南实施标准化战略积极推进高原特色农业发展》,农博网,2014 年 12 月 16 日,http://news.aweb.com.cn/20141216/580105588.shtml。

安全食品既然有庞大的市场,云南高原农业经营就应该把握住这个市场方向。食品生产者必须能够率先利用有利环境、加强道德约束,生产达到安全食品标准的产品,无疑能够占领市场先机。云南高原农业经营由于地理条件、观念意识、农户规模等因素的制约,在大规模生产条件下并没有竞争优势。但云南具备气候条件优越、环境污染相对较小、特色产品繁多、有对应政策支持等有利条件,因此高原农业经营者就应该利用这些有利条件,并根据市场导向,朝着生产安全食品、特色食品、高品质食品的方向去发展。

(二)高原农业经营需要可持续发展

符合市场导向的云南高原农业经营还为可持续发展奠定了基础。安全食品的生产要求不仅对食品品质有所保障,而生产过程本身也要求对环境尽可能无害。比如,安全农作物的种植不能施加过多的农药化肥,这样的做法对土地也是一种可持续的利用和保养;食品的加工过程应该尽可能地保持其营养,并按照标准合理使用添加剂,这也会降低生产者给环境带来的危害。如果从更高的要求来看,安全食品不仅要求一定的品质和安全性,还要求其天然性和有机成分,而这类食品的生产是要以保护自然环境、保持生态平衡、保持生产过程中各个参与主体的协调为前提的。对于生产者而言,能达到这样的前提,其生产过程不仅对环境无害,还能为修复环境、最大化维持生态平衡作出积极贡献,同时也为展开循环农业奠定了基础。

生产安全食品将会对高原农业经营者提出更高的要求。云南高原农业经营有很多不足之处,如规模小、农户分散、机械化程度低、营销策略落后、农村金融不够发达等。提供安全食品,不仅是对产品品质提出了要求,更是对生产者提出了要求。在这样的市场导向下,云南高原农业经营者只有逐步升级自身生产的软硬件基础,并配合政策,才能在安全食品市场中赢得一番天地。这样的一个过程会让部分高原农业经营者面临挑战、困境,但生产者和产业调整的短期阵痛有利于未来云南高原农业经营的长足发展。

四、云南高原农业之展望

根据 2014 年《中国民生调查报告》显示,中国目前至少有三分之一的百姓对食品安全问题表示担忧[1],而过去十年里中国爆发的食品安全危机也足以说明,食品安全问题的解决势在必行。食品安全性的提升是一个过程,且需要食品安全监管者、生产者和消费者的共同努力。在这一过程中,人们对安全食品必然有着强烈的需求,庞大的安全食品市场就需要由具有相应生产条件、生产优势和道德约束的生产者来填补。云南高原农业的经营者应该朝着这个市场导向去发展。

云南省的农业并不具有传统意义上的竞争力,但在生产安全食品上,却是存在有利条件的。把云南高原的好山、好水、好空气升华为"高原出产"的绿色精华、安全食品,与世人分享,这不仅是高原农业经营的梦想,也是云南促进传统农业向现代农业加速转变,提升现代农业发展质量效益的重头戏。提供安全食品的同时,云南不仅能够充分利用高原农业经营的有利条件,还能在这个过程提升生产者的竞争力,让高原农业经营者与安全食品更好地磨合。而这个过程的大浪淘沙,也将为云南高原农业向未来的可持续、循环农业的方向发展夯实基础。

第四节 创新服务高原农业的农村金融[*]

高原农业发展中存在着二元金融格局,既有受中央银行监管与金融法规约束的正规金融,又有活跃于广大农村、游离于中央银行监管之外的民间金融。民间金融具体包括比较规范的民间自由借贷和小规模的企业集资,同时还包括不规范的高风险合会、地下钱庄等形式。由于存在一些违规行为,人们更多地考虑构建正规金融机构对其进行取代,

---

① 谢耘耕:《民调蓝皮书:中国民生调查报告(2014)》,社会科学文献出版社 2014 年版,第 17 页。
* 作者娄峰:云南大学经济学院副教授。

但是现实是民间金融不但没有消失,反而渗透到了农村的每一个角落。据全国农村固定观察点调查资料显示,2011 年,在 20842 个样本户中,农户在银行、信用社的贷款仅占贷款总额的 26.1%,其余均来自于民间金融。① 近年来民间金融的发展还出现了与正规金融相互合作的趋势。② 由此,我们设想在农村民间金融与正规金融之间建立"垂直"连接而不是传统的水平连接③,并通过垂直管理,规范民间融资行为,可能更有助于农村经济主体福利的提高。

一、农村金融体系的重构

传统的农业信贷理论认为,农业是一个弱质产业,自然、经济风险高而经济效益低,追求利润目标的商业金融不可能将大量资金投向农业。农户投入不足、农业生产效益低,又不利于资金的流出,这样的恶性循环,使农户始终处于"贫困陷阱"之中,农业得不到发展。因此,如果任由市场机制自发调节,长期来看,资金将不会流入农业领域,从而危及农业的基础地位,这就需要由政府来主导构建农村金融体系。但是现实发展却证明,政府主导的正规金融不但没有满足农村的融资需求,相反还使资金从农业领域流向了非农领域;而农村民间金融以其灵活多样的形式,较低的融资交易费用,满足了农村不同阶层的融资需求,从而在广大农村地区有着顽强的生命力。进一步分析两者的优势与不足,将有助于我们构建更有效的农村金融市场结构。

(一)正规金融的不足

1.不完全信息

完全信息是新古典经济学的一个基本理论预设,在这一理想模式

---

① 中央财经大学课题组:《中国地下金融已近一万亿之巨,东北成为新灾区》,《中国新闻周刊》2012 年 1 月 20 日。

② 左臣明、马九杰:《正规金融与非正规金融关系研究综述》,《农业经济导刊》2006 年第 4 期。

③ Bose,P.,"Formal-informal Sector Interaction in Rural Credit Markets",*Journal of Development Economics*,No.2,1998.

下,正规金融机构能确切知道需要贷款支持项目的风险和成功概率,也能预见农户未来偿还贷款的能力。然而,现实中上述的理想状态是不存在的,即实践中可获得的信息是不完全、不对称的。伯杰(Berger)和赫尔(Hell)将银行基于不同种类信息的贷款开发技术分为四种:财务报表型贷款(基于财务信息)、抵押担保型贷款(基于抵押品数量和质量)、信用评分技术(基于客户信用记录)和关系型贷款(基于借款者相关信息的积累)。前三种技术所涉及的信息是易于识别、量化和传递的"硬信息";而关系型贷款所涉及的信息是难以识别、量化和传递的"软信息"。[①] 很显然,正规金融在收集和处理公开信息上具有优势。我国农户家庭经营规模小决定了用于家庭生活、生产方面的贷款数额小,农户贷款需求季节性强,他们希望贷款手续简便、灵活、及时。这一现实决定了广大农户的贷款大多是关系型贷款,缺乏银行需要的"硬信息";另外,由于土地和住房被禁止用于抵押,因此个体农户缺乏高质量的抵押品。这些因素导致了银行在处理小额农村贷款方面具有很高的平均成本。

2.正规金融机构了解和掌握农户私人信息成本过高

我国农户不仅数量巨大,且在地域上高度分散,使得金融机构要获得农户能否及时偿还贷款的私人信息需要付出高昂的成本,这使得正规金融机构的单位贷款成本过高。

3.正规金融机构对农户缺乏有效的促进还贷的激励机制

信息的不对称会诱发道德风险,借款农户会尽可能隐匿真实信息,而将借款挪用于高风险项目,或者赖账。在促进还贷上,正规金融主要依靠国家法律系统为主的强制力,这就要求借款者能够提供相当数量的抵押品以增强银行对个人的约束能力。但农户缺乏真正意义上的抵押品,并且中国司法执行能力有限,这很可能会使银行陷入"赢了官司

---

① Allen N. Berger, Gregory F. Udell, "Small Business Credit Availability and Relationship Lending:The Importance of Bank Organizational Structure", *Economic Journal*, Vol.12, February 2002.

拿不到钱"的尴尬境地。

总之,以政府为主导的正规金融很难将其融资功能扩展到广大的农村地区,但其吸储功能却能发挥作用,使原本就十分稀缺的农村资金大量外流,加速了农村资金的"非农化",使得广大农户陷入了发展的"金融贫困"之中,而农村民间金融的盛行填补了正规金融退出农村地区后所形成的"制度真空"。

(二)农村民间金融的优势

1.内生性与基层性

农村民间金融内生于农村经济,是人们顺应形势、自发创造出适合自己需求的金融制度和工具。内生性决定了民间金融具有更强的适应能力。另外,民间金融的主体都来自于基层,主体的基层性决定了其信息优势,能够在一定程度上解决正规金融机构所面临的信息不对称问题。民间金融的一个突出特征是由乡土社会内生决定的,借贷活动通常以亲戚、朋友等亲缘、乡缘关系为依托,在一个既定的人际关系范围中进行。贷款人不仅对借款人的经济状况、还款能力有清楚的了解,而且还深谙借款人的道德情况。因此,在农村一定地域内,贷款人能及时全面地掌握借款人的"软信息"。同时,信息上的优势使得放贷人的贷前信息收集以及贷后的监督管理成本较低。

2.有效的还贷激励机制

首先,在处理抵押品方面,农村民间贷款人对农户的财产具有较高的认同感和接受能力,对于一些正规金融机构无法接受的非货币性抵押品仍然可以接受,如土地使用权抵押、房屋抵押、田间未收割的青苗抵押、活畜抵押等,这就促使金融交易能够更顺利地进行。其次,农村金融交易往往是无限重复的,现代博弈理论证明,无限次重复博弈可以避免有限次交易中所出现的"囚徒困境"问题,交易双方能够守信以便交易的延续,这使得民间借贷具有了一定的自我约束。最后,民间借贷更多的是嵌于社会活动中的,借款者一旦违约可能会导致在另一交易中遭到更大的惩罚,如遭受来自亲朋好友方面的社会谴责,甚至被永久驱逐出社区交易活动。

3.变通与创新意识强

农业生产是一种季节性生产,民间金融小巧灵活,常能根据实际情况就贷款的归还期限、利率、归还方式等进行创新和变通,如借款者到期还无力偿还时可通过协商适当调整。

4.借贷手续简便

民间金融借贷双方多为同一社区亲朋、熟人,彼此相互了解与信任,属于一种关系型信用。借贷行为发生时,只要贷款人立据后即可取得资金,手续简便快捷,使借款人能迅速、方便地筹到所需资金,其快捷性刚好满足农村经济主体资金需求的"小、急、频"特征。

由此可见,农村民间金融在解决农村金融问题上的能力远大于正规金融,农村民间金融的生存与发展,不仅具有合理性,而且具有不可替代的必要性。

(三)正规——民间的垂直合作模式

农村民间金融主体在有限的交易范围内,通过非正式契约的自我实施能够有效地降低交易成本,从而增加农村融资量,并提高了融资效率。但农村民间金融的高效率是有条件的,随着交易的时空范围进一步扩大,农村民间金融的局限性会逐渐显现:第一,农村经济发展要求额度更大的贷款以保持经济增长的动力,而民间金融难以提供大额贷款。第二,农户和农村企业将逐渐从家庭生产经营型转向其他组织形式,这种经济转型需要发育完善的正规金融体系,而农村民间金融组织制度不规范,管理混乱很难适应这种要求。第三,民间金融只在被分割的小规模市场中具有竞争性,超越这一区域,民间金融的交易成本将变得非常高,因此,民间金融不能像正规金融那样在整个经济范围内重新分配资源。第四,农村民间金融在资金供给的稳定性、契约的长期性方面也存在不足。而这恰恰是正规金融的优势所在,根据新制度经济学的中介理论,如果处于最终消费者与供应商之间的中介(中间层)能够有效地化解前两者直接交易时的信息不对称、不规范、风险配对、交易成本等问题时,通过中间层分别向两者要价和出价进行交易将会改进整个市场的效率。我们发现,农村民间金融正如农村金融市场中的中间层,大的放贷人往往能够提供足够的抵押,银行贷款给他们的风险较小,而在非正式借贷市场,他们又可以利用自己的信息优势获利,这避免了正式借贷者与农户借款者直接面对时的尴尬局面。因此,设想在正规金融部门和农村民间放贷者之间建立合理的分工,从而使得他们都能发挥自己的相对优势,使资金能够沿着"正规—民间"这一渠道重返农村金融市场,这可能对农村各层金融交易者都是一种福利的改进。在斯里兰卡,该国两大国有银行开始实行 Praja Naya Niyamaka(以下简称 PNN)计划,即将正规金融与民间金融连接起来,两大国有银行向资信良好的民间非正式放贷者发放抵押贷款,年利率18%,要求他们放贷利率控制在30%内,银行提供指导,但不介入具体的经营活动,由此形成了一种垂直合作型的融资关系,三方实现了共赢。而现实发展也表明,即使在政府不干预的情况下,许多发展中国家的正式金融机构与非正式金融机构之间也有相当的互动,表现为两部门之间显著的资金流动。非正式放贷人往往从正式部门(如银行)借钱。①

基于以上分析我们可以推测:一个有效的农村金融体系,应该存在正规金融和农村民间金融之间的信贷分工,正规部门对非正式放贷人放贷,非正式放贷人再向农村的信贷需求者放贷,由此形成一种垂直合作的关系模式。实践表明,这种垂直合作的关系模式可分两类:政府主导型和民间自发型。政府主导型,如泰国农业合作银行等均在政府主导下,通过正规金融将低价的信贷资金提供给民间互助组(SHG),进行小额信贷。这样降低了银行直接面对中小农户时的信息不对称,同时增加了贫困农户信贷资金的可获得性,降低了融资成本。民间自发

---

① Floro, M. S., Ray, D., "Vertical Links Between Formal and Informal Financial Institutions", *Review of Development Economics*, No.1, 1997.

型,即有资格进入正规金融市场的企业从政策性金融机构获得大额贷款,然后又对个体农户进行赊销。如在菲律宾稻米种植地区,稻米加工商或批发商从正规金融机构获得信贷资金,然后向稻米生产者提供信贷。鉴于国内相关的法律、信用体系还没有建立起来,一旦农村民间部门发生违约,银行很难将贷款追回,从而面临很大的信贷风险。因此,出于降低风险的考虑,笔者认为正规部门与农村民间部门之间的合作应该循序渐进,以充分保证垂直合作模式的可持续性。

二、基于收益——选择的模型分析

为证明这种正规—民间金融垂直合作模式可以改进所有农村金融市场参与者的福利水平,我们利用中介理论(非正式借贷者作为中介先向正式借贷者要价,然后向最终借款者出价)予以说明。为此,我们作如下假设:

1.市场中存在异质的借款者和贷款者,各类行为人皆具有理性。高、低风险借款者的借款利率分别为:r_1、r_2;还款概率分别为:p_1、p_2,则有 $0 < r_2 < r_1 < 1$;$0 < p_1 < p_2 < 1$。正式借贷者难以获得最终借款者的信息,而非正式借贷者能够有效地获得关于借款者的财务、诚信等方面的信息。但正式借贷者知道高、低风险借款者的比例为 α:$(1 - \alpha)$,并且非正式借贷者在促进还款方面严格优于正式借贷者,但是非正式借贷者面临着有限的资金供给。

2.信贷市场均衡时,两类借款者的期望收益相等,即 $p_1 r_1 = p_2 r_2$,不存在套利机会。

3.贷款供给总量为 Q,需求量按两类借款者比例分配,一旦超过其可接受的利率水平,借款者将退出市场。各类借款人在其可接受利率水平上需求弹性为零。我们将非正式借贷者设定为低风险者,这基本符合现实。

基于上述设定,可知道非正式放贷者的收益为:$\pi_1 = \alpha r_1 Q + (1 - \alpha) r_2 Q$,这里我们根据假设1认定非正式契约的风险能够被有效地化解掉。而正式贷款者难以分辨出具体借款者的风险程度,其只能按照平均风险水平的利率借贷: $r = \alpha r_1 + (1-\alpha)r_2$,则有 $r_2 < r < r_1$。这种借贷方式将会引发典型的逆向选择问题,即低风险的借款者不愿承担过高的利率而退出市场,整个市场中将只剩下高风险的借款者,这使得正式放贷者的收益状况恶化,其表达式为: $\pi_2 = p_1[\alpha r_1 + (1-\alpha)r_2]\alpha Q$。这时, $\pi_1 - \pi_2 = (1 - p_1\alpha)[(1-\alpha)r_2 + r_1\alpha]Q$,由于 $0 < 1-\alpha < 1, 0 < 1-p_1\alpha < 1$,因此, $\pi_1 > \pi_2$。现在我们考虑非正式放贷人作为借款人与正式放贷人之间的中介,他向正式金融机构出价借款,然后向借款者要价放款,只要交易中能够有足够的正向价差,交易即会存在。对于正式借贷者,非正式借贷者相对是低风险的,他的借款成本为 $c_2 = r_2Q$。正式放贷者将获得 $\pi_3 = p_2r_2Q$。非正式放贷人的收益仍然是 π_1,这时要证明 $\pi_3 > \pi_2$, $\pi_1 > c_2$ 即说明三者的福利均得到提高。由于, $\pi_3 - \pi_2 = p_2r_2Q - p_1\alpha^2r_1Q - p_1(1-\alpha)r_2\alpha Q$,在均衡条件下有 $p_1r_1 = p_2r_2$,即两类风险贷款的期望收益是相等的,所以最终的结果是: $\pi_3 - \pi_2 = (1-\alpha)[\dot{p}_1r_1Q + p_1(r_1 - r_2)\alpha Q] > 0$。而非正式放贷者的收益为: $\pi_1 - c_1 = \alpha r_1Q + (1-\alpha)r_2Q - r_2Q = (r_2 - r_1)\alpha Q > 0$,这说明非正式借贷者以中介的身份存在于借款者与正式放贷者之间是实现"三赢"和对整个农村信贷市场的帕累托改进的一个重要途径。

三、强强联合的农村金融

综上所述,"垂直合作型"金融安排实质上是发挥正规金融与民间金融各自的优势,使二者的互补关系在对接之中转变为一种"强强联合"。使正规金融机构将大量用于与众多分散的农户进行信贷交易的成本节省下来,专注于与少量的、可控的非正规金融机构的交易。并且他们两者之间的合作应该是伴随着新的金融立法与政策实施同步进行。

第五节　改革开放以来云南高原特色产业结构
变动规律研究——以迪庆州为例 *

改革开放以来,随着经济的快速发展,云南迪庆州每个时期的特色主导产业都会发生变化,相应的产业结构肯定也会随之变化。通过和国家整体以及中低收入国家三次产业的比较分析,我们发现迪庆州产业结构呈现出"321"的高级化产业结构。这与它相对落后的第一和第二产业密切相关,也和它得益于丰富的旅游资源,从而第三产业快速发展相关。迪庆州的产业结构变动及政策调整已经、并将进一步依赖于它的资源禀赋。

一、产业结构

产业结构是指社会经济体中各产业的构成及各产业之间的技术经济联系和比例关系。我国在研究当今的产业结构时多使用三次产业分类。

英国资产阶级古典政治经济学创始人威廉·配第发现:产业结构的不同是造成世界各国国民收入水平差距和经济发展所处阶段差异的关键因素,他还提出:工业的收入比农业多,而商业的收入又比工业多。① 产业结构是否合理将关系到一个地区或国家的整体竞争力。产业结构作为过去经济增长的体现和未来经济增长的基础,对经济增长产生重大影响。这些影响主要体现在三个方面:第一,产业结构的变动使得资源合理配置;第二,主导产业的变更是经济增长的主要动力;第三,社会分工和技术进步引起的产业结构变动是经济增长的根本动力。发达国家的经济持续增长的实践证明:在全球经济一体化的知识经济

---

*　作者牛飞亮:云南大学经济学院教授、硕士研究生导师。

① 　[英]威廉·配第:《政治算术》,陈冬野译,商务印书馆1978年版,第3页。

时代,一个国家要保持经济增长状态,关键在于该国产业结构变动的效果。我们应该深刻认识到,一定的经济发展水平对应一定的产业结构,只要经济总量增长到一定程度,必然引起产业结构的变动,盲目追求产业结构的高度将有悖于经济发展的客观规律。发展中国家应遵循从低到高的演进过程,用三次产业的数字排列表示为"123"向"213"、再向"321"演进的总过程。

自 1978 年改革开放以来,云南迪庆州的产业结构随着我国经济整体的高速发展而发生变化。研究迪庆州产业结构的变动规律,有助于该地区借助于世界范围内产业结构变化的大趋势,及时调整不合理的产业结构,为本地区经济的快速、可持续发展奠定基础。

二、迪庆州高原特色产业结构分析

在分析产业结构时,学者一般运用三次产业的产值比重和三次产业劳动力结构作为分析中的两个重要指标。但由于数据的局限性,本节仅采用三次产业产值比重作为分析迪庆州产业结构的依据。各国经济学家在三次产业划分的基础上得出三次产业产值结构变化的一般规律:随着经济的不断增长,第一产业的产值比重在不断下降,第二、第三产业产值比重不断上升,经济增长越来越依靠第二、第三产业的带动。

迪庆州的产业结构变动符合上述规律。第一产业产值比重下降明显,从 1978 年的 50.18% 下降为 2010 年的 9.27%,下降幅度为81.53%。第二产业产值比重总体上呈现增长趋势,从 1978 年至 2010 年的增幅为 55.7%。1999 年产值比重降至 18.65% 的最低点,1999 年至 2010 年迅速上升,增幅高达 106%。2003 年之前第二产业产值比重小于第一、第三产业,2003 年首次超过第一产业,成为带动迪庆州经济增长的第二大产业。第三产业产值比重有十分明显的上升趋势,从1978 年的 25.08% 上升为 2010 年的 52.21%,上升幅度为 108.2%。在1997 年超过第一产业,产值比重远大于第一、第二产业。迪庆州三次产业的演进过程为:1981—1985 年为"123",1985—1997 年为

"132",1997—2003 年为"312",2003—2010 年为"321"。迪庆州的产业结构没有经历过"213"的过程,即没有经历过高度发达的工业化阶段,而是直接进入产业结构的最高阶段。这不符合发展中国家产业结构演进的基本规律,需要我们高度重视。造成这一现象的主要原因是迪庆州特殊的地理环境和旅游业的高速发展。迪庆藏族自治州位于云南省西北部滇、藏、川三省区交界处,属于云贵高原向青藏高原的过渡带,因此这里地貌独特,是世界著名景观三江并流的腹心地带,旅游资源丰富,发展以旅游业为主的第三产业得天独厚。人均旅游收入占人均可支配收入的比率从 1998 年的 7.12%提升到 2010 年的 90.78%,旅游业收入占迪庆州 GDP 的比重从 1997 年的 17.19%提升到 2010 年的 79.86%。

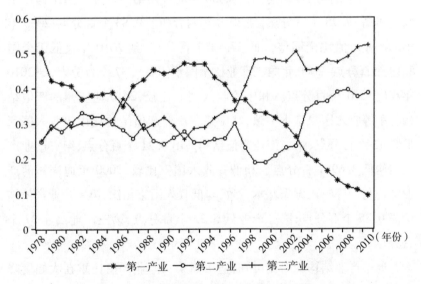

图 3-2　1978—2010 年迪庆州三次产业产值结构变化图

资料来源:《迪庆州统计年鉴》(1979—2011)中的数据,用 Eviews 软件绘制。

（一）迪庆州高原特色产业结构变动的横向比较和特征分析

每个国家或地区的产业结构都可能偏离产业结构的一般模式,通过对比分析,我们可以发现迪庆州产业结构的特殊变动规律。

1.产业结构变动的横向比较

表 3-12　迪庆州与中国以及世界中低收入国家的三次产业产值结构比较

（单位:%）

	2000 年			2010 年		
	第一产业	第二产业	第三产业	第一产业	第二产业	第三产业
迪庆州	32.85	18.77	48.37	9.27	38.51	52.21
中国	15.1	45.9	39.0	10.1	46.7	43.2
中等收入国家	11.0	35.4	53.6	9.7	34.3	55.9
低等收入国家	32.0	24.1	44.0	25.7	24.4	49.9

资料来源:《2011 年迪庆州统计年鉴》和《2011 年国际统计年鉴》。

　　和全国整体产业结构比较,2000 年迪庆州第一产业产值结构比全国整体高 17.75 个百分点,到 2010 年两者相差 0.83 个百分点;2000 年第二产业产值比全国整体低 27.13 个百分点,到 2010 年仅低于全国 8.19 个百分点;2000 年第三产业比全国整体高 9.37 个百分点,到 2010 年高出 9.01 个百分点。和中等收入国家比较,2010 迪庆州的产值结构与中等收入国家基本一致,其中第一产业产值结构比中等收入国家低 0.43 个百分点;第二产业产值结构高出 4.21 个百分点;第三产业产值结构低 3.69 个百分点。和低等收入国家比较,2000 年迪庆州的产业结构与低等收入国家基本一致,与低收入国家相比,第一产业产值结构高 0.85 个百分点,第二产业低 5.33 个百分点,第三产业高 4.37 个百分点。

　　通过产业结构的对比可知,迪庆州第一产业产值比重在大幅度降低,第二产业产值比重在不断提高,与全国整体产业结构的差距在缩小。第三产业增长保持平稳状态,和全国整体的差距略有缩小。迪庆州产业结构从 2000 年的初级产业结构上升到 2010 年的中等产业结构,取得了很大的进步。但和中等收入国家比较,迪庆州第二、第三产业产值结构还需要进一步调整。主要原因是迪庆州没有经历第二产业的高度发展过程,而是由第三产业的快速发展带动经济整体发展的。

2.产业结构演进分析

迪庆州的产业结构从 1978—2010 年不断调整,上述分析只是从量上判断产业调整可能出现的顺序,而无法深层次地判定产业结构所处的状态。Moore 结构变化值可以更细致灵敏地揭示产业结构变化的过程和程度,因而我们用它来研究迪庆州产业结构演进的速度。

Moore 结构变化值是运用空间向量测定法,以向量空间中夹角为基础,将产业共分为 n 个部门,构成一组 n 维向量,把两个时期间两组向量间的夹角,作为表征产业结构变化程度的指标。当某一个产业在国民经济中所占比例发生变化时,它与其他产业的夹角就会发生变化,把所有的夹角变化累加起来,就得到整个经济系统中某个产业的结构变化情况。我们定义矢量(产业产值比重)之间变化的总夹角为 θ,计算公式:

$$M_t^+ = \frac{\sum_{i=1}^{n}(W_{i,t} \times W_{i,t+1})}{\sqrt{\sum_{i}^{n} W_{i,t}^2} \times \sqrt{\sum_{i}^{n} W_{i,t+1}^2}} \qquad (式3-1)$$

$$Cos\theta = M_t^+ \qquad (式3-2)$$

$$\theta = arcCosM_t^+ \qquad (式3-3)$$

公式(3-1)中,M_t^+ 表示 Moore 结构变化值,$W_{i,t}$ 表示 t 时期第 i 产业产值比重,$W_{i,t+1}$ 表示 t+1 时期第 i 产业产值比重。其中 θ 越大,表明产业结构变化的速率越大。[1]

我们选取 1978—1994 年、1994—2010 年两个时间段,来分别计算迪庆州产业结构的 Moore 结构变化值,对比两个时期 θ 的变化,如果 θ 呈现加速趋势,表明迪庆州产业结构在加速变动。

---

[1] 刘志彪、安同良:《中国产业结构演变与经济增长》,《南京社会科学》2002 年第 1 期。

表 3-13 1978—1994 年 M_t^+ 的计算过程

	t＝1978 年		t+1＝1994 年		
	$W_{i,t}$	$W_{i,t}^2$	$W_{i,t+i}$	$W_{i,t+1}^2$	$W_{i,t} \times W_{i,t+1}$
第一产业	0.5018	0.2518	0.4680	0.2190	0.2348
第二产业	0.2474	0.0612	0.2450	0.0600	0.0606
第三产业	0.2508	0.0629	0.2870	0.0824	0.0720
合计	1	0.3759	1	0.3614	0.3674

资料来源:《迪庆州统计年鉴》(1979—2011),通过整理而得。

根据公式(3-1)可知,$M_t^+(1994—2010) = 0.7299$,$M_t^+(1978—1994) = 0.9969$;根据公式(3-3)可知,$\theta_1(1978—1994) = 4.513°$,$\theta_2(1994—2010) = 43.12°$。

表 3-14 1994—2010 年 M_t^+ 的计算过程

	t＝1994 年		t+1＝2010 年		
	$W_{i,t}$	$W_{i,t}^2$	$W_{i,t+i}$	$W_{i,t+1}^2$	$W_{i,t} \times W_{i,t+1}$
第一产业	0.4680	0.2190	0.0927	0.0086	0.0434
第二产业	0.2450	0.0600	0.3851	0.1483	0.0943
第三产业	0.2870	0.0824	0.5221	0.2726	0.1498
合计	1	0.3614	0.9999	0.4295	0.2875

资料来源:《迪庆州统计年鉴》(1979—2011),通过整理而得。

对比 $M_t^+(1978—1994)$ 和 $M_t^+(1994—2010)$,我们可以发现迪庆州三次产业产值结构变化的夹角 θ 在增大,从 4.513° 增加至 43.12°。这一现象说明,迪庆州的产业结构转变呈现出加速的趋势。此时我们必须警惕资源的非市场配置行为,打破妨碍生产要素流动的各种障碍,提高资源的再配置效应,让更多的人参与到旅游业的发展之中,实现产业结构向更高层次发展。

(二)迪庆州三个县的高原特色产业结构分析

迪庆州所管辖的三个县:香格里拉、德钦、维西都是国家级贫困县。

通过对三个县产业结构的分析,可以找出影响迪庆州产业结构变动的主要原因。

1.香格里拉县的产业结构分析

香格里拉县作为迪庆州的政治经济文化中心,交通通信设施完善,自然资源丰富,是著名的旅游胜地,其产业结构的变动对迪庆州的产业结构有重大影响。

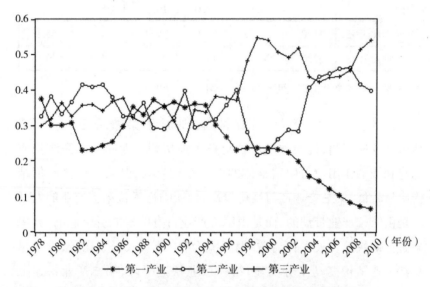

图3-3 1978—2010年香格里拉三次产业产值结构变化图

资料来源:《迪庆州统计年鉴》(1979—2011),用Eviews软件绘制所得。

香格里拉县第一产业占比从1978—1994年呈现平稳趋势,从1994—2010年出现明显的下降趋势,下降幅度高达82.3%。第二产业发展稳定,从1978年的32.57%上升至2010年的39.69%,上升幅度为21.9%。第三产业有明显的上升趋势,从1978年的29.87%上升至2010年的54%,上升幅度为80.8%。三次产业产值结构变动符合产业结构变动的基本规律。

表 3-15　香格里拉县与迪庆州、中国整体以及中低
收入国家的三次产业产值结构对比　　（单位:%）

	2000 年			2010 年		
	第一产业	第二产业	第三产业	第一产业	第二产业	第三产业
香格里拉县	23.55	22.39	54.05	6.33	39.67	54.0
迪庆州	32.85	18.77	48.37	9.27	38.51	52.21
中国	15.1	45.9	39.0	10.1	46.7	43.2
中等收入国家	11.0	35.4	53.6	9.7	34.3	55.9
低等收入国家	32.0	24.1	44.0	25.7	24.4	49.9

资料来源:《迪庆州统计年鉴》(2011)和《国际统计年鉴》(2011)。

香格里拉县第一产业产值结构低于迪庆州,第二、第三产业产值结构高于迪庆州,说明香格里拉对整个迪庆州产业结构向高级化演进起到推动作用。与中国整体的产业结构比较,其第二产业产值结构明显较低,第三产业产值结构较高,说明香格里拉第三产业的发展不是由第二产业带动的,而是由第三产业自身的发展所引起的,其中旅游业的快速发展发挥着关键作用。与中低收入国家比较,香格里拉县产业结构变动十分明显,第一产业快速下降,第二产业快速上升,升降幅度远大于中低收入国家,第三产业保持平稳增长状态,说明香格里拉县的产业结构处在不断调整之中。通过计算香格里拉县产业结构的 Moore 结构变化值,对比两个时期 θ 的变化,进而判断产业结构调整所处的过程:

θ_1(1978—1994) = 4.714°, θ_2(1994—2010) = 33.217°

根据 θ 的变化可以进一步验证香格里拉县的产业结构变动处在不断加速过程中。为此,香格里拉县应该减少生产要素流通中的各种障碍,降低垄断性行业的进入障碍,尤其是让更多的人参与到旅游业的发展之中,给产业结构的变动创造条件,让产业结构向合理的高级化阶段演进。

2.德钦县的产业结构分析

德钦县经济发展水平低下,农村经济以单一的种植业为主体,乡镇企业发展极其缓慢,交通、能源、通信等基础设施发展滞后。

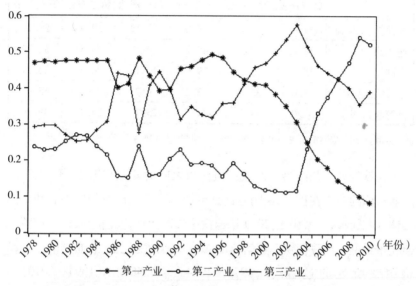

图3-4 1978—2010年德钦三次产业产值结构变化图

资料来源:《2011年迪庆州统计年鉴》,用Eviews软件绘制所得。

德钦第一产业产值结构从1978年的47.01%下降至1998年的42.41%,下降幅度很小,产值比重高于第二、第三产业,1998—2010年,下降幅度高达79.9%。第二产业从1978—2003年呈现下降趋势,下降幅度为51.1%,2003—2010年呈现大幅度增加,在2007年超过第三产业,成为带动德钦经济增长的第一大产业,形成了"231"的产业结构。造成这一现象的主要原因是矿产资源的开发,铜矿、铅锌矿和铁矿的开采,使得其工业生产总值大幅度提升。第三产业产值结构从1978年的29.2%上升为2010年的39.14%,上升幅度为34%,上升幅度明显小于迪庆州和香格里拉县。

表 3-16　德钦县与迪庆州、中国整体、中低收入
国家的三次产业产值结构对比　　　（单位:%）

	2000 年			2010 年		
	第一产业	第二产业	第三产业	第一产业	第二产业	第三产业
德钦县	41.09	11.83	47.07	8.52	52.33	39.14
迪庆州	32.85	18.77	48.37	9.27	38.51	52.21
中国	15.1	45.9	39.0	10.1	46.7	43.2
中等收入国家	11.0	35.4	53.6	9.7	34.3	55.9
低等收入国家	32.0	24.1	44.0	25.7	24.4	49.9

资料来源:《2011 年迪庆州统计年鉴》和《2011 年国际统计年鉴》。

　　德钦与迪庆州的第一产业产值比重之间的差距在缩小,第二、第三产业产值的差距在扩大,说明德钦县更加注重第二产业的发展。和中国整体、中低收入国家相比,2010 年德钦第二产业产值比重高,第三产业产值比重最低。计算德钦产业结构的 Moore 结构变化值,进而判断产业结构调整所处的过程:θ_1(1978—1994) = 5.405° θ_2(1994—2010) = 47.904°。通过比较两个时期的 θ 变化可知,德钦产业结构调整处在加速的过程。与迪庆州、香格里拉县的 θ 变化值比较,德钦的变化更为明显。德钦的经济发展主要以采矿业为支柱,由于矿产资源不可再生,一味盲目地开采将会给德钦的产业结构带来严重灾难。加大对第三产业的投入,积极开发旅游资源,提高第三产业产值比重是必然趋势。

　　3.维西县的产业结构分析

　　维西县产业结构符合发展中国家产业结构的发展规律。第一产业产值比重呈现下降趋势,从 1978 年的 67.30%降至 2010 年的 17.23%,降幅高达 74.4%。第二产业产值比重呈现上升趋势,从 1978 年的 15.87%上升到 2010 年的 31.46%,上升幅度为 98.24%,在 2007 年超过第一产业,成为第二大产业。第三产业快速上升,从 1978 年的 16.83%上升到 2010 年的 51.3%,上升幅度高达 204.8%,在 2002 年超过第一产业,成为带动维西经济的主导产业。

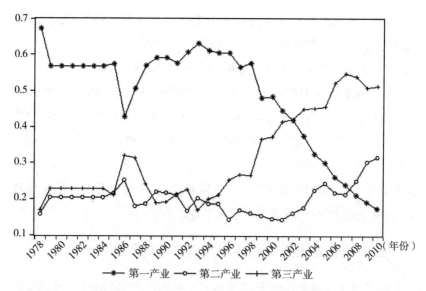

图 3-5　1978—2010 年维西县三次产业产值结构变化图

资料来源:《迪庆州统计年鉴》(1979—2011),用 Eviews 软件绘制所得。

表 3-17　维西与迪庆州、中国整体、中低收入
国家的三次产业产值结构对比　　（单位:%）

	2000 年			2010 年		
	第一产业	第二产业	第三产业	第一产业	第二产业	第三产业
维西县	48.43	14.39	37.18	17.23	31.46	51.3
迪庆州	32.85	18.77	48.37	9.27	38.51	52.21
中国	15.1	45.9	39.0	10.1	46.7	43.2
中等收入国家	11.0	35.4	53.6	9.7	34.3	55.9
低等收入国家	32.0	24.1	44.0	25.7	24.4	49.9

资料来源:《2011 年迪庆州统计年鉴》和《2011 年国际统计年鉴》。

　　维西县和迪庆州第一、第三产业之间的差距在不断缩小,第二产业的差距在扩大,2010 年维西第二产业比值低于迪庆州 7%。与全国整体相比较,维西第一产业产值比重较大,第二产业产值比重较小。与中等收入国家对比,2010 年维西第一产业产值比重高出 7.5 个百分点,

第二、第三产业均低出 3 个百分点左右。计算维西产业结构的 Moore 结构变化值,进而判断产业结构调整所处的过程:

$$\theta_1(1978—1994) = 5.177°, \ \theta_2(1994—2010) = 50.467°$$

通过比较两个时期的 θ 变化可知,维西产业结构调整处在加速的过程。与迪庆州、香格里拉县、德钦县相比,维西两个时期 θ 的变化值更大,说明维西产业结构调整加速最快。为促进维西产业结构向高等级阶段演进,应该相对降低第一产业的比重,增加第二产业和第三产业的比重。维西有着"生物基因库"的称号,我们要利用其丰富的生物资源,积极开发生物产业,大力发展旅游业。

三、改善迪庆州高原特色产业结构的政策建议

通过对迪庆州总体产业结构和三个县的产业结构分析,可以发现迪庆产业结构调整处在加速的演进过程中,合理协调产业结构是迪庆州经济增长的关键。我们要打破阻碍生产要素流动的障碍,让资源在三大产业中合理分配,使得迪庆州产业结构向高级化阶段演进。和中国整体以及中低收入国家相比,迪庆州产业结构存在一定的问题,需要加以调整。

(一)推广新型现代农业,加快农牧业内部升级

迪庆州农业生产过程中存在农业生产不稳定、生产效率低下的问题,由于缺乏新科技在农业中的应用导致农业内部升级速度缓慢。为此,政府应该加大对农业的投入,引入农业科学技术,完善农业的基础设施,增强农业抗御风险的能力。维西县要利用好自身特有的生物资源优势,重点打造生物产业链,并带动香格里拉和德钦县的农业结构升级。

(二)建设绿色工业,扩建支柱产业规模

迪庆州第二产业的发展主要靠采矿业的带动,但传统采矿业技术落后,造成相当程度的资源浪费和环境的污染。我们要加大科技投入,建立较大规模的、基于现代农业的生物高新技术产业。

（三）积极提升旅游服务结构，健全旅游产业链条

旅游业是迪庆州第三产业的支柱产业，为迪庆州 GDP 的增长作出了很大贡献。积极开发潜在的旅游服务市场，健全旅游产业体系，不仅是提升旅游产业的关键，也是推动第三产业成为支柱产业的关键。香格里拉、德钦、维西旅游资源丰富，应该加大对旅游业产业的投入，建立环绕滇川藏三省区毗邻区域大旅游路线，延长产业链条，建设类似于欧洲环绕阿尔卑斯山的大旅游环线，推动迪庆州成为世界级旅游胜地。

第六节　以微信公众平台优化农业
信息服务的思考[*]

随着信息技术的不断发展，移动互联网逐年普及，手机终端作为上网设备的使用率远高于台式电脑、笔记本电脑和平板电脑。据中国互联网络信息中心 2014 年 1 月发布的《第 33 次中国互联网络发展状况统计报告》和 2014 年 5 月发布的《2013 年中国农村互联网发展调查报告》，截至 2013 年 12 月，中国手机网民规模达 5 亿，网民中使用手机上网的人群占比提升至 81.0%[①]；手机上网因其成本低、易操作，便于农村地区居民接入互联网的特点，同时也成为农村居民上网的主流设备，农村网民使用手机上网的比例更是高于城镇网民，农村网民使用手机上网的比例已达到 84.6%。[②]

微信作为我国用户规模最大和活跃程度最高的移动互联网应用，以高度黏合的聚集效应和持续涌现的创新效应，成为推动经济社会变

---

[*]　作者苗婷秀：云南大学公共管理学院硕士研究生。

[①]　中国互联网络信息中心：《中国互联网络发展状况统计报告》，2015 年 2 月 4 日，载于 http://www.cnnic.net.cn。

[②]　中国互联网络信息中心：《2013 年中国农村互联网发展状况调查报告》，2015 年 2 月 4 日，载于 http://www.cnnic.net.cn。

革和潜在增长的新动力来源。① 微信一经推出便迅速获得了市场的关注与青睐。当前的生活已经进入"微"时代，截至 2013 年 11 月注册用户量已经突破 6 亿，是亚洲地区最大用户群体的移动即时通讯软件。② 如何积极有效地利用微信平台提高农业信息服务的主动性和互动性，进而优化农业信息服务是值得思考的问题。

一、微信与微信公众平台

（一）微信

微信是腾讯公司于 2011 年 1 月 21 日推出的一款以多媒体信息通信为核心功能的免费移动应用，微信支持跨通信运营商、跨操作系统平台通过网络快速发送免费（需消耗网络流量）的语音短信、视频、图片和文字，同时也可以使用通过共享流媒体内容的资料和基于位置的社交插件"摇一摇""漂流瓶""朋友圈""公众平台""语音记事本""微信电话本"等服务插件。微信提供公众平台、朋友圈、消息推送等功能，用户可以通过"摇一摇""搜索号码""附近的人"、扫二维码方式添加好友和关注公众平台，同时微信将内容分享给好友以及将用户看到的精彩内容分享到微信朋友圈。

微信作为一种更快速的即时通讯工具，支持 ios、Android 等多种平台手机；具有零资费、跨平台沟通、显示实时输入状态等功能，与传统的短信沟通方式相比，更灵活、智能，且节省资费。

（二）微信公众平台

微信公众平台是腾讯公司在微信的基础上新增的功能模块，于2012 年 8 月 23 日正式上线。通过这一平台，个人和机构都可以打造一个微信的公众号，实现和特定群体的文字、图片、语音的全方位沟通、

---

① 腾讯科技：《微信社会经济影响力研究报告》，2015 年 2 月 4 日，载于 http://www.yunzhitai.com/zixun/internet/585.html。

② 百度百科：《微信》，2015 年 2 月 4 日，载于 http://baike.baidu.com/subview/5117297/15145056.htm。

互动,微信公众平台分订阅号和服务号、企业号三类平台。① 企业、机构、媒体、个人用户注册公众平台账户以后利用公众账号平台进行自媒体活动,可以向关注该公众平台账号的用户群体或特定个体推送多媒体信息,并与用户群特定个体进行互动。目前平台功能还在不断升级中,主要功能可以分为以下部分:第一,多媒体信息的大规模推送。公众平台向用户群发多媒体信息,适用于发布通知、媒体内容等。第二,多媒体信息的定向推送。对特定用户投放信息,可用于信息的精准投放。第三,一对一互动。实时回复用户发来的消息及设置自动回复,可用于用户反馈、用户互动、业务咨询服务。第四,多样化开发。借助自定义菜单及通过开发接口来拓展更多的功能。②

二、我国农业信息服务的现状

(一)发展现状

经过多年的发展,我国已经形成了包括电子政务、电子商务、农村金融、农业生产、农村教育文化等覆盖范围全面、功能内容多样、服务方式灵活的综合服务体系。在农业部的领导下,各地农业部门以面向"三农"服务为目的,逐步建立起融合"12316"三农热线电话、农业信息网站、农业电视节目、手机短彩信服务等于一体,多渠道、多形式、多媒体相结合的农业综合信息服务平台。③

我国农村信息服务平台种类繁多,从建设主体上看,主要有政府主导建设的"金农工程""三电合一""12316",电信运营商主导建设的农信通、农业新时空、信息田园,高等院校和科研院所主导建设的中国农

---

① 腾讯科技:《微信,是一个生活方式》,2015 年 3 月 14 日,载于 http://weixin.qq.com。

② 卢迪:《"微信"的猜想——从"微信"的发展看移动互联网即时通讯的平台化》,《中国传媒科技》2014 年第 3 期。

③ 农业部市场与经济信息司:《"12316"三农信息服务基本情况》,2015 年 2 月 4 日,载于 http://www.moa.gov.cn/ztzl/12316/zxdt/201203/t20120312_2506713.htm。

业科技信息网和中国农业推广网等,以及企业各类信息平台。从服务功能上看,主要有综合性信息服务(主要提供农业生产、农产品市场、农民生活、农村教育、医疗卫生、文化娱乐、就业培训等农村需要的各方面信息)和专业性信息服务(主要有粮食、蔬菜、瓜果、水产、畜禽等种养殖技术、病虫害防治、土肥水管理、储藏加工等信息)两大类。从服务方式上看,现代农业信息服务不仅利用广播、电视和报纸等传统媒体,更融合了移动通信和互联网络等现代信息传播方式。

(二)存在的问题

虽然我国农村信息平台建设取得了一定成效,基层信息化基础设施建设也有了一定的规模,但是我国农村地区分布比较广而分散,不同区域的农业信息化建设和发展不均衡,农业信息网络推进到县、乡后,进村入户遇到了障碍,面对农民的不同信息需求和不同的信息素养条件,服务的层次还没有达到个性化服务要求,农业信息得不到充分有效地接收和利用,农业信息服务的"最后一公里"问题依然存在。① 现有的一些农业信息服务平台所提供的农业信息缺乏针对性和时效性,没有体现出平台建设的出发点和重心,信息更新的速度慢,导致信息的使用价值低;同时多数农村信息服务平台上所发布的大部分信息缺乏深层次挖掘,基本上都是没有经过加工处理的信息,不能帮助农民分析和决策,信息的使用价值和使用水平都会大大地下降,真正能够指导农业生产,解决农民生产中实际问题,向农民传递农业科技成果并转化为现实生产力的有效资源十分匮乏。

三、以微信公众平台优化农业信息服务的策略

(一)提供个性化信息推荐

人们对信息的需求有着鲜明的个性特征,这是由其不同的生活背

---

① 朱志勇:《我国农村信息服务平台及其应用研究》,华中师范大学硕士学位论文,2011 年。

景、学习背景、环境背景等因素所形成的;因此,与农业信息服务相关的微信公众平台,要以满足基层涉农人员的不同信息需求为己任,突出个性化服务优势。通过微信公众平台主动为他们进行有针对性、阶段性的潜在知识需求的信息推送服务。例如可根据涉农人员的年龄段、教育背景等数据分析他们的知识需求层次,同时根据他们目前所种作物和所养殖禽畜的种类,推送相关病虫害防治、养殖技术方面的专业知识和决策参考。[①]

(二)推送信息形式多样化

现有农业信息服务平台的大多内容还停留在文字和图片信息的推送上,如何能采用多格式灵活多样的信息内容,是微信公众平台发展的一个重要因素。具体地讲,一方面,可采用视频、音频、flash 等多感官的格式来替代传统图文信息资讯,从而吸引更多涉农人员利用微信公众平台获取知识。另一方面,可将一些大型农技培训活动、农产品展览和专题讲座的视频、音频资料推送到微信公众平台上,方便那些没能亲身参加活动的涉农人员查阅和反复观看。

(三)营造协作学习氛围

微信平台可利用其交互互动的功能,为具有相同学习背景和信息需求的涉农人员建立微信群,例如同一个农业合作社的农民可以通过合作学习、共同实践、分享经验,使他们之间建立归属感和认同感,同时邀请相关领域的专家参与到小组中进行信息指导、内容共享和疑难解答,提供更专业的专题信息咨询服务,从而大大提高涉农人员利用微信公众平台学习的质量和效率。

(四)提高涉农人员参与度

微信公众平台与涉农人员不应是完全的服务与被服务的关系,包括农民在内的所有涉农人员都应参与微信公众平台的建设和推广,逐

---

① 罗煦钦、张科良、童小虎:《微信公众平台在农业技术推广中的应用》,《浙江农业科学》2014 年第 7 期。

渐从信息服务的接受者转变为积极的参与者,进而主动成为微信公众平台的建设者和合作者。例如农民可以直接向专家提出政策和病虫害防治等技术问题,专家通过"朋友圈"第一时间上传农业最新政策、基地动态等,农民也可通过"朋友圈"展示自己的农产品等。

四、农业信息服务中的微信公众平台

微信致力于连接一切,打破时间和空间的限制,使得信息沟通无阻碍。同时,微信也是一个生态系统,每一个在微信平台上的个体用户、公司、组织都是这个生态系统的重要组成部分,繁荣共生、互利共赢。微信最终也将成为人与人、人与物、人与组织、人与社会的连接器,承载着我国社会经济的信息枢纽和转化的重要使命。微信公众平台带来了新机遇,为农业信息服务工作开辟了新途径和新尝试,通过微信公众平台提高农业信息的互动性和时效性,使农业信息服务传播形式多样化,不断优化现有农业信息服务,使微信服务平台具有很大的发展空间和发展潜力。

第四章　高原农业经营的地方实践探索

第一节　山区农林生产资源资产化的探索[*]

　　耿马县是典型的农业县,农业增产不增收的状况一直是困扰农村经济发展的突出问题。2012 年耿马县人均生产总值占云南省的81.5%,全国的47.1%。[①] 按照中共云南省委九届四次全会提出"翻两番、增三倍、促跨越、奔小康"的要求,耿马县靠自身的积累来发展产业难度大、困难多。县委、县政府从实际出发,提出了牢牢抓住农业这个第一大产业,不断加快产业结构调整,提高农业经济效益,大力扶持农民合作社等新经济组织的发展思路。临沧市耿马普惠三农服务专业合作社顺应县委、县政府的发展思路应运而生。

　　2013 年 8 月,耿马县吴兰峰等 15 位当地农民在《临沧市耿马普惠三农服务专业合作社章程》上郑重按下手印,正式向工商部门申请注册成立农民专业合作社。时至今日,临沧市耿马普惠三农服务专业合作社(以下简称普惠三农合作社)到底经营发展得如何? 是否有利于助推现代农业发展? 是否能够成为高原特色农业的"助推器"? 是否能给各级党委、政府发展农业专业合作社带来一些启示和借鉴?

　　答案是肯定的。在一个边疆少数民族自治县,由合作社牵头,把农民、产业、金融、科技等有机组合,紧跟中央政策、创新突破,打出一套漂

---

　　*　作者孙可生:云南临沧市耿马县普惠三农合作社总经理;普应华:云南临沧市耿马县普惠三农合作社副总经理。

　　①　耿马县人民政府:《耿马县 2013 年政府工作报告》,2013 年 3 月。

亮的组合拳,不失为改革深水区中农业现代化浪潮上掠起的一朵美丽浪花。

一、合作社短板

2013 年 12 月底,全国依法登记注册的专业合作、股份合作等农民合作社达 98.24 万家,同比增长 42.6%;实际入社农户 7412 万户,约占农户总数的 28.5%,同比增长 39.8%。各级示范社超过 10 万家,联合社达到 6000 多家。[①] 农业、林业、水利、供销等领域合作社竞相发展,激发了农业农村发展活力。2013 年中央一号文件虽然对农民合作社有了一个很高的定位,但相关配套措施不到位,合作社依然难以解决资金困局。

党的十八届三中全会明确提出,要加快构建新型农业经营体系,鼓励农村发展合作经济,培育新型经营主体,积极发展农民股份合作,允许农民以土地承包经营权、林地林木使用权、宅基地权入股发展农业产业化经营,发展多种形式规模经营,构建集约化、专业化、组织化、社会化相结合的新型农业经营体系。

2014 年的中央一号文件跟进 2013 年的政策,为合作社的发展提供条件、开辟道路。政策大目标就是要让合作社"不差钱""不差地""不差人"。

第一,财政资金、资产流向合作社。2014 年一号文件第五部分第 22 条规定:"允许财政项目资金直接投向符合条件的合作社,允许财政补助形成的资产转交合作社持有和管护,有关部门要建立规范透明的管理制度。推进财政支持农民合作社创新试点,引导发展农民专业合作社联合社。"无论是项目资金还是形成的资产,都要向合作社靠拢。财政资金支持合作社还要"搞创新",目标无非是把有限的资金投放到合作社中,发挥更大的作用。财政的大力支持是合作社发展壮大的重

---

① 张伟宾:《促进农民合作社健康快速发展》,《农民日报》2013 年 12 月 24 日。

要支撑点,也是合作社发展"不差钱"的关键一环。

第二,拨建设用地指标,助合作社"不差地"。合作社作为一种新型的农业经营主体,如果想要建设加工厂、仓库、物流基地、批发市场、交通道路等,会在实际中面临着建设用地短缺的问题。因为农村的土地一般分为农用地和建设用地,而建设用地的指标是非常有限的,想要取得建设用地的指标必须向相关部门申请,这又是非常困难的。国家考虑到这一点,在2014年的一号文件中专门指出:在国家年度建设用地指标中单列一定比例专门用于新型农业经营主体建设配套辅助设施。这就为合作社解决用地困难提供了帮助。能考虑到这一点,说明国家高层对合作社等新型农业经营主体的关注是非常到位的。有了建设用地的指标,合作社发展第二产业和第三产业就方便多了。

第三,政策性担保,助合作社"不差钱"。以往合作社难以发展壮大,贷款难是一个大问题。这个问题不解决,其他问题都无从谈起。以前国家虽然也鼓励合作社的发展,但金融上的扶持不到位,使合作社的发展受到很大的限制。2014年的一号文件,国家专门针对这个问题提出了解决方案,那就是"鼓励地方政府和民间出资设立融资性担保公司,为新型农业经营主体提供贷款担保服务"。这句话看似简单,但却很关键,以往合作社贷款难,很重要的一点就是没有担保,银行不愿意放贷。有了融资性担保公司,专门为合作社提供担保,这就使银行的钱放出来,合作社也就有了发展的动力。

第四,加大培训力度,助合作社"不差人"。新的农业经营组织,需要匹配新的人才。当前的农业劳动力和经营人员欠缺现代农业的技能和素质,这不利于合作社的发展,更不利于农业现代化的实现。2014年一号文件指出"加大对新型职业农民和新型农业经营主体领办人的教育培训力度",这是实现现代农业的关键所在。

第五,发展加工流通,走向产业化经营。2014年的一号文件指出:"落实和完善相关税收优惠政策,支持农民合作社发展农产品加工流通。"说明了合作社不能停留在现在的状态,必须继续走向市场,增加产品的附加值,实现企业化经营。农民的增收能否真正提高,关键就看能否分享流通领域的价值。

耿马县农民手中的土地、林地、房产及其他财产的分布零散或处于闲置状态,不能把有效的资源优势转化为经济优势来改进自身发展服务,制约了农民自身和当地经济社会的发展。截至 2013 年年底,耿马县内农民专业合作社发展到 75 个,共发展成员 4058 人,带动非成员农户 3226 户,销售农产品总值 5080 万元,总体特征是组织分散、规模小、资金少、管理能力弱、缺乏市场竞争力、带动能力不强。①

其实,这不仅是耿马合作社的现状,也是全国的普遍现状。只有合作社向更高层次跃进,才能彰显其示范带动作用。

在云南大学农村发展研究中心与耿马相关单位座谈会上,各部门对农民生产生活融资难体会深刻。

耿马县新农办相关人员介绍:"耿马以生态立县,开展建设新家园活动,提升产业发展,支持美丽乡村建设。旧房、旧村改造进入攻坚阶段,800 多个自然村归并成 500 多个自然村。老百姓对政策非常欢迎,但资金成为农户和政府非常头疼的问题。首要问题是贷款难。耿马县农民林权抵押可贷款 1.2 亿,实际贷款只有 870 万,农民盖房子没有办法。其次农村经营产业发展无法注入资金,本来可赚钱,但资金没着落而无法扩大经营。"

耿马县农业局相关人士直言:"耿马海拔从 460 米到 3000 多米,立体气候明显,产业布局多,热坝以蔬菜、橡胶为主,辅助养殖。80 多家合作社有 60 家在孟定,畜牧产业以公路沿线为主,以国家项目为支撑。大多数合作社比较松散,只相当是中介人,没有严格按照合作社运作,只是抱团抗风险而已,有一个市场保护价,没有实质变化。养殖多是外来人,用地多为租,土地没有流转产权,无法获得资金支持,多走民间借

---

① 刘金富:《临沧市耿马普惠三农服务专业合作社系列报道:为了大地的丰收》,《云南经济日报·三迤瞭望》2014 年 3 月 14 日。

贷的路子。项目申报、申请贷款要通过中介机构评估,而中介机构认证往往脱离实际,规划或评估报告等无法使用,钱还被中介拿走一部分,本来企业就小,为此还增加了成本。"

耿马县财政局相关人士表示:"2013年全县存款42.79亿,年末余额24.02亿。4户小贷公司注册资金仅为1.2亿。整村推进每个村30万,用于基础设施建设,信用社贷款指标只有1.5亿,融资平台的搭建非常难。"

耿马县林业局相关人士表示:"全县林地330万亩,森林覆盖率65%,其中胶林60万亩,茶10万亩,咖啡8万亩,坚果要发展到25万亩,林业大而不强,林权贷款差距大,如何盘活林业资产显得非常迫切。首先是非林地山地办证问题,耕地长出树后怎么办证,全县此类情况有54万亩,想办林木所有权证和林木使用证。其次是生态公益林抵押贷款问题,全县100万亩,按银行和林业部门相关法律法规,都不可以贷款。再次是林权抵押贷款业务太难,不能满足林业发展的需要。一是办理手续太复杂,中介只负责盖章,应该适当地放权给基层;二是限额太低。最后是人为因素大。一是林业部门每周才办一次业务,不方便群众;二是金融部门变化大,政策执行出入大。如普通林地不抵押。能抵押的林地评估价就500多元,按金融部门规定每亩只能贷100多元,意义不大,老百姓只有选择放弃,实际老百姓还是没有通过林权获得融资。"

二、普惠三农合作社基本情况

普惠三农合作社抓住社会需求,创新合作社发展模式,采取"合作社+金融机构+农户"的发展模式,即合作社为社员发展提供技术和市场支持,小额信贷公司为合作社和社员筹集资金,满足生产生活发展需要。这种新模式是对山区农林生产资源资产化的大胆探索。

普惠三农合作社注册资金5000万元。合作社主要负责指导协调下属各专业合作社工作,并督促各专业合作社依法依规开展各项业务工作。

合作社自成立以来,发起成立专业合作社 8 家,即:孟定镇林业合作社 2 家、勐简乡橡胶合作社 1 家、四排山乡茶叶合作社 2 家、勐撒镇茶叶合作社 2 家,召开座谈会 50 次,参会人员 22100 人次,培训相关工作人员 620 人。目前,合作社共有职工 48 人,投入资金 3000 万元,为入社成员办理了股金证、社员证,投入 3000 万元茶叶收鲜款和收橡胶胶乳款。

普惠三农合作社积极参与耿马县茶叶产业二次创业,项目区涉及勐撒镇、大兴乡、芒洪乡、四排山乡、贺派乡、勐简乡、勐永镇等,茶叶基地面积 10 万亩。其中由合作社投资建设的茗尚庄园是一个茶叶经济庄园区。注册商标为翁达牌。主要产品有名优绿茶、蒸青绿茶、烘青茶、晒青茶、普洱茶、茶园体验观光度假、茶俗茶礼茶艺展示、茶文化博览,目标是年产精制茶 8000 吨,年综合销售收入 9 亿元,带动项目区内每亩茶地纯收入平均增收千元以上,实现项目区内茶叶产业集研究、种植、加工、销售、茶文化展览、体验观光为一体的茶叶经济发展综合体。产品已销往昆明、大理、丽江、曲靖、北京、上海、广东、深圳、香港、台湾等地区和韩国、英国等国家。①

三、普惠三农合作社特点

(一)出资规模大

合作社由 15 人发起(农民成员 12 名,占社员总数的 80%),出资总额为 5000 万元人民币(其中,货币出资额为 1500 万元人民币,非货币财产作价出资额为 3500 万元人民币)。

(二)入社农户多

目前,合作社涉及全县 9 个乡镇、81 个村委会、5 个社区、962 个村

---

① 刘金富:《临沧市耿马普惠三农服务专业合作社系列报道:为了大地的丰收》,《云南经济日报·三迤瞭望》2014 年 3 月 14 日。

民小组、52249户农户。

(三)专业合作社类型多

勐简乡以发展橡胶合作社和冬早瓜果蔬菜合作社为主;勐撒镇以发展茶叶和林木合作社为主;四排山乡以发展林木合作社为主;大兴乡以发展核桃合作社为主;芒洪乡以发展茶叶和林木合作社为主;贺派乡以发展林木和林下经济合作社为主;孟定镇以发展橡胶和亚热带经济作物合作社为主;耿马镇以发展甘蔗和林木合作社为主;勐永镇以发展甘蔗和林木合作社为主。目前,已经挂牌成立了8个专业合作社。

(四)业务范围较广

业务范围包括茶叶、橡胶加工及农副产品的收购、销售、种植;组织采购、供应成员所需的生产资料及提供种苗;组织收购、销售成员生产的产品;提供成员所需的贮藏服务;引进新技术、新品种、为成员提供技术培训、技术交流和咨询服务。

(五)发展模式创新,经营模式先进

新模式不仅有效避免了很多合作社单一环节、运行机制和管理制度不规范以及融资困难等问题,也可以实现从单一合作社向综合性合作社发展转变的探索和创新,提高了广大农户自愿加入合作社的自觉性和主动性。

特色鲜明的普惠三农合作社制定了切合实际的发展规划。一是2014—2016年三年内,争取成立各类专业合作社100家,入户社员达3万户农户,占全县总农户的60%。其中2014年发展30个专业合作社、占计划数的30%。2015年成立30个专业合作社,占计划数的30%。2016年成立40个专业合作社,占计划数的40%。二是3年内成立农业互助资金会100户,其中,2014年已经成立10户,占计划数的10%。2015年成立40户,占计划数的40%。2016年成立50户,占计划数的50%。互助资金会主要为社员生产生活及改善社员居住环境提供资金支持。

四、普惠三农合作社经验

共同的利益诉求把合作社、企业、农户紧密抱团。合作社诉求建立风险共担、利益共享的产业化经营模式，金融、科技、深加工等合理配置打出组合拳，形成完整产业链；企业诉求和老百姓合作，把自身救活；农户诉求认准了所以敢入，希望多分红。

笔者为此进行了几次田野调查。云南耿马乾峰茶业有限公司（以下简称乾峰公司）1998 年成立，2005 年由乡镇集体企业改制重组，公司下设 8 个初制厂、1 个精制厂、1 条普洱茶生产线、1 个名优茶生产车间，改制时资产 5100 万，职工 412 人，一次解决完。为了重振耿马茶叶雄风，当时策划茶业规划带，以勐撤为中心辐射周边乡镇，先后扶持 8000 多户农户种植茶叶 5 万多亩，新建了三座初制加工厂。公司和农户签了合同，约定从种植开始，前 3 年全部由厂家投入生产成本，包括开荒费、种苗费、肥料费、农药费、管理人员费等，每亩大概投入 1500 元，投资成本逐年按 30% 还清。但到茶叶采摘时市场价高，老百姓就不卖茶叶给公司，导致公司投资成本收不回，法院根本无法逐一清理。这种情况维持到 2013 年，公司经营陷入绝境。2013 年年底普惠三农合作社凭借雄厚的实力向乾峰公司注资，乾峰公司从管理到产品研发、整体销售与普惠三农合作社全面合作。一个名噪一时的龙头企业又焕发了勃勃生机。

"以前是老百姓把我坑了，现在和老百姓合作又把我救活了。"据原乾峰公司经理何正华解释："以前公司大量资金投到基地建设上，不注重市场和加工环节，和农户利益联系不紧，老百姓不卖鲜茶给公司，公司经营立马困难，现在普惠三农合作社不但带着资金，还带着茶叶种植户来整合公司，茶叶种植社员和我们是一家人了，所以是和老百姓合作又把我救活了"。何正华说："原来我们思想封闭，普惠三农合作社思路开阔，值得我学习。"

2014 年 3 月 7 日下午，普惠三农合作社在乾峰公司会议室召开培训会,来自不同乡镇的 6 个村委会的主任、村小组长 30 多人参会。一个企业召集村委会、村小组负责人开会,没有补贴,但大家积极参加,会上大家代表各村表明了自己的诉求,合作社邀请的专家、律师开诚布公地讲收益和风险。

合作社法律顾问王意军说:"合作社运作完全符合法律法规和相关政策,农户应该尽快确权,投入到三农合作社,快捷致富。正因为有风险才成立专业合作社,增强了抗风险能力。"

合作社董事长吴兰峰列举了合作社带给农户的具体实惠:"合作社对社员产品实行保护价,社员产品交合作社年底有返利,年底合作社还要分红,生产生活需要资金可向合作社借款,不用抵押。"这使与会者看到了合作社的魅力。

培训会后部分农民朴实的语言道出了农民朋友对致富的渴求、追求成功的真诚和对普惠三农合作社的认可。

孟定镇芒美村委会 11 组组长、佤族农民赵老二说:"这事好啊!我家 130 亩胶林,加入合作社年底可以凭股权证分红 4000 多元,我能分红了!原来怕亏,怕老板拿林权证跑掉。"

孟定镇芒美村委会副主任、芒美橡胶合作社成员、佤族农民杨有生:"我们村加入了 2 个组,11 组和 16 组,有 31 户。我个人有胶林 135 亩入社,我家有 9 人。"

孟定镇芒美村委会 16 组组长、橡胶合作社理事会女成员、傈僳族农民王应春:"我家入股 180 亩。我认准了所以敢入。我家请了 6 个工人,开割胶的时候请得更多。"

勐撒翁达村委会控批组组长、傣族农民金正荣说:"我还没有入,这个政策相当好,我们自己资金不够,合作社可以帮得上忙,回去后要积极入社,专门种茶。"

勐撒翁达村委会翁达 1 组组长、佤族农民李国明:"我种茶 15 亩,一家 7 口人,回去要加强宣传,这个事好,整个组 648 人,5 组有 1000 多亩茶。我喜欢做,没有难度。"

孟定者哈小学景颇族青年岳町："我代表母亲孟洁来开会,我家入了14.4亩胶林,1月份入会,希望多分红。极个别投机分子搞乱了行业。这个公司是搞实业的,所以放心入股。业务进一步开展加入的人会更多。"①

笔者认为普惠三农服务专业合作社通过近两年的运行,总结出以下五点经验。

一是普惠三农服务专业合作社创新合作社发展模式,采取"合作社+金融机构+农户"的发展模式,即合作社为社员发展提供技术和市场支持,小额信贷公司为合作社和社员筹集资金,满足生产生活发展需要。这种新模式不仅有效避免了很多合作社单一环节、运行机制和管理制度不规范以及融资困难等问题,也是从单一合作社向综合性合作社发展转变的探索和创新。对边疆少数民族地区提升产业发展具有一定的借鉴意义。

二是提高了广大农户自愿加入合作社的自觉性和主动性。普惠三农合作社经营模式非常先进,它建立了风险共担、利益共享的产业化经营模式,充分利用项目区现有的区域自然资源优势,通过基地建设、示范带动、技术推广,提高农业产品的技术含量和产品品质,将潜在的区域资源优势转化为经济优势和竞争优势,促进项目区农业产业化经营。合作社为广大社员提供优质服务,预测市场风险,降低生产成本,提高经济效益,使社员增强了对合作社的依赖和信任。

三是时间短、见效快。短短半年时间,合作社就组建成立8家以茶和橡胶为主的专业合作社,召开动员会50次,参会人员达15000人次,培训相关工作人员120人。投入资金1500万元,全面收购整合原乾峰茶业有限公司,积极参与耿马茶叶产业二次创业、勐撒万亩有机茶园观光旅游建设;投资1000万元建设15000亩有机生态茶园基地及占地70亩集生产加工、休闲品茶、观光旅游、茶文化展览为一体的茶叶庄园。

---

① 根据笔者于2014年1月在临沧市耿马县调研内容整理所得。

印发入社宣传材料 1 万份,制作股权证 1 万本,社员证 1 万本,并依法依规对社员入社资产进行确权登记。到 2014 年 2 月 20 日报名登记入社的社员达 5000 户,入社资产近 5 亿元。

四是党委、政府高度重视,新闻媒体十分关注。省政府研究室到耿马调研,形成专题调研报告。临沧市委派调研组到合作社进一步调查研究。《云南经济日报》等媒体做了系列报道,产生了很大的社会影响力。2014 年云南省林业厅、云南省财政厅、云南省供销合作社授予普惠三农合作社"云南省林农专业合作社省级示范社"的称号。

五是和高校等相关研究机构合作,取得三个突破。首先合作社发展是用市场的眼光放在全县战略上考虑,茶产业全面提升;其次是靠自身能力,设法整合资源,现在加入合作社,整合容易多了;最后是生产加工销售走上一个新台阶,中高端产品提升了一个平台。强强联合、全面整合、抱团发展。合作社现为云南大学农村发展研究中心研究基地、云南中华文明研究会新农村建设研究基地。

五、普惠三农合作社发展的主要困难和问题

一是社员资源管理任务较重。目前,合作社涉及全县 9 个乡镇 81 个村委会 5 个社区 962 个村民小组 52249 户农户,社员基本情况的登记需要很长时间。再加上社员土地、房屋等资产和茶叶、核桃、橡胶及非经济林果等林地资源,预计涉及面积几百万亩,都要逐一准确无误地登记清楚,确保每个社员的权益不受损失。这些都是较为复杂而系统的工作,需要花费大量的人力、物力和财力,配套专门的硬件和软件设施进行管理,各项工作相应的资金投入只能由合作社承担。

二是社员培训任务相对较重。近年来,虽然各级政府不断加大对合作社社员的培训力度,但主要是侧重于整体性培训,因地制宜结合实际的培训较少,不能满足农民发展产业的需要。合作社建立的时间短,社员都是当地农民。从合作社的社员构成来看,大多数合作社的社员

知识文化水平不高,合作意识、竞争意识和市场观念不强,缺乏发展生产的相应技能。这些培训任务重、时间紧,都需要合作社投入人力、物力,组织各方面的专家或者技术人员进行培训,在实际生产活动中也需要派人跟踪服务,为合作社发展专业经济、特色经济提供强有力的支撑。

三是配套政策落实难度较大。基层对农民专业合作组织定位不清、协调不够、支持不力,如有的地方把合作社当作合伙企业、加工型企业来对待,在用地、用电、用水上等同工业企业。另外,虽然2007年《农业专业合作社法》开始实施,国家也出台了相应的税收优惠、财政扶持政策,但是地方相应的实施细则没有出台,加之地方财力较弱,优惠政策难以落实;还有农业自身投入大、周期长、回报低等特点,绝大多数银行不愿意接合作社的业务,农民专业合作社的发展所需资金主要靠自身现金出资。在合作社的规范生产经营发展过程中,涉及工商、税务、质检、商务、银行、农业、林业、水利、国土、交通、环保等部门,但目前在扶持合作社健康规范发展中,还没有形成工作合力。

四是对合作社认识不到位。发展农民专业合作社是一种市场经济行为,具有较强的政策性、知识性和业务性。目前,地方政府部分基层干部对发展农民合作社的重要性、紧迫性认识不足,对其发展形势和作用认识不够,工作中重视、扶持、指导针对性不强,有的甚至对合作社是一种新的经济组织都不清楚,往往作为一般企业对待,导致引导和服务作用小、支持力度不大。此外,近年来合作社发展的示范带动作用不断增强,绝大部分农民参与的积极性很高,但仍然存在少部分农民对加入合作社有认识偏差,入社积极性不高,甚至认为入社不如单干。这些问题在一定程度上制约着合作社的发展壮大。

六、支持合作社发展壮大的建议

合作社刚刚起步,面临一些困难和问题,需要各级党委、政府给予支持并帮助解决。

一是加大支持力度。合作社成立以来,运行管理规范、经营服务能力强、示范带头作用大,在临沧具有较强的知名度和影响力。各级地政府应该在资金、政策上给予支持帮助。

二是支持合作社开展资金互助试点。中央和省委有关文件明确了支持农民专业合作社开展信用合作试点,支持有条件的合作社兴办农村资金互助社等政策规定。目前,云南省部分农民合作社已经探索性地开展了资金互助尝试,效果十分理想。建议把临沧市耿马普惠三农合作社作为资金互助试点企业,鼓励其积极探索。

第二节　昆明城郊香草庄园的实践探索*

香草芳林是由昆明旭胜农业有限公司精心打造,集香草种植、香草园艺观赏、香草种苗销售、香草产品手工制作体验、香草养生文化传播于一体的香草养生体验农庄。2013 年 6 月,香草芳林以独特的园区特色与鲜明的产业优势成为昆明市首批重点都市农庄,2014 年参加第二届全国休闲农业创意精品展,荣获园区景观创意银奖,2014 年香草芳林以中西合璧的餐饮特色获得昆明市西山区农家乐最佳美食奖。香草芳林自 2013 年开业自今,以昆明十大特色农庄及昆明五大最美农庄,得到了追逐时尚的昆明都市白领的青睐与认可。

一、成功经验

总结香草芳林两年来的经营过程,其成功主要源于以下几个因素:

（一）项目定位准确、主题鲜明

香草芳林紧紧围绕香草主题做文章,园区功能布局规划涵盖香草的种植、景观、香草系列产品展示、香草养生体验、香草户外芳疗、香草

---

*　作者刘翎:香草芳林都市农庄园主。

餐厅、香草手工体验等方面。

（二）精心设计农庄的体验环节，让游客获得身心的满足

休闲农业活动的基础是农业，目的是休闲，本质是体验！用体验来创新休闲农业，设计和开发适当的体验活动项目，更能体现休闲农业的本质特点，更好地满足消费者的休闲消费需求。

（三）充分挖掘香草的芳疗、食疗价值，增加园区休闲的附加值

园区种植了20多种让人轻松愉悦的香薰植物，如薰衣草、迷迭香、鼠尾草、芳香万寿菊等，游客可以通过观赏、闻香、品味，全面体验香草的香薰价值，达到身心的彻底放松。独特的香草户外芳疗体验，以及中西合璧的香草特色餐饮体验也为游客带来了不同的出游感受。

（四）设计多种手工体验产品，增加园区游览互动

在园区游览中设计体验环节，不仅可以让游客获得新的感受和得到休闲的乐趣，还可以增长见识、积累经验，达到怡情益智的效果。

香草芳林的手工体验包括：香草手工蛋糕饼干、香薰精油香皂、香草匹萨的制作、香草种植体验及香薰插花体验等。

（五）文化制胜，用心构造农庄的"都市调调"

香草芳林通过自己的"调调"，展示了庄主的梦想、风格与个性，很多顾客在香草芳林不经意的游览中，深深感悟庄主的点滴用心，一种清新的田园之梦被唤醒的亲切感油然而生，据悉，这是很多顾客多次往返香草芳林的原因所在。

（六）农耕文化与景观园艺的完美结合

农耕文化与景观园艺的完美结合，不但改变了传统农业的粗放耕作模式，使农业与乡村旅游接轨，也大大提升了农业种植的附加值。经常性的节日活动设计，增强老顾客的心灵归属感，比如香草芳林万圣节活动等主题型活动。

（七）产品设计的多样性，创造多角度盈利模式，降低经营风险

多角度对香草产品进行综合开发利用，以弥补休闲农业的高成本投入，增加园区的附加值。香草芳林的系列产品有以下四类：

初级产品——香草种苗盆栽、香草茎叶及干花、香草蜂蜜。

加工产品——香草酵素、香草茶包、香草香包、香草调味料。

手工体验产品——香草蛋糕及手工香皂的现场制作、香草种植体验、香薰插花等。

延伸产品——青少年科普教育、低碳生态农业观光、香草园休闲野营度假、薰衣草田简约婚礼。

（八）故事营销与现代创新媒体的嫁接

香草芳林源于两位大学教师的紫色梦想与感人的励志故事，香草芳林在整个经营过程中，未在报刊、广播、电视上做过付费广告，更多的是通过亲朋好友的微信、微博、QQ 空间达到宣传推广的目的，在此基础上的政府行业助推、新闻媒体的采访报道，使香草芳林知名度迅速上升，很多游客有感于园主自主创业的感人故事，慕名造访香草芳林。

二、香草芳林的成功运营给林下经济发展带来的思考

（一）经济效益分析

1.粗放农耕变精致农业

香草种植业与香草农耕文化、香草园林艺术有机结合，可以提升种植基地的观赏价值，满足人们对高档观光农业的需求，有利于突破我市农业传统粗放的种植模式，增加农业附加值，在经济收益大幅提高的同时，间接为农业吸取现代高科技成果奠定投资基础。

2.荒山变良田

综合利用现代生物技术，对红山顶贫瘠的荒山进行成功改良，这对我市近郊荒山的绿化及开发利用将产生示范效益，可以直接增加当地农村居民收入。

3.带动本地农业产业化调整

以高经济价值作物——食用香草的种植、综合利用及香草养生文化传播，促进当地居民对食用香草的了解，扩大香草的市场需求，使其

成为日常养生必需品,以此带动当地农业产业化调整。

(二)项目的社会效益分析

项目以乡村生态旅游为背景,引入现代农业经营管理理念,符合国家倡导的新农村农业发展策略,符合本地农业发展规划目标。

该项目以低碳有机农业为发展目标,大量吸取了新能源技术及农业生物技术,其示范效益是显而易见的,可以提升我市现代农业的科技含量。

该项目属新型农业,兼具服务业的基本业态,可以增加当地就业。

项目的开发将丰富昆明市的特色农业资源,是增加昆明农业亮点的工程。

项目兼具中小学生劳动技能课及课外生态教育功能,对丰富我市社会教育资源,也具有重要的社会效益。

(三)生态效益分析

香草种植业与香草农耕文化、香草园林艺术的结合,有利于改善、美化生态环境,具有良好的生态示范效益。

利用现代新能源技术的最新成果,打造低碳休闲农业示范园,可以为我市农业发展节能减排提供直观的示范模式,低碳有机农业示范园区的成功运营,可以带动我市农业的低碳潮流,对保护生态环境具有深远意义。

借鉴发达国家经验,通过生活有机垃圾简易处置的示范教育,有助于教育市民从我做起、关爱环境、科学循环利用生活有机垃圾,变废为宝,减少环境污染。

园区生活污水、厨余通过科学处理及循环利用,实现对外零排放,对滇池流域生态环保具有一定的示范效应。

总之,香草芳林的成功运营,说明发展特色农业,充分利用、妥善保护、发展现有森林资源可以实现荒山森林资源的保护与可持续发展。

第三节　云南寻甸县扶贫减贫的
实践及其启示[*]

　　贫困既是一个经济问题，又是一种社会现象。从经济学角度通常以经济增长和收入分配两个维度关注贫困缓解的群体特征；从社会学角度则通常强调以自生能力和社会流动两个方面解释贫困缓解的个体特征。本节结合两种视角，把贫困缓解分为"自上而下"和"自下而上"两种策略路径。具体来说："自上而下"的方式是以政府和社会为绝对主体，从"面"上采取各种方式直接或间接促进经济增长、分配公平的减贫；"自下而上"的方式则是以贫困家庭和政府共同主导，从"点"上提高自生能力和社会流动性的减贫。[①]

　　《中国农村扶贫开发纲要（2011—2020）》的颁布实施使中国扶贫开发从以解决温饱为主要任务的阶段转入巩固温饱成果、加快脱贫致富、改善生态环境、提高发展能力、缩小发展差距的阶段。同时，国际市场萎缩和出口困难的经济发展形势也要求中国通过加大反贫困开发力度来扩大内需，加快转变经济发展方式来促进经济长期稳定可持续发展。因而，这是一个政府力量、市场力量和社会力量合力而行同时聚焦贫困地区的阶段，也是中国反贫困的新机遇。本节以寻甸县为例，阐述"自上而下"和"自下而上"两种减贫策略在政府力量、市场力量和社会力量结合运用的效果，其逻辑如下：

一、寻甸县的基本县情及扶贫减贫成效

　　寻甸县位于云南省东北部、昆明市北部，全县国土面积2809平方公里，有10个乡镇（街道）、132个村（居）委会、1216个自然村，总人口

　　＊　作者许树华：云南开放大学副教授。
　　①　文雁兵：《包容型政府行为逻辑、治理模式与经济绩效研究——来自中国的经验》，浙江大学博士学位论文，2014年。

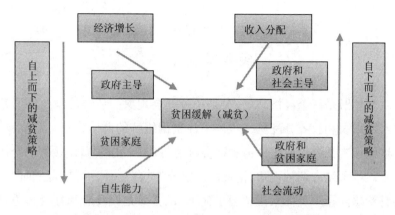

图4-1 "自上而下"与"自下而上"结合的减贫策略

41.6万人。本节将缓解贫困的研究聚焦于寻甸县,主要基于以下4个理由:(1)寻甸县是一个山区农业县。全县山区、高寒山区占总面积的87.5%,有农业人口35.12万人,占总人口的84.44%。(2)寻甸县是一个民族自治县。1979年经国务院批准成立寻甸回族彝族自治县,目前有回、彝、苗等少数民族10.22万人,占总人口的24.57%。(3)寻甸是一个革命老区县。1935年4月、1936年4月,中国工农红军长征两次路经寻甸,留下光辉足迹,长征精神代代相传。(4)寻甸县是一个贫困县。财政自给率仅为31.6%,有80个贫困村(行政村),占全县村(居)委会的60%,有7.52万贫困人口,占总人口的18%,贫困程度深、贫困面广。寻甸县综合4方面的特点,因此极具典型性和代表性。

"十二五"以来,寻甸县继续巩固和完善"政府主导、部门主帮、社会主动、群众主体"的扶贫开发新格局,坚持把扶贫开发与推动新型"工业化""信息化""城镇化""农业现代化"四化建设结合起来,以乌蒙山寻甸片区规划为载体,以项目实施为抓手,坚守主战场、瞄准硬骨头、打好攻坚战,着力完成1.85万贫困人口的脱贫任务、河口镇整乡推进项目;实施好金所片区整乡推进项目,以及86个村6184户的宜居农房建设项目;争取申报实施2个老区建设项目、3个产业扶贫项目、121个整村推进项目、200户安居房建设、300人易地搬迁和 3000 万元小额信贷,不断改善贫困地区条件,加快贫困群众脱贫致富步伐。

二、寻甸县"自上而下"扶贫减贫的实践及经验

(一)多措并举促进经济增长

寻甸县"自上而下"的扶贫主要方式有:新农村建设整乡整村推进、专项产业开发、易地开发、小额信贷、幸福乡村建设,全面推进扶贫工作深入开展。

1.新农村建设整乡整村推进

"十二五"规划实施以来的四年里,寻甸县以整乡推进、整村推进为抓手,以宜居农房和产业建设为突破,整合投入专项扶贫资金 2.5 亿元,实施了 29 个"幸福乡村"及河口镇整乡推进项目,全面完成了 114 个整村推进项目,建设宜居农房 5153 户。其中,实施了自然村整村推进 360 个,投入财政扶贫资金 5980 万元;实施了行政村整村推进 17 个,投入财政扶贫资金 2280 万元;实施了整乡推进 3 个,投入财政扶贫资金 1 亿元。

河口镇整乡推进计划投资 14415.70 万元,完成投资 25247.17 万元,完成 175%,于 2014 年 9 月 26 日通过县级验收,目前正完善工程管护措施。金所片区整乡推进计划投资 25295.07 万元,截至 2013 年 11 月底,累计完成投资 5217.49 万元,完成 21%,其中,省、市补助资金 4000 万元,完成投资 852.3 万元,完成 21.3%;整合部门资金 15544.90 万元,完成投资 1695.67 万元,完成 11%;群众自筹 5556.17 万元,完成投资 2475.52 万元,完成 44.6%。鸡街镇整乡推进规划总投资 21557.53 万元,目前《实施方案》规划已通过省级评审,待资金下达后即可组织实施。

通过实施以自然村整村推进、行政村整村推进、整乡推进等以改善贫困村生产、生活基础设施为主的项目扶贫,大大改善了寻甸县贫困村的生产生活条件,贫困村通路、通水、通电的比例大幅提高,提高了村民

发展经济的能力。

2.专项产业开发

"十二五"期间,寻甸县始终坚持"旅游活县"战略,积极推进旅游同文化的融合,创新旅游发展体制机制,成立"凤龙湾文化旅游产业园区管委会",整合108平方公里范围内的旅游资源,着力打造影视文化旅游、温泉旅游、红色旅游、生态旅游四大品牌。寻甸县旅游支柱地位不断凸显,目前以凤龙湾风景区、北大营万亩草山为代表的生态旅游、以星河小镇为代表的温泉旅游已初具规模。凤龙湾国际旅游生态城被列为云南省重大文化产业项目,"中国云南影视产业实验区寻甸天湖岛基地"正式挂牌,"星河温泉小镇"被评定为国家"AAA"级景区。2013年,寻甸县接待游客111万人次,实现收入1.71亿元,第三产业增加值达25.79亿元。

大丫口村临近北大营大草场,拥有得天独厚的旅游资源优势。全村建设过程中,始终贯彻政府统规、群众自建的原则,坚持做到"四个结合":一是政府主导和群众主体相结合。坚持政府主导规划、引导建设,把户型选择权、知情权交给农户,充分体现了农户的建设主体地位。二是就地新建与就近迁建相结合。根据村庄规划,符合就地新建要求的,实行就地新建;不符合规划要求的,实行就近迁建。三是项目建设和环境整治相结合。结合基础配套工程的实施,督促村民制定环境保洁村规民约,做到乡村建设与环境整治相互促进、相得益彰。四是基础建设与产业培育相结合。在改善群众生活条件的同时,注重种植、养殖、旅游服务等产业培育,引导农户增强自我发展能力,由输血式扶贫向造血式扶贫转变。

整乡推进结合城乡清洁工程,对村内道路、村民活动室、庭院等进行环境综合整治,使环境卫生工作成为常态化、经常性工作。对村内道路、活动室等进行绿化,掀起自己家园自己美化的高潮,对庭院四周空闲地栽花种草。扶持农家乐建设,通过旅游服务培训,提高农家乐的经营和服务水平,打造出乡镇自主特色的旅游文化村。

大丫口村建设完成后,制定了相应的《村规民约》,细化了活动室、活动场、小树林等公共场所管理规定。利用村民议事会开展村风评议,培育文明、健康的村风民俗。作为通往北大营交通要道上的村落,要求充分体现出旅游文化村的风貌特色,相应的管理制度是对本村民有效的约束,也是对过往游客能得到优质服务的保证。

寻甸县在发展新兴支柱产业的同时,全县以稳粮强烟、发展畜牧为目标,调整种植结构,依靠科技巩固发展传统支柱产业,逐步扩大种植粮、烟、薯、林果的面积,提升种植水平,扶持发展养殖大户,使群众收入稳中有升。同时以市场为导向,扶持发展市场需要的名、特、优产品。"十二五"以来,投入产业扶贫资金1000万元,扶持发展18个产业项目,其中,养殖业14个,种植业4个。结合"扶贫攻坚三年行动计划",发展种植业32469亩,其中,发展经济林果(木)8056亩,发展经济作物6476亩,发展高原特色农业13677亩,发展中药材及花卉4260亩。发展养殖业1572头,其中,购买能繁母牛71头,发展生猪养殖1378头,发展土羊养殖123头。同时,编制并上报《昆明市寻甸县连片特殊困难地区产业扶贫规划(2011—2015年)》,规划总投资16.52亿元,其中中央资金1.15亿元,地方资金0.16亿元,信贷资金8.9亿元,业主融资4.69亿元,农户自筹1.62亿元。根据"一统三化两转变"的总体要求,结合当前寻甸县效益产业市场的发展趋势,依据贫困地区资源禀赋条件和产业基础,选择和布局全县5个扶贫主导产业及3个骨干增收产业。5个主导产业包括:木本油料(核桃)、生物制药(中药材)、高原薯业(马铃薯)、烟草、高原渔牧(生猪、肉牛、肉羊);3个骨干增收产业包括:民族乡村旅游、果蔬(蔬菜)及优质粮油(水稻、玉米),通过大力发展产业培育项目,至2015年,人均GDP预期达到12469元,年均增长11%;农民人均纯收入5138元,年均增长8%;项目覆盖贫困村8917个以上,可带动贫困人口41.7万人以上,按2300元标准计算,全县贫困人口减少4.6万人以上。

然而寻甸县产业基础还较薄弱。传统农业规模仍然较大,经济作物仅有烤烟、马铃薯形成规模化种植,结构单一、产业化步伐缓慢;工业发展仍然以传统的煤磷化工为主,资源依赖程度高,产业链延伸不够,精深加工不足,仍处于工业化的初级阶段;第三产业发育程度不高,尤其是文化旅游产业受土地、资金、基础设施等方面的影响,对经济社会发展的促进作用还不明显。

3. 易地开发扶贫

对环境恶劣、不具备生存和发展条件的贫困村,整合易地搬迁、抗震安居、地质灾害防治、宜居农房等项目资金,实施易地扶贫搬迁,是一个解决温饱、脱贫致富、见效极快的方法。

寻甸县有 1.3 万人居住在自然条件极其恶劣、自然灾害频发的特困自然村。参照《中共昆明市委办公厅、昆明市人民政府办公厅关于促进主城区集中式饮用水源保护区居民转移进城的实施意见》(昆办发〔2014〕8 号)的相关政策,通过财政奖补、结构调整等综合措施,对自然条件极其恶劣、基本不具备人类生存条件的地方,实施移民搬迁、易地开发。

寻甸县易地开发扶贫的具体方法是:对贫困人口实施优先就业、优惠就学、优待养老,人均补助扶贫资金 5000 元,以"柔性移民"方式引导他们平稳有序地向县城和集镇转移。"十二五"期间,大多数乡镇总结以往经验,较好地做通了群众工作,实施易地搬迁 424 户 1873 人,投入财政扶贫资金 5723.6 万元,工程实施进度正常,搬迁群众如期迁入新居。

4. 小额信贷

加快推进小额信贷扶贫,是实现贫困农民增收的一项有效途径,也是一项面广点多、业务量大的艰苦工作。在实施中深入调查、确定对象、认真培训、加强指导。围绕"放得出、收得回、有效益"的目标,严格按照"坚持条件、规范管理、加强指导、逐步推广"的工作方针和"一准、三落实、六到户"的原则,规范程序、加快发放、强化回收、确保效益。"十二五"以来,全县共计发放小额信贷 2.38 亿元(其中,2011 年 3300

万元;2012 年 6700 万元;2013 年 6650 万元;2014 年 7100 万元),受益农户 11420 户 45136 人,按 5% 贴息投入 1137.5 万元。共投放互助资金 562.8 万元,项目覆盖六哨乡 5 个行政村 8 个自然村。实施扶贫贴息贷款项目 1 个,贷款 400 万元,按 3% 贴息投入 12 万元。信贷扶贫紧扣贫困人口增收主线,实行"小额信贷推动、互助资金拉动、龙头企业带动、技术培训促动"的四轮驱动模式,有效解决了贫困户发展产业资金缺乏及龙头企业、协会发展资金短缺的问题。通过信贷资金扶持,大力发展特色主导产业及地方种养业,并逐步形成规模,促进贫困地区农业产业化,大大提高了贫困群众的生活水平,农民人均纯收入 2010 年 3497 元,2011 年 4130 元,2012 年 4739.4 元,2013 年 5630 元,连续三年实际增幅都在 15% 以上,比"十一五"期间的平均增幅 12% 高出 3 个百分点。

5.幸福乡村建设

寻甸县围绕以宜居农房建设为主的"幸福乡村"建设工程,奋力打好扶贫攻坚战。从 2012 年起,全县共建设宜居农房 16863 户(其中,2012 年 5236 户;2013 年 5443 户;2014 年 6184 户)。实施安居房建设 1416 户 5288 人(其中,2011 年 336 户 1328 人;2012 年 200 户 625 人;2013 年 580 户 2285 人;2014 年 300 户 1050 人),投入财政扶贫资金 1416 万元,每户补助 1 万元。

寻甸县以改善贫困村民的生存环境为目标,提升他们的生活质量。几年来,建沼气池 42 口,建节能灶 640 眼,改造卫生厕所 327 个,新建卫生公厕 263 个,新建垃圾房 106 个,改造庭院 40 户 4531 平方米,建文化活动室 38 个 5002 平方米,修活动球场 19513 平方米,这些项目的投入使用,使农村"脏、乱、差"的现象基本消除,农民生活习性、生活方式得到改变,生活水平、生活质量明显提高。

通过多措并举,寻甸县扶贫开发取得了较好成绩,经济社会呈现出快速发展的态势。2013 年,全县贫困人口减少 1.45 万人(按照低于 2300 元的贫困标准);实现地区生产总值 64.95 亿元,增长 14.5%,其中第一产业实现增加值 18.5 亿元,增长 8.1%,第二产业实现增加值 20.66 亿元,增长 21.6%,第三产业实现增加值 25.79 亿元,增长 13.3%;实现地方公共财政预算收入 7.24 亿元,增长 22%;完成规模以上固定资产投资 80.1 亿元,增长 32.6%。

(二)促进分配公平

1.原理

收入是衡量居民生活水平的核心指标,提高收入水平、提高收入增长速度自然可以减贫。传统理论认为经济增长所产生的"涓滴效应"有利于贫困减少。经济增长能自动地惠泽穷人。然而我们发现经济增长只是减贫的必要而非充分条件,经济增长不会自发地提高穷人的收入,事实上在社会经济增长中城镇居民的获益更大。

为了便于研究,本节选取人均 GDP 增长率表示经济增长率,并以 1994—2010 年云南省人均 GDP 增长率、城镇居民人均收入增长率、农民人均收入增长率为变量做回归分析,原始数据来源于《云南统计年鉴》《云南 50 年财政统计》相关各年,并经计算得到。样本期起点的选择主要是基于 1994 年是我国财政分权改革起始年份来考虑。当然我国 1994 年的财政分权不是完全意义上的财政分权,而是"财政收入集权、财政支出分权"的部分财政分权模式。方程中将 YGDP 设定为人均 GDP 增长率并用它作为被解释变量。在方程右边,X_{CZ} 表示城镇居民收入增长率、X_{NC} 则表示农村居民收入增长率。

基于此,设定的估计方程为:

$$YGDP = C(1) + C(2) * X_{CZ} + C(3) * X_{NC} \qquad (式4-1)$$

运用怀特异方差最小二乘线性模型得到回归结果:

$$YGDP = 4.42 + 0.79 * X_{CZ} - 0.02 * X_{NC} \qquad (式4-2)$$

分析后我们可以看到,城市居民收入增长率的系数显著为正,人均 GDP 增长率的作用主要是拉动了城市居民的收入增长。而农村居民收入增长率系数为负,这表明在经济增长过程中,虽然农村贫困程度有了显著下降,但农村居民(尤其是贫困居民)收入增长相对缓慢,由此造成农村居民收入增长相对下降。这进一步说明地方政府经济增长和收入差距加大(减贫放缓)客观存在,经济增长的过程中会发生"马太效应",使财富越来越向富人集中,贫困人口的生存空间可能进一步恶化。而要缩小贫富差距、减少贫困就必须配合收入分配等手段进行调节,不能依赖经济增长自发地提高贫困人口收入。①

2.促进分配公平

在国民收入分配的三个层次中,初次分配是原始分配,一般通过生产性就业等自生能力获得的生产性收入(工资收入和经营收入)是家庭收入的主要来源;二次分配是对一次分配的调整,以政府调节来弥补市场分配的不足;三次分配则是对二次分配的补充,以民间捐赠来弥补政府调节的不足。三次分配是人们自觉自愿的一种捐赠,它带来的影响不仅是经济的,而且还有社会和政治的,因而发挥了市场调节和政府调节无法替代的作用。②

从整个社会来看,目前我国初次分配客观上存在一些不合理、不公平的方面。例如:由于改革不到位,一些部门凭借"行政权力"获得大量额外收益;垄断行业以垄断地位获取收益;地区改革开放程度不同导致地区间发展差异;居民收入在初次分配中所占比例偏低。再加之,贫困地区由于自然条件恶劣、历史原因等种种因素导致贫困人群在初次分配中处于绝对劣势,因此要走出"贫困陷阱"必须借助二、三次分配。

(1)二次分配

政府"二次分配"主要体现在税收调节机制和转移支付方面。对于贫困地区及贫困人群的二次分配又主要是通过注入扶贫专项基金等各种转移支付和再分配,是"从上而下"发挥"涓滴效应"的重要途径。

资金整合是全面实现"大扶贫"目标的保障,是解决项目资金短缺,实现贫困地区经济加快发展的前提。寻甸县(镇、街道)贫困面广、

①　许树华:《减贫视角下的财政分权改革研究》,《经济问题探索》2014年第7期。
②　许树华:《云南农村贫困问题研究》,云南科技出版社2012年版,第70页。

贫困程度深,脱贫致富的任务异常艰巨,仅靠省、市扶贫项目资金不可能完成任务。为此县委、县政府多次召集县直相关职能部门在项目实施地(镇、街道)召开现场办公会,充分发挥财政扶贫资金的"黏合剂"作用,以整乡推进等扶贫试点项目为平台,整合多部门资金投入到各项目中,实行资源优化组合,为全面实现规划目标提供了保障。贯彻落实新五年农村扶贫开发纲要四年来,寻甸县通过创新扶贫开发工作机制,加大投入,举全县之力开展扶贫攻坚。全县整合各相关部门累计投入扶贫开发资金 7.63 亿元,其中,财政资金 5.14 亿元,发放小额信贷 2.49 亿元。

(2)三次分配——社会帮扶

社会扶贫,是解决农村贫困问题的助推器,也是密切党群、干群关系的重要途径。按照扶贫济困"党委重视、政府扶持、自力更生、社会扶贫、合力攻坚"的要求,省、市、县加大了帮扶力度,尽心尽力帮穷村扶穷户,努力实现好、维护好、发展好贫困地区、贫困群众的根本利益。

"十二五"以来,寻甸县委、县政府抓住机遇,大力施行"走出去"战略,积极沟通、主动对接,认真抓好社会扶贫各项政策措施的落实,社会帮扶取得了明显的成效,形成了牵头单位、行业部门、扶贫系统、党委政府、挂钩单位五位一体齐抓共管的社会扶贫新格局。四年中,中央、省、市、县挂钩单位累计到点 7993 人(次),直接投入和捐资捐物折资 19402.3 万元,帮扶贫困农户 17141 户,帮助贫困学生 2281 人,办好事实事 1654 件,实施项目 305 个。如滇池旅游度假区投资 200 万元,援建的羊街镇甜荞地"幸福乡村"建设项目;安宁市投资 200 万元,援建的河口镇河口村、六哨乡发嘎村扶贫示范村基础设施项目。随着技术、人才的引进和一系列项目的实施,为贫困地区经济社会发展注入了新的活力和动力。如市规划局办好事实事 56 件,昆明市人社局帮扶贫困学生 356 人,昆明市公安局、昆明市档案局分别帮扶农户 100 户。这些举措,为贫困农户解了燃眉之急,让贫困农户充分感受到了党和政府的温暖。又如,华东理工大学定点帮扶寻甸县以来,为基层改善教学条件、加强能力建设雪中送炭。捐助 60 万元,建立中学理化生物实验室;向县一中、县民中、仁德一中捐赠电脑 405 台;师生团队先后走访了 20余所乡村小学,帮教支教,并对乡村师生、留守儿童进行了慰问;举办培训班,对全县 50 名干部开展工业专题培训,提升了寻甸领导干部的管理能力。受助贫困户基本实现了减贫、缓贫、脱贫。社会力量的大力帮扶,使贫困地区干部群众深受鼓舞,更加坚定了他们自主、自立,千方百计开辟脱贫致富途径的信心。

社会帮扶具有三次分配的属性,但是存在着不确定性。主要表现为:一是社会帮扶主体应向"社会"进一步扩展。目前的社会帮扶仍以政府和事业单位为主,来自社会和民间的极少。探其原因,主要是捐赠的透明度不高,潜在捐赠者心存疑虑。二是社会帮扶的激励机制未建立。新闻媒体及社会舆论对社会帮扶的报道力度和肯定度不够。三是社会帮扶形式应多样化。目前的社会帮扶以给钱给物的"输血"方式为主,而教会贫困农户自我"造血"的方式较少。

三、寻甸县"自下而上"扶贫减贫的实践及经验

现实生活中实现个体缓解贫困最根本的途径是透过个体(家庭和企业)自生能力和社会流动"自下而上"进行流动。林毅夫把在没有政府或其他外力扶持或保护的情况下,企业获得正常利润的能力视为企业"自生能力",我们将处于开放和竞争环境的家庭,在没有政府或其他外力扶持或保护的情况下,获得生存工资和温饱收入的能力定义为家庭"自生能力"①。自生能力的重要性在于不仅可以带来技能溢价和提供生产性就业,消除"有机会无能力"的"制度性贫困",还能带来技能偏向型技术进步,促进产业升级和结构转型。

詹姆斯·赫克曼(James Heckman)把中国相当一部分穷人无法摆

---

① 林毅夫:《自生能力、经济转型与新古典经济学的反思》,《经济研究》2002 年第12 期。

脱贫困的原因归结于社会流动性低。① 拉美国家普遍陷入中等收入陷阱的一个重要原因便是社会流动性不足造成的社会结构固化。② 因此,自生能力和社会流动为贫困缓解理论提供了新的视角。对于贫困地区和群体而言,最重要的社会流动方式是劳动力流动和教育流动。劳动力自由迁徙对于摆脱"代际低收入传承陷阱"具有重要作用③,皮埃尔·布尔迪厄(Pierre Bourdieu)在《国家精英》中深刻揭示了教育在社会各阶层之间不平等所起的核心作用。④

(一)依靠自生能力缓解贫困

笔者在六哨乡随机对一农户进行访谈。该农户一家共六口人:父母、夫妻两人和一儿一女。前些年家中的经济来源主要来自于种植烤烟,但由于近年来烤烟收购的价格持续走低、对烟叶和烤制品的要求越来越高,从 2014 年开始他们开始尝试用一半土地种植蔬菜。他们的儿子读了中专后回到家中和父母一起务农,由于积极参加村里组织的各类农业技术培训,家中农作物的病虫害基本可以自己解决,还打算2015 年养两头牛。户主只有小学文化,他们认为孩子受教育后可以成为自己生产生活中的好帮手,日子会比以前好,所以他们希望其中一个孩子将来能继续升学或学一门专业技术强的技能从而摆脱贫困。

这类农户根据积累的经验,对市场进行判断,并不时调整自己的生产结构和生产方式,同时深刻认识到教育对脱贫的重要性,尽自己所能

① 文雁兵:《包容型政府行为逻辑、治理模式与经济绩效研究》,浙江大学博士论文,2014 年。

② Hertz, T., Jayasundera, T., Piraino, P., Selcuk, S., Smith, N., Verashchagina, A., "The Inheritance of Educational International Comparisons and Fifty-Year Trends", *Journal of Economic Analysis & Policy*, Vol.7, No.2, 2008.

③ 孙三百、黄薇、洪俊杰:《劳动力自由迁移为何如此重要?——基于代际收入流动的视角》,《经济研究》2012 年第 5 期。

④ [法]布尔迪厄:《国家精英——名牌大学与群体精神》,杨亚平译,商务印书馆2004 年版,第 131 页。

供孩子读书,希望孩子能走出去或是回来成为生产生活的好帮手,对未来充满了憧憬的情况只是个案。

市场经济是把"双刃剑",既可能消除贫困,也可能增加相对贫困人口。更多地参与市场能够显著降低贫困农户陷入贫困的概率,但提高贫困农户参与市场的程度是减少贫困的必要条件而非充分条件。"谷贱伤农"的情况,从古至今均是一种常态。民族地区的贫困是各种经济和非经济因素共同作用的结果,政府不能单纯地寄希望于通过市场化以及单一经济增长来自动地减少贫困,而是必须采取多方位干预和指导措施避免贫困农户被市场边缘化。

寻甸县市场发育迟缓,农民普遍不具备成为市场主体的能力。他们长期远离市场,缺乏现代市场经济价值观与竞争观。从生产方式看,目前的项目发展还停留在种植农户与市场的单打独斗中,农民生产规模小,市场经验不足,只能在集镇上售卖,当他们作为一个个无组织的、分散独立的个体进入市场时,由于信息缺乏和价格博弈的不确定性,往往难以规避市场风险,难以抵制市场中的不正当竞争和一些市场中介的价格盘剥。同时,若政府对市场体制指导缺位,则会造成贫困群体交易风险加大。由于贫困农户缺乏来自政府对于市场容量、市场需求调研方面的市场指导和信息反馈,给市场经验和市场适应能力不足的贫困群体造成了交易风险。自上而下的反贫困项目由于实施前缺乏种植品种的多元化设计和市场容量、市场指向的调查,项目实施过程中缺乏对种植农户的技能培训,项目实施结束后缺乏客观的项目评估,难免会出现"谷贱伤农"、农产品有货难售的买方市场。

国家干预是弥补市场失灵的有效手段。在世界许多发达国家,农业依然是国家政府扶持、补贴的产业。因此,只有采取以市场需求为导向的生产,以科技为支撑的种植,优化组合各种生产要素,采取产供销、种植与加工一体的农业化模式,才能形成规模优势,提高产品附加值,让贫困群体获得最大收益。

（二）增加社会流动缓解贫困

1.教育流动

贝克尔和汤姆斯（Becker and Tomes）从经济学视角强调人力资本投资（主要形式是教育）可以增强劳动者知识技能、提高生产率和劳动收入，因此教育是代际收入流动的一条重要路径。[1] 雷夫特利（Raftery）和霍特（Hout）认为教育扩张并不能导致教育机会分配的平等，反之，只要上层阶级或优势地位群体还有可能去提高他们的教育机会，教育机会不平等就会客观存在，并提出教育扩张与教育不平等之间最大维持不平等的"MMI假设"。[2] 李路路等学者则认为教育还具有维持并且"再生产"原有不平等社会阶层结构的作用，会导致阶层固化。而笔者认为，教育具有向上社会流动的功能，但是基础教育、职业教育与高等教育的社会流动功能发挥是有显著差异的，不能一概而论。[3]

我们在寻甸县的调研中，发现提高贫困地区的贫困人口基础教育覆盖面，可以提高农民的素质，更好地参与生产劳动，但是对于社会流动性的贡献不大。许多仅受过几年义务教育的青壮年劳动力进城打工，由于文化素质不高，只能从事缺乏技术含量的工作，收入也不高，几年后又返乡。而接受过中等或高等职业教育、或接受过高等教育的贫困户的子女往往毕业后就留在所就读学校的城市，并且可以长期扎根。城市中的"凤凰男""凤凰女"较成功地体现了社会流动性。但是对于贫困户来说，培养子女的前期投入仍是较重的负担，一定程度上会加剧贫困程度。

2.劳动流动

莱温斯坦（E.G.Ravenstein）认为人们之所以选择向外迁移，主要是

---

① Becker, G.S., Tomes, N., "An Equilibrium Theory of the Distribution of Income and Intergenerational Mobility", *Journal of Political Economy*, Vol.87, No.6, 1979.

② Raftery, A.E., Hout M., "Maximally Maintained Inequality: Expansion, Reform, and Opportunity in Irish Education: 1921–1975", *Sociology of Education*, Issue I, January 1993.

③ 李路路、边燕杰：《制度转型与社会分层：基于2003年全国综合社会调查》，中国人民大学出版社2008年版，第121页。

希望能够改善生活条件,流出地具有社会流动的推力,而流入具有社会流动的拉力,即著名的人口迁移的"推拉理论"①。正是由于这一推力和拉力促使了社会流动。"推拉理论"能够较好地解释当今农村社会流动的农民工和"用工荒"等现象。

农村富余劳动力向非农产业和城市转移,是实现工业化和现代化的必然趋势,是扶贫开发"一体两翼"重要战略内容之一,也是一项投资少、风险小、见效快的富民产业。通过培训转移,可有效地提高农民素质,实实在在地增加农民的收入,是农民增收最现实的一个渠道。

"十二五"以来的四年里,寻甸县县委、县政府按照"扶贫先扶志,致富先治愚"的要求,以提升农民素质为引领,坚持以人为本搞开发,大力培养新农村建设人才,把劳务输出工作作为提高农民素质、增加农民收入的有效途径来抓,作为富民兴县的支柱产业来抓。通过抓基层组织建设、抓农村党员队伍培训、抓整村推进项目建设进行培训,几年来,共投入财政资金 432 万元,组织培训 7245 人,转移输出 6886 人,转移就业率达 95%,新增收入 2786.4 万元,成为农民新的经济增长点,通过培训,贫困农民文化、文明素质明显提高,激发了他们脱贫致富的内在活力。

四、寻甸扶贫成效

寻甸县贯彻落实新五年农村扶贫开发纲要的四年中,坚持"自上而下"和"自下而上"两种减贫策略在政府力量、市场力量和社会力量中的结合运用,全县农村贫困人口从 2011 年年末的 8.97 万人减少到2013 年年末的 7.52 万人,巩固提高了 46559 贫困人口的温饱水平,在扶贫减贫方面取得了显著成绩。寻甸县是云南省 73 个贫困县的一个缩影,总结其扶贫减贫的实践经验,有助于推动云南扶贫攻坚的理论创新和实践深化。

---

① Ravenstein,"The Law of Migration",*Statistical Society*,Vol.48,1885.

第四节　资源枯竭地区的农业再发展及
市场化抉择——基于"3155"
工程的贵州六盘水案例＊

迄今为止,资源型地区转型发展问题依然是一个成长发育型的世界性难题。20世纪80年代,国外学者就资源型城市经济、产业结构、劳动力就业、环境整治等展开理论探讨与实践。20世纪90年代开始,我国学者也着手资源型城市转型问题的多维度思考。内容涉及国际经验总结以及在我国运用,城市转型战略,替代产业选择与转型模式等。① 在国家工业化与西部大开发深度推进,全球面临产业转移与能源危机背景下,资源枯竭地区如何实施产业结构调整优化、弱化产业刚性、强化接替产业培育,助推资源经济转型升级、规避"矿竭城衰"发生显得尤为迫切而紧要。

资源型城市对自然资源的开采、加工以及利用具有严重的依赖性,一旦资源枯竭,经济衰退则很容易发生。尽管学界对资源型地区转型发展探讨见仁见智,但从农业对工业发展的作用、地位、功能以及相互关系等视角出发,通过市场化抉择促进资源枯竭地区产业转型与优势再造的探讨并不多见。本节以贵州煤城六盘水的"3155"工程实践为案例展开探究,具有重要的学术意义与实践价值。

一、资源枯竭地区的经济转型与产业升级困境

六盘水,一座缘煤而起、因煤矿而兴的典型资源型工业城市。在

　　＊　作者张绪清:六盘水师范学院政治教育与法学系副教授,乌蒙山区发展研究院研究员。项目来源:国家社科基金项目:乌蒙山国家能矿基地脱贫开发问题研究(12XJL013);六盘水师范学院科研基金项目:利益协整:乌蒙山矿区"财富悖论"路径之解构(Lpssy201301)阶段性成果。

　　①　张绪清:《资源型城市中期转型的困境与对策研究——以六盘水市为例》,《资源与产业》2010年第1期。

9965 平方公里辖区内,40.14%的地表下蕴藏着煤炭资源,享有"西南煤海""江南煤都"之美誉。煤炭资源的远景储量 844 亿吨,探明储量184.33 亿吨,保有储量 168.2 亿吨;气煤、气肥煤、肥煤、焦煤、瘦煤、贫煤以及无烟煤等均有分布,具有煤种全、煤质优、埋藏浅、易开采等特点。其中,炼焦煤探明储量 104.12 亿吨,占总储量的 58%。在国家奇缺的主焦煤、肥煤等炼焦用煤,焦煤储量 68.95 亿吨[①],成为中国南方唯一的优质炼焦煤基地。

20 世纪 60 年代,国家计委和煤炭工业部把六盘水作为重点开发建设的国家统配煤炭基地;从"三线"建设开始,区域成为国土资源综合开发的主体功能区与重点领域。然而,历经 50 年的大规模"激进式"的粗放型开发,六盘水在实现财富迅速积累、GDP 和财政收入快速倍增的同时,也受到由"煤都"到"废都"转变的威胁。具体表现为资源浪费严重、水质持续下降、污染居高不下;森林覆盖率最低跌至7.55%,水土流失占总面积的比重高达 80%以上,一度成为石漠化、荒漠化的重灾区。2007 年,六盘水因环境污染问题遭到国家环保总局的"区域限批"。基于此,六盘水市痛定思痛主动作出资源型城市的中期转型战略抉择,通过产业结构调整与资源经济转型升级,拟以较低成本代价谋求矿区可持续发展。

事实上,自国家大工业布局开启区域工业化开始,六盘水的三次产业结构就一直处于"二、三、一"型畸态发展。很长时间里,第二产业占比高达 60%左右,"重工业重、轻工业轻"的重轻工业结构失衡问题相当严重。2013 年该市三次产业结构之比为 6.6:57.1:36.3,第二产业内部重轻工业结构之比高达 99.36:0.65。第二产业较为发达,不仅与第三产业滞后发展形成鲜明对比,更与弱质并不断被边缘化发展的农业构成强烈反差,资源渐枯、经济社会发展的不可持续性显著增强。从

---

① 李曼:《煤化工"硅谷"耀世而出"江南煤都"蓄势待发——从宁东能源化工基地看六盘水现代煤化工发展》,《六盘水日报》2014 年 9 月 8 日。

生态文明视角,资源渐枯并非绝对性枯竭而是相对枯竭,相对于可持续发展而言不可逆转地正面临枯竭。众所周知,煤炭属于一次性不可再生资源,意味着开发一点就少一点。作为国家大型煤炭基地、"西电东送"主战场等重要战略性资源储备基地,只要中国工业化未彻底完成其功能使命就没法终结。

在中国经济"三期叠加"新常态发展背景下,地方政府提出"立足煤、依托煤、跳出煤、超越煤"的策略,推动产业结构调整与转型升级以打造六盘水经济的升级版。按照"一产转型、二产升级、三产优化"的思路,从产业协调发展的最大短板农业入手,通过大力实施农业特色优势产业发展"3155"工程,延长产业链、提高附加值。加快第一、三产业发展,与第二产业形成联动效应,成为摆脱长期吃煤饭、念煤经等资源"路径依赖"以及弱化产业刚性的一种有效实践。产业转型升级与未来走势、战略布局与安全保障、转型时序与空间格局等问题其结果究竟如何我们不得而知,只能未雨绸缪、静观其变、积极应对。

二、六盘水农业特色产业发展"3155"工程

"3155"工程是六盘水市委深入贯彻落实《中共中央国务院关于全面深化农村改革加快推进农业现代化的若干意见》的文件精神,紧扣"把生态做成产业、把产业做成生态"的发展主线的重要举措。围绕"立足农业、跳出农业抓结构调整,立足农民、跳出农民抓增收致富,立足农村、跳出农村抓经济发展"的思路,成为破解资源枯竭地区"三农"问题与产业结构调整的一项重要的战略举措。

（一）"3155"工程的安排与目标推进

为加快煤城产业结构的转型升级,六盘水重点实施特色优势农业产业化发展战略。2012 年,《六盘水市"十二五"农业和农村经济发展规划》中明确提出重点发展马铃薯、蔬菜、茶叶、核桃、猕猴桃、油茶、烤烟、中药材、红豆杉、畜牧"十大产业"。2014 年,六盘水又出台了《农业

特色产业发展"3155"工程实施意见》，全面实施农业产业结构调整的"3155"工程（即 3 个 100 万和 5 个 50 万工程）。根据发展规划，到 2018 年全市发展猕猴桃 100 万亩（野生猕猴桃 60 万亩）、茶叶 100 万亩、核桃为主的干果 100 万亩，种植商品蔬菜 50 万亩、中药材（含红豆杉）50 万亩、刺梨（含特色经果）50 万亩、红花油茶（含花卉、苗圃）50 万亩、发展草食畜牧业 50 万亩。① 具体种植面积、实施计划详见表 4-1。

表 4-1　六盘水市特色农业发展"3155"工程的产业布局及构成情况

产业构成情况 ＼ 特色产业	合计	猕猴桃含野生	茶叶	干果核桃为主	种植商品蔬菜	中药材红豆杉	刺梨特色经果	油茶花卉苗圃	草业畜牧业
规划面积（万亩）	490	100	100	100	50	50	50	50	50
现有面积（万亩）	116.7	8.8	25	49.6	4	15	10.3	4	0
计划实施面积（亩）	374	32	75	50	46	35	46	40	50
实施乡镇（个）		38	57	92	47	49	76	70	63

资料来源：中共六盘水市委、市人民政府：《关于农业特色产业发展"3155"工程的实施意见》，《六盘水日报》2014 年 1 月 8 日数据整理。

六盘水市实施的"3155"工程实践，主要通过一系列的举措展开。即以市场需求为导向，龙头企业带动为抓手，科技驱动为依托，服务创新为纽带，切实抓好产业结构调整与转型升级，促进优势产业规模扩张与质量提升。围绕"3155"工程目标，充分利用喀斯特山区独特的农业资源禀赋，按照因地制宜的原则，科学谋划可持续发展的理念，重点发展猕猴桃、茶叶、核桃、蔬菜、油茶、刺梨、中药材、食草畜牧业等农业特色产业。按项目推进计划，2014 年实施特色优势产业 78 万亩，2015 年

---

① 中共六盘水市委、市人民政府：《关于农业特色产业发展"3155"工程的实施意见》，《六盘水日报》2014 年 1 月 8 日。

实施特色优势产业 82 万亩,2016 年实施特色优势产业 85 万亩,2017 年实施特色优势产业 77 万亩,2018 年实施特色优势产业 52 万亩,具体安排部署详见表4-2。

表4-2 特色优势产业发展"3155"工程的年度推进计划表(2014—2018 年)

项目类别/年份	2014	2015	2016	2017	2018
实施计划(万亩)	78	82	85	77	52
猕猴桃(万亩)	6	6	7	7	6
茶叶(万亩)	15	20	20	15	5
核桃(万亩)	20	10	8	8	4
蔬菜(万亩)	6	8	12	12	8
中药材(万亩)	4	5	4	4	3
红豆杉(万亩)	3	3	3	3	3
油茶(万亩)	5	6	8	8	8
花卉、苗圃(万亩)	1	1	1	1	1
刺梨(万亩)	7	7	7	7	7
特色经果(万亩)	2	3	2	2	2
人工种草(万亩)	4	6	5	3	2
改良种草(万亩)	5	7	8	7	3

资料来源:中共六盘水市委、市人民政府:《关于农业特色产业发展"3155"工程的实施意见》,《六盘水日报》2014 年 1 月 8 日(2)数据整理。

(二)基本原则

按照"政府统一领导、政策全面扶持、部门精心指导、县乡全力实施"的工作机制,将短期与长期、局部与整体、特色与优势进行有机整合。利用政府宏观调控与市场微观调节,发挥政府"看得见的手"与市场"看不见的手"的协同作用,面向市场选择优势农业产业。因此,科学发展亟须遵循规划引领、龙头带动、因地制宜、群众参与、科技支撑等原则,有的放矢地促进农业增产、农民增收致富与全面实现小康目标的展开。

通过规划引领、优化资源配置，基本形成成本最低化、效益最大化、竞争最强化的产业格局与优势农业特色产业带。根据国发〔2012〕2号文件把六盘水打造成"喀斯特山区特色农业示范区"的战略定位，以市场为导向发挥"中国凉都"农产品的比较优势，调整和优化产业结构，壮大优势特色经济，增强其核心竞争力。立足物种资源、立体气候、土壤类型等基础条件，集中人力、物力和财力，因地制宜地发展以猕猴桃、茶叶、核桃、红豆杉等为重点的农业特色优势产业。以新品种培育、新技术引进、新工艺集成为重点，引进一批高层次农科人才或技术团队，建立产学研基地，加强农业实用技术技能培训。坚持农村现有的基本经营制度，充分尊重农民意愿，合理引导土地流转；通过充分调动农民参与调整产业结构的积极性与创造性，积极依靠科技进步合理地配置耕地资源，持续不断地提高粮食生产的土地产出率、资源利用率、劳动生产率和科技贡献率。

（三）重点工作

按照"生态产业化、产业生态化"与"生态美、百姓富"的要求，结合资源型地区转型发展的战略目标，加大农业产业结构调整，促进产业转型升级与增收增效。因此，从强化农业发展的顶层设计、主体培育、资源整合、设施配套、招商引资以及科技支撑入手，通过一系列工程实施走一条生产技术先进、经营规模适度、市场竞争力强、生态可持续发展的农业现代化之路。

1.顶层设计

摸清全市农业资源现状，以及与农业结构调整密切相关的资源数量，出台农村综合改革配套政策，促进经济、社会、生态效益协调发展。"3155"工程专项计划与土地利用、城乡统筹、园区总体规划、特色小城镇、生态旅游、"四在农家·美丽乡村"等六项基础设施建设规划实现了有机衔接。

2.主体培育

创新经营机制、转变发展方式、培育家庭农场、农民专业合作社、龙头企业、种养大户等经营主体，并与农户建立起有效的利益联结机制，促进生产经营集约化、专业化、组织化和社会化。

3.资源整合

按"合理统筹、渠道不变、各负其责、各记其功"和"区域集中、项目集中、投入集中、效益集中"原则，整合发改、财政、国土、住建、交通、环保、经信、农业、水利、林业、扶贫、商务、科技、教育、气象、质监等渠道的项目资金。

4.设施配套

以全面加强特色农业产业带和农业园区的水、电、路、房、寨、讯等基础设施建设为抓手，改善农业生产条件，完善现代农业产业体系。

5.招商引资

将特色优势产业按一定规模进行项目包装，引进一批带动能力强、关联度高的农业产业化优强企业，吸引社会资金投入。

6.科技支撑

在六盘水市农科所基础上组建六盘水市农科院。并与省内外知名高等院校、科研院所建立合作机制，为特色产品的引进、选育、研发、示范以及推广等提供保障。

(四)政策扶持与保障措施

1.建立奖励机制，推动规模经营

一是特色优势产业的奖励。在"3155"工程中，市、县(特区、区)财政对达到一定规模的经营主体和县乡有功人员给予奖励(基础设施项目建设投入除外)，奖金98%兑现给经营主体，剩余2%兑现给县乡有功人员。按照区域化、规范化、标准化要求，对种植面积达到一定规模以上的特色优势产业给予奖励。奖金一般分3年执行，根据产业类别、生长周期、进展成效等确定奖励金额并兑现承诺，以市、县(特区、区)两级财政4:6的比例分担(见表4-3)。

表4-3　六盘水"3155"工程实施产业奖励的具体标准

产业奖励类别 / 特色产业	奖励标准按种植规模（亩）以上	奖励标准（元/亩）	奖励资金3年完成、分配权重（元）	市、县（特区、区）财政分担
猕猴桃	1000	2000	1500、300、200	4:6
茶叶	2000	1000	500、300、200	4:6
核桃、油茶、刺梨、特色经果	10000	200	100、50、50	4:6
蔬菜	1000	900	300、300、300	4:6 第二、三年奖励自担
	3000	900	300、300、300	4:6
红豆杉	1000	2000	1000、500、500	4:6
大宗中药材	1000	300（一年生）、900（多年生）	300、300、300	4:6

另外,苗圃规模100亩以上的,实施600元/亩的一次性奖励;对中药材和精品花卉则以"一事一议"的办法协商解决;而食草畜牧业,根据各县区肉类总产量、草场面积、圈舍面积、规模养殖场及畜牧专业村个数均以增加10%以上为基准,市级财政每年分别奖励各县(特区、区)200万元。

二是设施农业的奖励。新建设施大棚(钢结构且配套温湿度等智能设施)和加工厂房发展特色产业,分别按每平方米40元、30元的标准给予一次性奖励,奖励由市、县财政按4:6比例分担。如大棚、加工厂房设施空置率超10%,原则上不奖励。另外,最突出的是单项工作奖励(详见表4-4),对园区获得前三名的,奖励金额的30%可以用作园区干部职工的年度奖金,以促进产业化科学发展。

表4-4 "3155"工程推进中年度考核单项奖励表

奖励类别	等级程度	一次性奖励金额（万元）
省级考评晋级(年)	省级重点	100
	省级园区	50
省级绩效考评(年)	第一名	300
	第二名	200
	第三名	100
成功上市企业(家)		100
龙头企业(家)	国家级	100
	省级	10
创立品牌(个)	国家驰名商标	30
	省级著名商标	10
新选育品种(个)	权威机构认证(经济效益好)	10
产品认证(个)	国家地理标志	10
	有机食品(不含系列产品)	8
	绿色食品(不含系列产品)	5
	无公害食品	2

2.建立流转机构,保障发展用地

一是建立机构规范土地流转。结合现代农业特色产业发展和农业园区建设需要,建立县乡土地流转服务机构。负责土地流转的协调、测量、备案、合同纠纷仲裁、流转供求信息发布、农民培训及就业保障等工作。在农村土地集体所有的前提下,按依法、自愿、有偿的原则,规范土地流转体制机制,引导、鼓励、支持农村土地承包经营权依法、规范地向农业园区、家庭农场、农民专业合作社、龙头企业等经营主体有序流转。

二是科学规划保障设施用地。做好土地利用的总体规划,现代农业发展需同工业发展、城镇建设、乡村旅游和扶贫开发等有机结合起来,将现代农业园区公益设施、农产品加工、科研、教育培训及水、电、路、讯等基础设施建设用地纳入城镇土地利用的总体规划,优先安排用地指标,依法办理有关用地手续。凡直接用于特色农业发展及农业园区建设的临时配套设施用地,既不纳入非农用地范围,也不需办理相关的审批手续。

三是储备土地破解融资难题。对经营主体达到一定规模的,可以按照相关规定的文件精神,通过招拍挂方式配套供给其他经营性建设项目的开发用地,开发用地也可用于融资抵押。规定在土地流转范围内,对特色主导产业达到 3000 亩、投资 0.5 亿元以上的,政府给予配套50—100 亩产业建设用地;对特色主导产业达到 5000 亩、投资 1 亿元以上的,则配套 100—200 亩建设用地;而对于主导产业达到 10000 亩、投资 2 亿元以上的项目,则配套 200—400 亩的产业建设用地。

（五）平台保障与加大扶持

2014—2016 年,每年由市、各县（特区、区）各出资 5000 万元,共2.5 亿元特色产业发展基金,重点投向"3155"工程。组建市、县（特区、区）农业产业担保公司,对符合条件、示范带动效应明显的企业,优先受理、优先审批、优先放贷。政府统一给予贴息 50%（一年）;搭建好融资平台,完善保险覆盖的点、线、面,为遭受自然灾害和意外事故造成的损失提供保障,切实降低产业发展风险;同时,以"3 个 15 万元"政策为载体,重点做好农业园区发展和产业集聚带动的一批专精特新的小微企业扶持。

贯彻落实国家税收优惠政策,依法成立农民专业合作社,以销售农民自己生产的农产品、农膜、种子、种苗等并实施免征增值税,对在园区从事种养殖生产或流通的纳税人免征增值税。对产业关联度强、技术含量高、附加值大以及产业发展具有一定带动作用,且一次性投资超过1 亿元的世界 500 强与中国 500 强上市公司、中国名牌产品、驰名商标等企业,凡在该市一次性投资 1 亿元以上的项目实行"一事一议"。农业科技人员、乡（镇）村干部、驻村干部、大学生村官等经同级组织部门批准到农业园区、特色产业基地、合作社领办、帮办、创办农业产业的,可获取合法报酬和股份分红。支持返乡农民工、大学生、乡土人才到农业园区、特色产业基地帮办、创办农业产业。同时,强化项目实施与资金监管,以确保项目的公正透明与优质高效。凡项目奖励、申报等弄虚作假套取国家资金的,一经查实将严肃处理,除收回项目资金外,5年内不准享受任何优惠政策。

三、"3155"工程实践中的"三农"问题及市场化抉择

在中国农村大规模扶贫开发的背景下,六盘水市经过30年的扶贫开发实践基本解决了农民的温饱问题。然而,要持续实现农业增效与农民增收,须立足区域高海拔、低纬度、相对海拔落差2300米的发展优势与农业条件,依托亚热带、温凉性季风气候冬无严寒,夏无酷暑的立体气候,无霜期长、雨量充沛、雨热同季的特点,因地制宜地发展特色农业产业。坚持市场化导向扎实推进"3155"工程,成为规避山区土地碎片化、低效传统化的经营模式,加快农业的转型发展与战略性调整成为最关键的策略。否则,任何偏离民生本位与市场导向的工程实践都难能成功。

(一)矿区的"三农"问题

六盘水的"三农"问题,兼具贫困集成性、问题耦合性、发展滞后性以及利益剥夺性等特征。表现为农业弱质,产业化水平低;农村滞后,基础设施公共服务欠缺;农民贫困,经济社会文化积贫积弱。

2013年,全市农民人均纯收入5934元,高出全省人均收入600元;与全国人均收入8896元相比,仅占66.7%,脱贫依然是最大的民生主题。1978年,全市256个乡村中185个乡村属于贫困乡,占总数的72%。"八七"扶贫攻坚结束,农村贫困人口由128.2万减少到27.04万。进入21世纪,六盘水市仍有68个乡镇被列为省级扶贫工作的重点乡镇。经过艰辛努力在2013年该市农村居民15.24万人顺利脱贫,20个贫困乡镇实现"减贫摘帽",52个贫困村实现"整村推进",但通过计算发现该市贫困发生率依然高达29.9%。2014年12月初,笔者在六盘水市扶贫开发局调研得知全市仍然还有贫困村615个,总共涉及

20.8176 万户,60.9625 万人尚未彻底脱贫。其中,贫困村一类、二类、三类分别是 370 个、136 个和 109 个,足见区域贫困程度深、返贫效应强烈。而由政府牵头保障实施的特色优势农业产业化发展的"3155"工程,恰好成为破解矿区"三农"问题的重要突破口。

(二)农业产业化

六盘水市地处乌蒙山脉南端、云贵高原中部斜坡地带,是个典型的低纬度高海拔山区。利用立体气候优势,通过引进技术与自我开发,对特色农业资源实施大规模开发,走出一条独具喀斯特山地特色的现代农业产业化之路。现代农业是效益农业,也是高效农业;通过现代科技的开发利用建立起适宜于喀斯特山区种植和养殖的特色品种,通过科技支撑提升凉都特色农业的品质,并在竞争中形成、发展自己的品牌。在这一过程中,在省内外选择一些与我们特色产业互补性强的科研单位,建立战略合作关系,要在某个产业、某个领域从品种、品质、品牌等方面真正起到重大的推动作用,既要走出去又要请进来。

面对产业转型升级压力,将特色优势产业按一定规模进行项目包装,引进一批带动能力强、关联度高的农业产业化优强企业,诸如世界500 强或中国 500 强,吸引社会资金投入农业发展。具体做法以企业招商引资为主体,整合资源招商、构建平台招商,采取以商招商、以企业引企业、以特色产业链建设配套招商,鼓励本地企业引进战略投资者做大做强产业,成为农业产业化的发展关键。

(三)市场化抉择

"3155"工程建设中,从生产组织、企业运作到产品营销等方面,立足区域特色、面向国内外市场、做优做精做特,市场化发展模式与产业战略性调整成为农业产业化一大亮点。围绕"区域化布局、规模化生产、一体化服务、企业化经营、品牌化营销"战略,结合国家产业政策与相关要求,制定和出台旨在推进农村综合改革配套的政策措施,促进经济、社会、生态效益协调发展,确保经济、社会与生态价值"三位一体"的实现。

生产组织层面：围绕服务现代农业发展和农民增收的建设目标，以创新经营机制和转变农业发展方式为主线，大力培育家庭农场、农民专业合作社、龙头企业、种植养殖大户等农业产业化经营主体，带动农民脱贫致富。企业运作层面：以"公司+农户+基地"的运行模式建立起新型企业组织，以科学的利益联结机制将农业产业经营主体与农户利益实施无缝对接，通过捆绑发展促进农业生产经营的集约化、专业化、组织化和社会化。营销模式层面：注重现代商业交易平台和电子商务运用，进行实体店、体验销售和网络渠道销售。品牌营造层面：抢注地理商标，提升品牌价值。仅猕猴桃产业一项，自水城县打造"黔宏牌"红心猕猴桃开始，2007 年获中国（江西）果品及苗木展销会"猕猴桃类"金奖后，2008 年被评为北京奥运会指定果品，2010 年被选为上海世博会指定有机果品，2012 年"水城猕猴桃"获国家地理标志产品保护。2014 年荣获中国中部（湖南）国际农博会金奖和国家农产品地理标志认证等，品牌价值持续走高。

（四）产业发展目标导向

首先，环境为先——努力实现生态环境可持续发展。奉行"把生态做成产业、把产业做成生态"的生态文明理念，通过"3155"工程实施积极推动六盘水喀斯特荒山石漠化治理，将其打造成自然、生态的旅游景观（全国最大的刺梨花果节）。围绕农业增效、农民增收以及全面小康社会建设这一发展目标，将生态修复与经济建设、农民增收与产业增效有机融合起来，达到扶持贫困，回报自然的目标。

贵州天刺力食品科技有限责任公司以"健康人类，回报自然"为永恒的宗旨和责任，以打造"绿色、有机、原生态"为企业经营理念，以最大化保存"刺梨的高 VC、VP、SOD"为标准进行产品深加工，使产品达到"健康人类"的目的。刺梨基地的建设在尊重自然的基础上，积极开发并利用荒山石漠化资源，科学合理地打造出自然与人文交融、生态与产业共生的旅游景观，最终在农村实现农民脱贫致富、农业增效可持续发展。正是遵循自然法则"坐山靠山"、保护并开发山，积极规避"坐吃山空"现象发生,从而实现产业、生态"天人合一"与回报自然的目的。

其次,民生为本——全面提高人民生活水平和生活质量。民生本位就是把保障和改善民生作为出发点和落脚点,使其能过上更好生活。将"富民"目标放在优先位置,增加农业投入实现农民增收。分配问题上,提高农民土地、淡水等自然资源纳入资本要素范畴的比重,增加政策、资金以及保障的风险投入,并积极增加劳动力与要素报酬的比重。以"四在农家·美丽乡村"的基础设施建设为抓手,全面加强特色农业产业带和农业园区建设,改善农民的生产生存条件。加大项目和财政扶持资金投入,加快农业基础设施与配套建设,建立完善的现代农业产业体系。

不断完善"3155"工程,加快发展特色产业作为农业农村工作的重点、突破口和着力点来抓,推动产业结构转型升级。同时,正确处理企业与农民的利益关系,形成良好、稳定的企农契约关系;建立企业违约追究企业、农民违约追究农民的机制,确保企业与农民"双丰收"。按照市委、市政府的部署和要求,充分发挥六盘水市山地特色资源优势,深入实施"3155"工程,千方百计加快农业特色优势产业发展,让农业强起来、农村美起来、农民富起来。生态建设与经济建设融合发展的产业化路径,不仅加快产业结构调整带动当地农民脱贫致富,而且从根本上改变农村经济、社会、生态贫困的发展格局。可以说,农村土地流转与基地就业让农民尝到了甜头。产业化加快结构调整,增加就业带动增收致富实现农村减贫摘帽成为六盘水农业发展和农民脱贫的一条成功经验。

最后,产业为基——发挥优势培育和壮大特色产业。按照规模化、质量化、区域化、产业化的发展要求,2014年启动实施农业特色产业发展的"3155"工程。全市共引进和培育"3155"工程企业80家,其中省级及以上重点龙头企业16家。截至2014年12月5日,完成茶叶、猕猴桃、刺梨等特色产业种植113.26万亩,培育农民专业合作社192家,初步实现传统农业向现代农业、从分散经营向集中经营、从粗放发展向集约发展、从自然经济向市场经济的转型与过渡。

在政府的科学主导和强力推动下,全年种植猕猴桃 1.99 万亩,占计划 33.17%;茶叶 5.825 万亩,占计划 38.53%;核桃 23.99 万亩,占计划 119.97%;蔬菜 5.27 万亩,占计划 87.83%;中药材 3.94 万亩,占计划 98.6%;红豆杉 1.83 万亩,占计划 61.03%;油茶 1.62 万亩,占计划 20.25%;花卉、苗圃 1.28 万亩,占计划 128%;刺梨 2.41 万亩,占计划 26.78%;特色经果 3.78 万亩,占计划 108.1%;人工种草 2.38 万亩,占计划 59.38%;改良草地 2.08 万亩,占计划 41.6%。引进和培育 "3155" 工程企业 80 家,其中省级及以上重点龙头企业 16 家,培育 "3155" 工程农民专业合作社 256 家,培育 "3155" 工程种植大户 2073 户,从业农民总数 92.87 万人。[①] 而 "公司+基地+农户" 的产业化模式,由龙头企业有效地带动了基地化发展,迅速地提升了产业规模与质量,特色产业的优势显著增强。

四、特色农业产业化发展的阶段性成果与政策启示

"3155" 工程是六盘水市委、市政府着力推进 "四化同步",贯彻落实贵州省委、省政府 "5 个 100" 工程及国家相关会议精神的重要载体和主要抓手,也是全市产业结构调整,加快经济发展实现全面小康社会的重要 "助推器",更是农业产业化发展的新举措,经过一年的实践,阶段性成果显著,但就理论与实践而言也有一些值得深入探究和借鉴的地方。

(一)阶段性成果显著

现代农业产业园作为产业化发展的必然要求和重要载体,对于特色优势农业打造具有重要的现实意义。经过一年的扎实推进和科学实践,已取得显著经济效益和社会效益。下面,则从项目推进程度、产业园区建设、企业经济效益、农民收入状况等方面逐一进行解析。

---

① 陈珊:《全市实施 "3155" 工程 56 万余亩为年度计划数的 66.75%》,《六盘水日报》2014 年 6 月 23 日。

1.项目推进程度

截至 2014 年 6 月底,全市完成猕猴桃种植 17.9 万亩,核桃 23.9939 万亩,中药材 4.4641 万亩,红豆杉 1.831 万亩,脱毒马铃薯种植 5890 亩,精品水果猕猴桃项目已完成种植 900 亩。[①] 到 2014 年 12 月 30 日,全市 500 亩以上规模猕猴桃基地有 26 家,其中 3000 亩以上的有 5 家,1000—3000 亩的 10 家,500—1000 亩的 11 家。从种植和经营规模上看,农户散种面积较小,95%以上面积为企业、合作社或大户种植,具备产业化发展雏形。

2.产业园区建设

2014 年,全市共有 23 个现代高效农业示范园区,其中省级园区 15 个(省级重点园区 6 个)。144 家经营主体入驻园区,其中省级以上龙头企业 25 家;培育农民合作社 193 家,社员 1.69 万人。累计建成种植基地 3.07 万公顷,完成"三品一标"认证数量 38 个,认证面积 2.53 万公顷;农产品产量 20 万吨。[②] 至 2014 年 12 月 1 日,全市共实施农业特色产业"3155"工程 115.05 万亩,占年度计划 84.5 万亩的 136.16%。通过实行以点带面、滚动发展,引领了全市特色农业产业的快速发展。[③] 总体上看,通过政策引导、面向市场定位抉择,在 2014 年基本建成 1000 亩以上连片总规模万亩以上的特色优势产业原料生产基地 58 个,面积达到 27.12 万亩,产业园区建设取得较好的政策效果。

3.企业经济效益

通过政府主导的一系列惠民措施,以创业带动就业实现失业率的降低,不但控制在国家允许的 4.2%以内,还下降到 4%以下。通过农业产业化实践,扶持创业人数 1.87 万人。截至 2014 年 12 月底,累计

① 韩宗玉:《六盘水巧借农业产业化东风助力扶贫》,《贵州日报》2014 年 7 月 21 日。

② 伍应德:《基于农业产业化视角的六盘水市统筹城乡发展的对策思考》,《农村科技与进步》2014 年第 10 期。

③ 袁国中、秦海峰、任舟影、赵芳、钟淑珺:《梦向凉都飞——2014 年全市经济工作观察》,《六盘水日报》2015 年 1 月 15 日。

入驻园区企业 143 家,其中省级以上龙头企业 26 家;培育农民合作社 205 家,社员 1.6 万人;农业产业化龙头企业 133 个,同比增加 15 个。其中省级 36 个,同比增加 3 个;市级 97 个,同比增加 43 个。已建农民专业合作社 640 个,同比增长 154%,增加 226 个。

4.按照"一个产业、一套班子"的思路,市、县、乡(重点)三级形成专职的管理团队,配齐队伍

加强科技支撑引领、突破适应性上限。首先是选育出产量、品质和耐储性较好、抗病性(重点是溃疡病)较强的新品种;其次是加强土肥水技术、病虫害综合防治技术、农机和信息化技术的研究和集成应用;最后是加大引智和人才培养工作,推进六盘水猕猴桃工程中心建设,加深与各大院校和科研院所的深度合作,启动大中专毕业生选聘培养和农民技术员培训计划,出台鼓励农业系统现有事业站所人员参与产业技术研究和服务的优惠政策,用 3—5 年的时间培养一批理论基础扎实、操作能力强的本土科技人员队伍,全面提升产业的科技应用水平和业内影响力。

5.农民经济收入

通过实施"3155"工程,农业农村经济实现稳步提升,2014 年实现一厂增加值 75.75 亿元,增速排名全省第一。农民人均可支配收入达 6803 元,排名位列全省第四。从整体上看,六盘水滞后于全省其他的市(州),有一定差距。系统性落差大尽管属于历史问题,但从质和增收上看则进步较快,三标考核连续三年全省第一。在土地流转中,产业园区农民专业合作社充分考虑到了各方利益。以刺梨产业发展为例,土地流转中明确规定在刺梨鲜果采收时,收益按合作社 55%、农户 40%、村集体 5%分成,不仅带动农户增收致富,还为消除"空壳村"提供了有效途径。[①]

(二)政策借鉴及启示

如果说区域地理环境、自然条件、发展基础、生产力水平等既是农业

---

① 杨秀勇:《千方百计加快农业特色优势产业发展　让农业强起来农村美起来农民富起来》,《六盘水日报》2014 年 12 月 17 日。

特色优势产业发展"3155"工程的客观基础,也是项目扎实推进的内部动力。那么国家顶层设计、地方政府行为、战略导向以及机制体制等因素则是产业化与市场化的主观行为,也是项目推进的外部动力。"3155"工程之所以得以扎实推进,是主客观、内外因动力机制综合集成的结果。从科学发展观看,政府主导、产业化、市场化等措施值得借鉴。

1.政府主导

市委、市政府确定各县(特区、区)党政"一把手"为"3155"工程实施第一责任人,结合产业的规模效益、带动农户、科技水平、经营机制、产业链条、市场开拓、资金投入、农民收入等指标,对县、乡(镇)党政"一把手"连续三年进行单独考核,对工作情况进行考核排位。对贡献突出、符合任职条件的工作者按照干部管理权限优先提拔任用;对工作不力、不作为、慢作为、乱作为和推诿扯皮,影响发展的各级党政领导干部,一律通过诫勉谈话、通报督察、调离岗位等形式实施问责。

2.市场化路径

以谁抢占先机谁就占有市场的思路推动产业化建设,围绕国家大政方针,地方政府强力推进特色优势产业规模扩张与质量提升。以县区为单位,增派技术人员、踏查踩点、因地制宜做好项目规划设计,注重与交通公路、园区、生态旅游等有机衔接。以农村专业合作社、农业龙头企业等主体经营,强化整合部门间的项目资金,集中打造高标准、高质量的农业特色优势产业。围绕优质项目、园区设施完善,以商招商、以企引企和产业链配套招商,鼓励本地企业引进战备投资者,做大做强产业。

3.实践经验

注重农业企业的示范带动,猕猴桃基地在土地流转上的具体做法值得推广和借鉴。即村民以600元/亩价格把土地流转出来,以后每年增加租金20元,流转期限为20年。待猕猴桃产生经济效益之后,基地的种植企业每年拿出15%的利润与流转土地的村民进行按比例分红,同时还拿出5%的利润作为扩大种植规模的专项资金。农户以土地入股,除享受每年600元/亩的租金外,还可自愿选择是否留在公司"打工"，入股农民根据"股份"每年能够分享到30%的利润。特别是基地农户拥有公司股东、土地租赁者、农民工的三重"身份"，最大限度地盘活了农户所拥有的各项经济资源。另外，农户还可采取合作开发、反承包等方式参与和融入农业产业化发展。

4.初步尝试

现在看来，六盘水市实施的"3155"工程作为农业特色优势产业发展的一种探索实践，言说成功还为时尚早；但就资源枯竭地区的产业结构调整与转型升级而言，又无疑是一种成功的尝试。特别是"把产业做成生态、把生态做成产业"的生态文明实践，通过龙头企业示范带动与土地科学流转，不仅培养和发展了新型农民，而且帮助农民实现从身份到职业的转化。而同时，提高农业综合实力、国际竞争力以及抗风险能力将是今后产业发展的重点所在。猕猴桃产业在引种试验、小面积自发推广、政府引导的产业化实践中，基本积累了在人才培养、管理模式、基地建设等方面的优势经验，这为农业特色产业发展与资源枯竭地区的产业转型升级提供了实践参考和模式借鉴。

第五节　干旱区农业可持续发展与生态修复之路——甘肃案例*

农业是资源和环境依赖型产业，农业的可持续发展对这两大要素都有着较高的要求。由于诸多因素的共同作用，我国高原部分地区资源、环境、生态都面临着严峻的挑战，如何在农业发展的过程中修复生态环境、合理利用资源也就成为高原农业发展面临的重大课题。本节以甘肃为例，探讨在干旱区的农业可持续发展路径，以期针对未来的高原农业的可持续发展提供对策建议。

　＊　作者杨彬如:甘肃政法学院讲师。

一、干旱区农业可持续发展

农业是社会和经济发展的基础产业,其作用不仅体现在为人类的生存和繁衍提供最基本的物质保障,而且为其他所有产业直接或间接提供原材料。除此之外,农业生产所衍生的非物质资源,如农业文化、田园风光等都极大地丰富了人类的文明。同时,进入工业时代以来,农业部门作为主要的产业部门,不断向第二、三产业输送劳动力、土地等生产资料。所以,农业是现代文明得以快速发展的基础。但是,农业是弱质产业,生态环境和气候变化对农业生产的影响巨大。此外,农业生产周期普遍较长,而需求弹性较低,使得农业产品与其他产业产品的价格相比,收益周期长且收益率低,风险与收益不成比例。现代农业的发展虽然大幅度提高了农业生产效率,但是现代农业过度依赖农药、化肥、农用机械和生物技术,不仅对农产品的质量造成影响,而且对生态环境、土地资源和生物多样性产生负面影响。1962 年美国生态学家卡尔逊(R.Carson)在《寂静的春天》一书中批评美国农业过量使用农药化肥而造成的生态危机,这是最早提及现代农业生产对自然环境造成危害的论著。

(一)农业的可持续发展

农业对社会的重要性与自身的弱质性并存是普遍的观点,现代农业与生态环境之间的矛盾也日益凸显。因此,在保护自然资源以及修复业已受损的生态环境的背景下,如何保证农业持续发展以满足社会经济的需要成为重要的课题,学术界在这一问题上存在较多争论。农业可持续发展指在有限的资源下,追求农业生产的高效率、高质量和低消耗,在不危害生态环境的前提下保证一定的农业生产指标,从而实现农业生产与生态环境的可持续发展,实现代内和代际间的公平发展。[①]农业可持续发展依据持续、公平、高效的原则,追求经济的持续增长、资

---

①　高鹏、刘燕妮:《我国农业可持续发展水平的聚类评价——基于 2000—2009 年省域面板数据的实证分析》,《经济学家》2012 年第 3 期。

源的永续利用、环境的持续保护、社会的持续发展。[1] 有学者认为农业可持续发展是人类社会经济可持续发展的重要组成,主张从全新的永续发展角度出发,采用循环经济手段实现农业可持续发展。[2]

在农业可持续发展的实证研究方面,通过建立农业可持续发展能力评价维度模型,对中国 31 个省份的面板数据进行因子分析,认为东部省份的农业可持续发展能力最高。[3] 在国外生态安全研究的基础上,建立农业可持续发展的生态安全评价动态指标体系,这一体系包括农业发展的环境安全指数、资源安全指数、社会安全指数,为评估农业发展的生态安全提供了方法。[4] 还有学者采用熵值法评价农业可持续发展的水平,发现在农业可持续发展的总体水平不断提高的同时,人口、社会、经济、资源和环境等子系统的可持续发展水平存在明显差异,以湖南省的数据为例,农业经济子系统发展水平最快,而环境子系统最慢,农业经济与环境的发展极度不协调。[5] 都市农业是现代农业的特殊形式,其生产更加依赖可持续发展,不仅可以提供农业产品,而且对城市生态、社会、文化的发展都具有巨大价值。[6][7][8] 在国外都市农业

[1] 许信旺:《安徽省农业可持续发展能力评价与对策研究》,《农业经济问题》2005年第 2 期。

[2] 崔和瑞:《基于循环经济理论的区域农业可持续发展模式研究》,《农业现代化研究》2004 年第 3 期。

[3] 高鹏、刘燕妮:《中国农业可持续发展能力区域评价》,《经济学家》2011 年第 10 期。

[4] 姚成胜、朱鹤健:《区域农业可持续发展的生态安全评价——以福建省为例》,《自然资源学报》2007 年第 5 期。

[5] 袁久和、祁春节:《基于熵值法的湖南省农业可持续发展能力动态评价》,《长江流域资源与环境》2013 年第 2 期。

[6] Losada, H., Martinez, H., Vieyra, J., et al., "Urban Agriculture in the Metropolitan Zone of Mexico City: Changes Over Time in Urban, Suburban and Peri—urban Areas", *Environment and Urbanization*, Vol.10, No.2, 1998.

[7] Dereje, A., Margaret, P., Wubetu, B., "Urban Agriculture in Mekelle, Tigray State, Ethiopia: Principal Characteristics, Opportunities and Constraints for Further Research and Development", *Cities*, Vol.24, No.3, 2007.

[8] Isabelle, Vagneron., "Economic Appraisal of Profitability and Sustainability of Per Urban Agriculture in Bangkok", *Ecological Economics*, Vol.61, 2007.

的研究基础上,对上海市都市农业可持续发展的定量研究显示,上海农业的可持续发展能力持续上升,但是人口密集是阻碍中国都市农业可持续发展的主要因素。①

(二)干旱区的生态修复

生态修复的含义是人类停止对自然生态系统的干预,使生态系统所受的外来压力降低或者全部消失,从而实现依靠生态系统自身的调节能力和修复能力使其恢复有序循环的模式。现阶段人类所掌握的科学技术尚无法达到直接修复自然生态系统,因此生态修复主要依赖生态系统的自我修复能力,人类只能采取辅助手段为生态修复创造适宜自然演化和恢复的条件,促进生态修复的实现。

中国的西北地区位于亚欧内陆,气候以干燥少雨为主,荒漠戈壁面积巨大,植被覆盖率较低,生态系统极为脆弱。由于长期以来人类对西北地区无节制的开发利用,导致生态系统被严重破坏。虽然近年中国采取各类手段和措施对西北地区的自然生态系统进行恢复,有效遏制了人类活动对生态环境的破坏,但是在整体上西北地区的生态环境依然不断恶化。在此背景下,西北干旱区与半干旱区的生态修复需要进行水土保持的生态修复,通过对植被的恢复和缺水河流的人工补水来遏制水土流失。② 因此,制订适合干旱区气候、土壤和生物特点的植被生态修复技术路线,通过建立生态修复示范区、封禁保护区等手段,实现西北地区的植被生态修复。③ 植被修复离不开水资源,所以,干旱区缺水河流的生态修复同样重要。目前采用的方法是通过人工补水进行

---

① 邓楚雄、谢炳庚、吴永兴、李晓青、傅丽华:《上海都市农业可持续发展的定量综合评价》,《自然资源学报》2010 年第 9 期。

② 刘国彬、杨勤科、陈云明、张文辉、许明祥:《水土保持生态修复的若干科学问题》,《水土保持学报》2005 年第 12 期。

③ 张文辉、刘国彬:《黄土高原地区植被生态修复策略与对策》,《中国水土保持科学》2009 年第 6 期。

缺水河流的生态修复,以实现水环境效应的恢复。[1]

从经济的角度来说,生态修复不仅局限于环境领域,干旱区传统生态修复重环境、轻经济的特点已经显得较为突兀,成为限制当地区域经济发展的瓶颈。因此,从产业复合生态系统的角度出发,将生态修复产业化,以水土保持农业、节水农业、生物技术农业以及包括休闲度假和观光旅游在内的人文生态修复产业为手段,突破生态修复高投入、低效益的经济瓶颈,实现生态修复的长期良性发展。[2]

二、农业可持续发展的路径

农业生产依赖生态环境,同时现代农业大量使用化肥农药,以及农业机械的普及,也对生态环境造成一定影响。农业可持续发展要求农业生产与生态环境的协调与平衡,因此,改变传统的农业生产模式,调整农业产业结构成为农业通向可持续发展的必由之路。结合中国农村现阶段的社会、经济、生态和资源状况,以下几条农业可持续发展的路径可资借鉴。

(一)特色产业路径

特色产业是指在农业可持续发展中最大限度地利用本地独有的特色资源,或者其他地区比较少见的稀缺资源,以此为核心来发展农业经济,并实现经济增长和农村现代化。特色产业的核心是对独特资源和稀缺资源的利用,通过开发、利用和保护本地稀缺资源来发展特色农业,促进经济发展,最终实现农业可持续发展。独特资源和稀缺资源分为物质资源和非物质资源,物质资源包括地区特色产品、旅游景观和特有的生产资源,非物质资源包括特有的文化艺术、非物质遗产和手工技艺等。

---

[1] 于淼、王明玉、刘佳、刘培斌、赵月芬、杨毅:《人工补水条件下的缺水河流生态修复综合评价方法》,《环境科学学报》2013 年第 2 期。

[2] 石垚、王如松、黄锦楼、石鑫:《生态修复产业化模式研究——以北京门头沟国家生态修复示范基地为例》,《中国人口·资源与环境》2012 年第 4 期。

由于农村发展环境的巨大差异,中国农村经济具备多样性、区域性和复杂性特点,农村经济的发展模式多种多样,仅就农村经济中的特色产业发展模式来说,即有农业型、工业型、生态型、旅游业、文化产业和复合产业等多种类型,而具体的发展路径和产业模式则不胜枚举。农业可持续发展的原则仅仅从宏观层面对农业生产以及农村的社会、经济和生态指标作出一定的要求,对微观层面如农业生产模式等没有具体的要求。所以,充分利用自身资源禀赋的特色产业路径,符合农业可持续发展的要求。以特色产业为支柱进行经济发展,除了要具备独特资源和稀缺资源外,还需要遵循以下原则:

第一,在开发利用独特稀缺资源的同时保护资源和生态环境。独特稀缺资源的存在数量较少,这一特点使得无论是物质的还是非物质的独特稀缺资源、资源本身及其所赖以存在的生态环境具有脆弱性,而且很多独特稀缺资源面临消失或者枯竭的危机。因此,开发此类资源时,需要做到保护资源及其所处的环境,以实现可持续的发展,避免竭泽而渔的开发模式。

第二,在开发独特稀缺资源时选择高效率的资源利用方式。独特稀缺资源的开发及利用方式可能有很多种,在保证资源保护和可持续发展的基础上,从经济角度来看应当选择经济效益最高的开发方式,从而实现最高效益。以甘肃省永登县秦川镇为例,当地的特色小麦品种"和尚头"制作的面粉口感极佳,在市场上售价高于其他种类面粉,经济附加值较高。但是秦川镇耕地面积有限,因此,当地采取以"和尚头"单一品种替代其他作物的生产方式,形成专业化生产,以大量的优质小麦供给市场,取得了非常好的经济收益。

第三,在特色农业发展中应用新技术。稀缺资源的开发利用往往需要采用新技术和新工艺,新技术和独特稀缺资源的结合甚至可以开发出新的特色产业。以甘肃省古浪县泗水镇铁门村、土门镇宝和村为例,新培育的抗旱品种使不毛之地的沙化土地成为特色农产品的产地,而新的嫁接技术使沙漠地区的中药材肉苁蓉成为当地特色产品,这项技术使肉苁蓉产业由传统的采集式生产转变为人工养殖生产,不仅提高产品的产量,同时起到了防风固沙的作用,在沙化土地农业可持续发展方面实现了突破。

第四,在开发利用独特稀缺资源中采取合作的模式。独特稀缺资源的开发需要注重资源的保护,同时需要采用新技术和新工艺,这要求大规模的人力、资本和技术的投入,而单一乡村很难同时承担巨额的投入。因此,采取合作的方式,通过引进外部人力、资本和技术,与当地独特稀缺资源结合,可以实现稀缺资源的保护与开发。

第五,最大限度利用政策对特色农业发展进行扶持。地方政府往往重视独特稀缺资源的开发带来的经济和宣传效益,因此,会为本地区的特色产业发展提供优惠的政策支持。最大限度的利用政策支持将会使特色农业取得良好的发展。

(二)主导产业路径

主导产业路径是农村在经济发展中结合自身优势和客观环境,集中人力和资本发展单一主导产业,以取代传统农村经济中多种产业并存、封闭低效的经济形态和自给自足的产业结构。主导产业的目的是使农村在一定的时间阶段实现产业结构的单一化,使得这一产业在这个农村的生产达到高效化、专业化和品牌化,以此为基础促进农村的社会经济发展和居民收入增长,并成为农业可持续发展的物质基础。

总结农村经济理论和中国农村经济发展的实践经验发现,农村经济发展到较成熟阶段后的经济特征主要体现为较高的经济产出和居民收入水平,产业特征体现为以高附加值、低能耗和低排放产业为主的产业结构。而主导产业路径的发展方向正好符合这一发展特征,在农业可持续发展中实施主导产业路径,使农村经济以单一产业为支柱,并且有目的地选择低耗能、高产出的产业作为自身的支柱产业,不仅可以实现农村经济的持续增长,同时可以实现社会发展和生态环境保护的目标。

在农村经济发展中通过发展单一的主导产业来实现社会发展和经

济增长,并最终实现农业可持续发展,需要遵循以下原则:

第一,所选取的主导产业必须具备一定的资源优势。农村在发展中选取主导产业路径,需要选择适合自身条件和客观环境的产业,在选择产业的过程中,需要调查分析本地的资源优势、产业传统、市场环境和技术条件,尽可能地选择可以最大程度发挥自身资源优势、区位优势和技术条件的产业,将其作为主导产业。切忌在发展主导产业时盲目跟风,不考虑自身的生产条件和市场的饱和程度。

第二,主导产业的产品必须拥有市场竞争力。主导产业路径的核心是以高效率、高附加的生产使自身产品占据市场,并促进农村的经济发展。其实现路径是主导产业生产的规模化、商品化和市场化,通过规模化生产降低生产成本,从而提高市场竞争力。因此,农业可持续发展中实施主导产业路径,必须考虑主导产业产品的市场容量、市场饱和程度以及与替代产品的竞争力。其原则是选择生产市场需求量巨大并且具备一定竞争力产品的产业作为主导产业。

第三,主导产业的选择要符合可持续发展的原则和要求。选择主导产业路径的目标是通过经济的发展为农业可持续发展提供物质基础。因此,从农业可持续发展的要求来说,在选择主导产业时需要充分考虑该产业的生态属性,即必须选择低耗能、低污染、低排放的产业。主导产业不仅要以促进经济发展为目的,而且还要以保护生态环境,实现可持续发展为原则。

第四,主导产业的发展必须促进大多数居民的收入增长和生活质量的提高。在农村发展中,主导产业的发展不仅要促进农村经济总量的增长,而且在经济成果的分配上还需要体现一定程度的公平原则,即主导产业的发展需要促进农村地区大多数居民的就业实现、收入增长和生活水平提升。可持续发展约束下的主导产业的社会效益正是通过这一点得以体现,即让所有人获得可持续发展的红利,以实现农村社会、经济、生态协调可持续发展的最终目标。

第五,主导产业的选择和发展要符合区域经济发展的方向。任何商品经济和市场经济的发展都必须符合宏观经济和区域经济的发展方向,选择主导产业路径的农村经济发展也不例外,主导产业的选择必须符合区域经济的发展方向,才能最大限度地享受区域经济发展的带动效应和各项经济政策的优惠。

(三)比较优势农业路径

农业可持续发展中的比较优势是指,如果一个农村生产某种农产品的机会成本低于其他农村生产这种农产品的机会成本,则称该村在生产这种农产品上具备比较优势。农业可持续发展中的比较优势就是指一个区域中资源禀赋较差、发展速度较慢的农村,在农业生产转型中发展与本地区其他农村相比具有比较优势产业。地处同一地区的农村由于在地理区位、经济发展和自然资源等客观环境方面存在较大差异,发展环境较好的农村会更快地实现农业结构优化升级。而资源禀赋较差的农村,则需要发展那些在本地区具有比较优势的农业,从而实现农业可持续发展。

对资源较为贫乏的农村来说,要实现经济发展与环境保护的双重目标,必须采取比较优势路径,选择区域中那些发展条件相对宽松,竞争不是非常激烈的农业种类作为重点,以避免与具备资源优势的农村进行竞争。

农村可持续发展中比较优势产业路径的原则如下:

第一,在选择主导农产品时需要进行细致的前期准备工作。由于主导农产品的选择和发展是以商品化生产为目的的产业升级过程,需要在一个长周期内投入大量的资本、人力。而农村发展比较优势产业的核心是选择自身在一个区域乃至整个市场中具备比较优势的农产品。因此,前期工作包括充分掌握本地区的资源、市场和区位情况,除此之外,还需要对本地区其他农村的主导农产品及其发展具有一定的了解。

第二,确保所选的主导农产品与本区域的支柱产业具有互补性。比较优势意味着自身条件不具备先天优势,其发展需要凭借区域经济发展的带动。因此,通过比较优势进行发展,选择的主导农产品需要与区域内的主导产业具有一定的互补性,才能充分利用区域经济发展的带动作用。例如,甘肃省肃北县在地理区位上毗邻敦煌市,自身具备一定的旅游资源,但与敦煌市相比,其自然景观、基础设施、地理区位在发展旅游业中均不具有优势。因此,肃北县选择畜牧养殖作为自身的比较优势农业,以优质的生态农产品作为当地主导产业——旅游业的补充产业,大量地向敦煌市供给畜产品,使自身经济取得较好的发展。

第三,以可持续发展作为比较优势农业路径的目标。由于比较优势农业路径的先天劣势,与主导产业和特色资源为导向的农业可持续发展模式相比,比较优势路径在发展前期没有明确的农产品导向,可选择的方向较多。在此种情况下,将可持续发展作为导向,选择生态友好型的农产品种类作为比较优势路径的发展方向,可以实现社会经济与生态环境协调可持续发展。

(四)城郊产业路径

城郊产业路径是指在地理位置上接近城镇的农村借助城镇经济的带动作用实现经济发展和产业转型。其核心是农村发展与毗邻城镇经济互补的产业,或者生产邻近市场需求量较大的产品。因此,农业可持续发展的城郊产业可分为三类,一是产品供给型,通过发展生产市场需求产品的产业,为市场提供各类农产品;二是资源供给型,为工业和城市部门供给原材料、人力资源以及土地资源等工业化和城市化发展所必需的资源;三是服务型,发展农业衍生产业,以农业旅游为主,提供休憩娱乐、文化休闲、餐饮旅游等服务型产品。

从中国农村可持续发展的视角来衡量,城镇化在农村社会发展、经济增长以及生态环境保护方面的影响巨大,这种影响体现为正反两方面的作用。一方面,城镇化无疑会推动农村的社会和经济发展,尤其是邻近城镇的农村,其经济将极大地受益于城镇经济的发展。另一方面,城镇化会对农村的生态环境产生负面影响,过度城镇化对其自身以及周边农村带来的环境危害尤为明显。除此之外,过度城镇化带来的占用农业用地、水污染、工业污染、旅游地超负荷、农业地超负荷等情况都对农村的可持续发展产生危害。

采取城郊产业发展的模式需要遵循以下三个原则：

第一，合理的地理区位和完善的交通设施。城郊产业路径的前提是农村的空间位置与城镇接近。在实践调研中发现，在现阶段中国农村的交通条件下，距离城镇中心20千米之内的农村可以较全面地受到城镇经济的发展及作用影响，因此在此范围内的农村可以称为城郊农村。如果城乡距离超出这个范围，抑或交通基础设施不够完善，那么，城镇经济对农村发展的带动作用将会受到制约。

第二，根据附近城镇市场的产品需求制定产业发展方向。与前面所述的三种产业路径相同，城郊产业路径也是以专业化、商品化生产满足市场需求，因此，城郊产业的发展应当以满足周边城镇市场的产品需求为目标。

第三，避免城镇扩张对农村环境的危害。中国处在高速城镇化阶段，在这一过程中最突出的负面问题是城镇化发展带来的环境恶化，而近郊农村受到城镇化发展带来诸多环境问题的影响最为严重。

三、干旱区农业可持续发展——甘肃案例

甘肃省大部分地区属于典型的干旱区与半干旱区，其农业发展受气候条件和自然环境影响较大，形成了独特的干旱区农业。近些年，随着社会和政府对生态问题的重视，诸多生态修复路径和手段不断实施，促使甘肃省的农业生产方式开始转型，以便适应社会经济发展和生态环境保护的要求。在这一过程中，农业可持续发展路径以及驱动农业发展的因素都在发生变化。

（一）甘肃省干旱区与半干旱区农业特征

1.气候因素对甘肃省干旱区与半干旱区农业影响巨大

甘肃省干旱区与半干旱区的气候特征相似，主要表现在以下几点：第一，日照充足。阳光辐射强，大部地区降水稀少，以晴天居多，而且日照时间长，年均太阳辐射总量达到5400—6400兆焦/平方米，高于同纬

度的东中部各省。因此,能提供给作物进行光合作用的有效辐射较多,适宜喜光类作物生长。第二,气温日差较大。以甘肃省年平均气温日较差为例,数值达到了 10℃—14℃,而甘肃省河西走廊的年平均气温日较差则高达 13℃—17℃。这造成该地区无霜期较短,农业生产易受霜冻的危害。因此,在选取农业生产方式和农作物品种时应当考虑抗霜冻性。第三,年均降水少。干旱区与半干旱区不仅降水总量低,而且降水变率大,降水季节分配极度不均。以甘肃省的降水数据为例,年内降水主要集中在 7—9 月,这三个月占年降水总量的 50%—65%。第四,甘肃省降水量的年际变化很大,降水量最大的年份往往比降水量最少的年份超出数倍。以甘肃省干旱区和半干旱区的数据为例,降水量最大年为最小年的 3 倍。① 基于以上两点,甘肃省农业设施特征明显,较依赖水利设施和抗旱技术。第五,风沙危害较严重。甘肃省受亚欧大陆气流影响,加之国土面积中沙漠和戈壁比例较大,造成风力强劲,风沙危害和土地风蚀沙化非常普遍,对农业生产危害较严重。因此,植树、育林和种草对该地区的农业发展极为重要。②

2.甘肃省农业生态环境恶化严重

甘肃省干旱区与半干旱区的生态系统较为脆弱,加之历史上长期对自然资源的过度开发利用,使得该地区农业生产所依赖的生态环境恶化较为严重。第一,水资源极度短缺。降水量少的气候条件决定了甘肃省属于水资源短缺地区,国土面积约占全国的 4.7%,但是水资源总量仅为全国的 1%,且分布极度不均。加之人类对森林、草原、湿地的破坏,水资源涵养能力逐步下降,水资源的减少反过来使森林、草原、湿地进一步退化,形成恶性循环。缺水成为影响甘肃干旱区农业生产乃至居民生存的首要因素。以甘肃省民勤县的石羊河为例,20 世纪 50

---

① 陈昌毓:《甘肃干旱半干旱地区农业气候特征分析》,《干旱地区农业研究》1995 年第 6 期。

② 徐超、杨晓光、李勇、王文峰:《西北干旱区农业气候资源时空变化特征》,《应用生态学报》2011 年第 3 期。

年代石羊河民勤段的总流量为 5.47 亿立方米/年,到 20 世纪 80 年代年总流量减少到 2.29 亿立方米/年,截至 1999 年,由于祁连山森林的退化,降水量逐年减少,石羊河的总流量下降为 0.63 亿立方米/年。第二,荒漠化问题严重。气候和人为因素造成的荒漠化是甘肃省土地退化的主要原因,全省沙漠戈壁以及受到沙化威胁的土地面积占国土总面积的 40%以上。土地退化使农业生产失去最重要的生产资料,对农业生产影响巨大。第三,水土流失严重。甘肃省自然植被的严重退化,加之降水量时空分布的极端不均造成水土流失面积不断扩大。甘肃省的水土流失大多集中在黄河流域,包括甘肃东部和中部。水土流失除了造成可耕地面积减少外,还使土壤肥力降低。长期的水土流失造就了黄土高原沟壑纵横的特殊地貌,这使土地丧失了农业和其他用途的价值。[①]

(二)生态修复与农业可持续发展之间的关系

生态修复与农业可持续发展之间存在相互影响、相互促进的关系,这表现在以下两个方面。一方面,生态修复对农业生产的制约作用。生态修复要求减少对自然生态系统的人为干预,意味着在需要生态修复的地区减少生产活动,停止对这些地区农业生产资源的利用,生态修复对农业生产有制约作用。另一方面,生态修复对农业生产有促进作用。实践证明,生态修复不仅可以使自然环境好转,而且可以为农业生产创造良好的环境,甚至可以产生直接的经济效益。[②] 同时,农业可持续发展要求农业生产与自然生态系统的协调均衡发展,生态修复成为实现农业可持续发展的重要手段和途径。

以甘肃省退耕还林和农业发展数据为例,甘肃省退耕还林工程(一期)于 1999—2010 年实施,"全省累计完成退耕还林工程建设任务 2755.8 万亩,其中,退耕地还林 1003.3 万亩,荒山荒地造林 1557.5 万

[①] 王向辉:《西北地区环境变迁与农业可持续发展研究》,西北农林科技大学博士学位论文,2012 年。

[②] 石垚、王如松、黄锦楼、石鑫:《生态修复产业化模式研究——以北京门头沟国家生态修复示范基地为例》,《中国人口·资源与环境》2012 年第 4 期。

亩,封山(沙)育林195万亩"[1]。在此期间甘肃省粮食作物播种面积由2910.70千公顷下降到2799.80千公顷,但是粮食产量由1999年的814.90万吨上升到2010年的958.30万吨,农业总产值由1999年的320.56亿元上升到2010年的1057亿元。播种面积减少的同时,粮食产量和农业产值持续上升,主要得益于农业生产效率的提高。例如,甘肃省粮食单产由1999年的2800千克上升到2010年的3423千克。[2]农业生产效率的提高得益于农业机械使用率的提高,水利设施的不断完善,农业服务和管理制度的健全,新品种的不断普及以及农业技术的利用与推广。以上数据可以从一个侧面说明生态修复与农业生产之间并不存在尖锐矛盾,从农业可持续发展的长远角度来看,生态修复可以为农业生产创造更好的环境。

(三)农业可持续发展驱动因素分析——以甘肃省古浪县土门镇为例

1.分析方法

农业的生产和发展取决于众多因素,包括土地、气候、环境、劳动力、生产技术和基础设施等方面,在不同的时期和不同的生产条件下,这些因素对农业生产的影响程度存在差异。因此,为了分析现阶段甘肃省干旱区农业发展的主要驱动因素,选用灰色关联分析方法,量化不同驱动因素对农业生产的关联度。以此为依据分析该地区农业可持续发展的方向,并制定政策建议。

首先,确定灰色关联分析的参考序列(母序列)和比较序列(子序列)。将粮食作物产量作为参考序列,又称母序列。选取能够反映参考序列的变化趋势,且确定能够对参考序列的变化产生影响或者存在关联的序列作为比较序列,又称子序列。将参考序列记为 $S_{(t)}$,将各比较序列记为 $S_{1(t)}$,$S_{2(t)}\cdots S_{i(t)}$,$(t=1,2,\cdots n,i=1,2,\cdots m)$。其中,$t$ 表示

---

[1]　甘肃省林业厅:《甘肃省退耕还林工程简介》,载于 http://www.gsly.gov.cn/content/2011-11/924.html,2011年11月16日。

[2]　中国农业年鉴编辑委员会:《中国农业年鉴(2000)》,《中国农业年鉴(2011)》,中国农业出版社2000年版、2011年版,第178页。

时间，i 表示第 i 种比较序列。

然后，对各序列的数据进行无量纲化处理。由于各个序列中数据的数量级别、数量单位、统计口径和量纲存在差异，因此在进行灰色关联分析之前，必须进行无量纲化处理。常用的无量纲化处理方法有初值法、指数法、标准化法、阈值法、极值化法等，此处采用较为简便精确的初值化法，即用各序列不同时期的数值除以该序列的动态起点数值，由此得到一个新的序列，如式 4-3 所示。

$$S'_{i(t)} = S_{i(t)}/S_{i(1)}, t = 1,2,\cdots n, i = 1,2,\cdots m。 \qquad (式 4-3)$$

最后，求关联系数（$\lambda_{i(t)}$）和关联度（λ_i）。将无量纲化处理后的参考序列和各比较序列进行差值计算，差值计算后的绝对值序列所构成的新序列称为差序列（$\Delta_{i(t)}$），如式 4-4 所示。

$$\Delta_{i(t)} = \left| S'_{(t)} - S'_{i(t)} \right|, t = 1,2,\cdots n, i = 1,2,\cdots m。 \qquad (式 4-4)$$

在差序列中的所有数值中选取最大值和最小值，称为极大差和极小差，记作 L 和 M，如式 4-5 所示。

$$L = \max_i \max_t \Delta_{i(t)}, M = \min_i \min_t \Delta_{i(t)}。 \qquad (式 4-5)$$

确定分辨系数 $\xi(0<\xi<1)$，根据极大差与极小差的情况，此处确定分辨系数（ξ）为 0.2，关联系数的计算如式 4-6 所示。

$$\lambda_{i(t)} = \frac{M + \xi L}{\Delta_{i(t)} + \xi L}, t = 1,2,\cdots n, i = 1,2,\cdots m。 \qquad (式 4-6)$$

将各个比较序列各时间点的关联系数求算术平均值即得到该序列在这一时期与参考序列的关联度，如式 4-7 所示：

$$\lambda_i = \frac{1}{n} \sum_{t=1}^{n} \lambda_{i(t)}, t = 1,2,\cdots n, i = 1,2,\cdots m。 \qquad (式 4-7)$$

将各比较序列与参考序列的关联度（λ_i）由大到小排列而组成的数列即称为关联序，关联序较为直观地反映了各个比较序列对参考序列的影响程度和相关程度。[1]

---

[1] 刘思峰、党耀国：《灰色系统理论及其应用》，科学出版社 2010 年版，第 127—169 页。

2.数据来源

以 2008—2012 年甘肃省古浪县土门镇社会经济和农业生产数据为基础,可以确保分析数据的精确性和可靠性,因此,选取该镇为分析对象。甘肃省古浪县土门镇地处河西走廊,位于腾格里沙漠南缘,属典型干旱型气候。由于这里是冲积平原、地势平坦、淤积层厚,得益于祁连山自然保护区的冰川融水,土地大部分为平川河水灌区,加之农业水利设施完备,所以土壤肥沃,宜于发展农业生产。以种植业为主,主要作物为粮食作物(小麦、玉米)、瓜果(苹果、梨、西瓜、黄河蜜)、经济作物(啤酒、大麦、甜菜、豆类、葵花)、各种蔬菜及部分沙生植物,兼有畜牧业。但是近年来水资源短缺的情况也限制了当地的农业发展,所以当地在农业基础设施和生态环境建设方面的投入较大,并且节水农业和生态农业逐步推广,在当地形成较为有代表性的设施农业集群,主要包括日光温室蔬菜种植业、蔬菜储藏加工业、畜产品(大量的皮毛和半放养的鸡兔活禽),以及以啤酒大麦、玉米制种为主的原材料订单农业。

将 2008—2012 年甘肃省古浪县土门镇的粮食作物产量作为参考序列,记作 $S_{(t)}$,将该镇的劳动力数量、农业科技机构、农业科技人员、农用化肥施用量、塑料薄膜使用量、粮食作物播种面积、机电井装机动力、水窖数量、自来水收益户、农作物受灾面积、粮食作物受灾面积、当年人工造林面积、当年人工植草面积和新增固定资产原值作为比较序列,分别记作 $S_{1(t)}$ … $S_{14(t)}$,然后使用灰色关联分析法进行分析。

3.分析结果

将上面所述的数据代入分析方法,得到 2008—2012 年甘肃省古浪县土门镇粮食作物产量的影响因素的关联序,结果如下。根据各影响因素与粮食作物产量的关联度由高到低排序为(括号内为关联度):劳动力数量(0.9896)>粮食作物播种面积(0.9730)>水窖数量(0.9626)>新增固定资产原值(0.9606)>农业科技机构(0.9580)>当年人工植草面积(0.9571)>农作物受灾面积(0.9492)>机电井装机动力

（0.9462）>农业科技人员（0.9317）>自来水收益户（0.8356）>农用化肥施用量（0.8130）>当年人工造林面积（0.7684）>粮食作物受灾面积（0.7368）>塑料薄膜使用量（0.3960）。

根据以上结果，在2008—2012年间影响土门镇粮食产量的首要因素是劳动力数量、播种面积、农业基础设施、水利设施和农业科技投入，这说明该镇的粮食作物生产依赖生产资料数量投入的同时，受益于基础设施和农业科技的投入。化肥施用量、人工林面积和自然灾害对粮食作物产量的影响较低，说明该镇粮食生产不仅摆脱了靠天吃饭的传统农业桎梏，而且减少了对化肥的依赖。塑料薄膜多应用于蔬果的生产，故与粮食作物产量的关联度最低。

四、干旱区农业发展路径

（一）干旱区农业发展特点

第一，干旱区农业处于由数量扩张型向设施集约型农业转变的时期。从甘肃省案例的分析可知，与农业生产关联度较高的是劳动力数量、播种面积、基础设施和科技投入，说明包括水利设施在内的基础设施和农业科技在农业生产中发挥着越来越大的作用。而在经济作物的生产中，基础设施和科技投入的重要性则更加突出，其作用不仅表现在生产环节，在储存和流通环节中体现得更为突出。在干旱区，水利设施、抗旱作物和抗旱技术则是农业生产的命脉，关系到农业的正常生产和长期发展。因此，干旱区农业生产由数量型向设施型转变，不仅是农业和农村发展的主观愿景，而且是环境变化的严峻形势对农业生产的客观要求。

第二，干旱区农业可持续发展走特色产业路径。干旱区的气候条件和自然环境并不适宜农业生产，但是干旱区具有一些特色的农产品品种，在市场上具备较高的附加值，依托这些特色的农产品发展特色产业，可以使干旱区农业生产和农村经济取得良好的效益，并且使当地农业实现可持续发展。

第三,生态修复对农业生产的影响需要更长周期数据的分析。从甘肃案例中发现人工种草与粮食生产的关联度较大,而人工造林与粮食生产的关联度较低,这反映了林木成才较慢,生态效益形成周期较长的特点。而且,生态修复对农业生产的影响往往是间接的,以涵养水源、保护耕地、防风固沙等功能,通过提高耕地质量和水资源数量来实现。因此,可以肯定生态修复与农业可持续发展之间的联系。但是,这种联系的深入研究,如量化联系程度则需要更长周期的数据才可实现。

(二)干旱区农业的未来发展方向

第一,合作社在农业可持续发展中的特殊作用。合作社在实现农业集约化、商品化、品牌化,并推动农村经济发展方面具有重要意义。在农业可持续发展中,如良种和新技术的推广,面临的首要问题是,农民自身无法承担一次良种或新技术试种或试用失败带来的损失。合作社的出现就很好地解决了这个问题。当需要试验新的良种或种植技术是否适合当地的气候条件时,由合作社进行试种,大家共同承担风险,试种成功后再进行全面推广,这已经成为甘肃省干旱区农村的固定模式。同时,合作社也能降低农业生产和运输的成本,并且很好地解决新型农产品的销售问题。如甘肃省古浪县黄花滩乡感恩新村的农业合作社,由从事蔬菜种植及加工的220户农户合作而成,主要以大棚种植的反季节娃娃菜、西红柿、青椒为主,兼有地膜种植的葵花和红提。合作社采取抱团集中发展的方式,可以在水利设施使用、农业信贷方面得到地方政府的优先支持,并且带动优良品种在当地的试种与推广,取得了较好的效果。

第二,农业基础设施对干旱区农业的重要作用。纵观甘肃省干旱区农业发展较好的地区,尤其是出现设施农业、生态农业等概念的农村,均得益于较好的农业基础设施,这包括水利设施和交通设施两部分。一方面,对于干旱、半干旱地区来说,农村经济想要发展,并进一步推动农村的社会发展,需要解决的首要问题就是生产和生活用水的问题。拥有良好水利设施的农村的经济发展和社会发展的环境较好,有利于新农村建设。另一方面,由于干旱区和半干旱地区的农村大多远离大型城市,高附加值的农产品生产出来后存在运输成本高和销售困难的问题。所以,这类地区的农业经济发展需要较为发达的交通设施。

第三,干旱地区农业可持续发展需要结合自身的自然资源和气候状况。从甘肃省农村得到的启示是,农村经济发展需要结合自身的自然气候特点,如干旱区、半干旱区的大棚种植、日光温室育苗等。当地大力发展的节水农业、沙产业和沙漠经济作物都取得了良好的效果。例如,采取配套滴灌设施栽种的锁阳、肉苁蓉带来了较好的经济效益。采用容器培育并移栽沙生植物的方式,也很好地起到了防风固沙的作用。这说明,不同地域农村的农业可持续发展要充分考虑当地的自然资源和气候情况,选用适合的产业模式和技术类型。

第四,干旱区和半干旱区的农业可持续发展需要解决能源问题。从甘肃干旱区农村的能源状况来看,当地居民的燃料成本较高,不仅要付出大量的资金和劳动力外,而且破坏了当地的自然植被和生态环境,对农业生产产生负面环境效应,同时使自然系统的自我修复能力越来越弱。因此,在干旱区和半干旱区实现农业可持续发展,需要解决农村能源与生态环境协调发展的问题。例如,首先提高煤的使用率,以取代生物质能源,而后,逐步以较为清洁的能源取代煤的使用。从长远来看,解决该类地区能源使用的根本出路在于新型的、廉价的、清洁的能源技术的开发与推广。

第五,抗旱良种和节水农业生产技术对干旱区农业至关重要。在甘肃省的干旱区农村,凡是农业和经济发展较好的地区除了得益于水利设施之外,更重要的是抗旱良种的推广和节水技术的使用。在水资源极度缺乏的地区,水利设施的作用毕竟有限,更重要的是如何更高效地使用水利设施提供的有限水源。举例来说,根据塑料薄膜在当地使用带来的居民收入增长估算,仅地膜这一项技术的使用带来的收益,就解决了所有干旱区农村居民的温饱问题。

第六节　云茶产业的可持续发展研究[*]

一、大数据下的云茶产业

根据国际茶叶委员会统计数据显示:2013 年世界茶叶产量 481.9 万吨,中国茶叶产量 185 万吨,位居第一位,其次是印度、肯尼亚、斯里兰卡和越南,上述位列世界前五国的茶叶产量之和占全球茶叶总产量 82.92%;世界茶叶出口量 186 万吨,第一位是肯尼亚 49.4 万吨,中国 33.2 万吨位居第二。[①]

根据云南茶叶流通协会《2015 云南茶产业产销形势分析》显示:2014 年中国茶叶总产量 209.2 万吨,同比增加 19.5 万吨,茶叶出口 30.15 万吨,同比下降 9.2%,其中红茶 2.78 万吨,绿茶 24.9 万吨,普洱茶 0.34 万吨。全球茶叶产量呈供大于求的趋势。云南全省茶园面积达 595 万亩,位居全国第二,第一位为贵州;云南茶叶可采摘面积 538 万亩,位居全国第一;产量 33.5 万吨,位居全国第二;综合产值 370 亿元,位居全国第三。

云茶三产结构日趋合理,2014 年综合产值 370 亿元,比 2013 年增加 70 亿元,增长 23%。其中,一产(毛茶)产值首次突破百亿元,达 111 亿元,增加 26.5 亿元,增长 31%;二产(成品茶)产值达 170 亿元,增加 45 亿元,增长 36%;三产(服务等附加值)产值达 89 亿元。一产、二产、三产之间比值为 30∶46∶24。

2014 年在国内传统名茶价格滑坡、市场较为低迷的形势下,普洱茶、云南红茶(滇红)逆势而上。云南省普洱茶产量达 11.4 万吨,比

　　*　作者包忠华:普洱市天下普洱茶国有公司董事长兼总经理,知名普洱茶专家,原普洱市茶业局文化品牌科科长。
　　①　国际茶叶委员会:《2013 年全球茶叶产量再创新高》,《中华合作时报》2013 年 5 月 20 日。

2013 年增加 1.7 万吨,增长 18%,产值首次突破百亿元,达 101 亿元,比 2013 年增加 31.4 亿元,增长 45%。滇红产量 5.3 万吨,比 2013 年增加 0.4 万吨,增长 7.7%。

二、云茶成为云南高原特色的自然优势

针对云南省的农业发展基础相对薄弱、发展方式相对落后、发展特色相对不足等实际,在 2011 年云南省第九次党代会上提出要充分发挥云南省低纬高原光热条件、立体气候、生物资源等各种优势,依托云南的自然禀赋和发展基础,结合云南农业自然特点、产业特点、功能特点、区位特点等,按照市场需求,顺应绿色经济发展的潮流,着力建设无公害、绿色、有机的优质农产品生产基地,按照"高产、优质、高效、生态、安全"的要求,明确要大力发展云南高原特色农业。

云茶作为云南的特色优势产业,成为云南的一张靓丽名片。云茶产业采取"强基地、促加工、优结构、树品牌、拓市场、秀文化"等六大举措。2014 年全省创建农业部标准茶园 14 个,创建面积达 1.5 万余亩,实现无公害茶园达 520 万亩,有机茶园达 39.2 万亩,"三品一标"认证茶园达 190 万亩,高优生态茶园比例不断提升。全省有 18 个县入围 2014 年全国重点产茶县百强。①

云茶产业自然优势:一是土壤、阳光、气候、降水等自然生态环境好;二是属后发展地区,工业污染程度轻,具备大力发展生态、有机茶的优势;三是茶树种质资源丰富,以大叶种为主,兼具中小叶种;四是茶品种类多,以云南大叶种为原料生产的普洱茶、滇红、滇绿茶等茶品内含物质丰富、茶气足耐泡、品质优越、特点鲜明,同时云南生产的乌龙茶等茶类品质上乘。云南不仅是茶叶资源宝库,还是生产白茶、黄茶、黑茶等各种茶类的"百花园"。

---

① 张新银:《2014 年普洱茶产值首破百亿,云南茶产业再创辉煌》,《云南经济日报》2015 年 1 月 14 日。

三、千年茶史丰富云南多姿多彩的茶文化

中国是世界茶叶的故乡,云南澜沧江流域是世界茶叶的原产地,古代"濮人"最早利用、栽培了茶叶,数千年的种茶历史丰富了云南茶文化和民族文化。2013年国际茶叶大会上,普洱市被国际茶叶委员会授予"世界茶源"的称号。发现于普洱市镇沅县九甲乡千家寨2700年的野生大茶树,被称为"世界野生茶树王";生长于普洱市景东县太忠镇大柏村丫口寨的野生型古茶树被认为是"人类驯化栽培野生茶树活标本";生长于普洱市澜沧县富东乡邦崴村新寨的大茶树被誉为"世界过渡型茶树王";生长于临沧市凤庆县小湾镇香竹箐,最大基部干围5.82米,是目前发现的世界上最粗壮的栽培型古茶树,被誉为"世界栽培型茶树王"。普洱景迈山千年万亩古茶园申报世界文化遗产和普洱景迈山古茶林申报世界文化景观遗产,成为世界上第一个以茶叶为主题申报的世界遗产项目。

云南普洱是茶马古道的源头。"茶马古道""海上丝绸之路"和"陆上丝绸之路"被称为中国古代三大交通网络,成为过去中国对外贸易、文化交流的主要交通物流系统。

云南是个多民族的地方,很多世居民族在栽培茶叶和生产、生活的过程中形成各种茶艺茶道,如白族"三道茶"、彝族"百抖茶"、傣族"竹筒茶"等,各种以茶为主题的茶歌、茶诗、茶舞蹈、祭茶祖、茶神等活动丰富了云南多姿多彩的民族文化。

四、茶叶成为云南固边、富民的大产业

2014年,云南茶农来自茶产业的人均收入达2400多元,同比增加570元,增长30%。云南大部分州市都生产茶叶,如普洱、临沧、版纳三州市,涉茶人口占总人口的三分之一以上。在云南的边疆、民族地区茶产业成为当地的支柱产业。在云南广大农村,茶农们安居乐业,以茶为业,在茶中体味着"茶气人和"的道理,成为人与自然和谐相处的楷模,

与边界地区各国人民一起和平相处、共同发展,筑起一道道绿色的国防长廊。

五、云茶产业的机遇与挑战

(一)云茶品牌效应不断提升

2014年全国区域公用品牌价值评选中,普洱茶品牌价值52.10亿元,市场竞争力第一,滇红茶品牌价值11.61亿元。目前,云茶企业有9个商标获"中国驰名商标",有100多个获"省著名商标",4家茶企为"农业产业化国家重点龙头企业",49家为"省级龙头企业",千余家精制茶企中产值超亿元品牌有30多个,随着云茶精制水平提高,品牌影响力明显提升,众多品牌茶、名山茶、古树茶已获广大消费者和茶叶爱好者的认可和青睐。

(二)云茶消费市场的份额不断扩大

近年来,云南省不断加大"走出去"力度,云茶市场营销网络覆盖各省(区、市),并延伸至二、三线城市。绿茶消费市场继续巩固西北、东南沿海等地区;普洱茶、滇红茶消费群体由东南、华南、西南片区逐步拓展到西北、东北、华北等新区。目前,全国已有2万多个云茶代理店、经销点,营销人员近4万人,市场营销网络初步形成。云茶出口稳步增加,2014年全省茶叶出口(含转口)2.3万吨,创汇近亿美元。

(三)云茶企业整体实力不强

2014年全省有茶叶初制所(厂)8000多个,精制企业1000余家,产值千万以上茶企170多家,亿元以上企业24家,普洱茶行业"大哥大"大益勐海茶厂产值达21亿元。目前,虽然云南茶产业的产业集中度有所提升,龙头企业实力有所增强,但云茶企业"多、散、弱"的现状没有根本改变,知名品牌不多,资源整合不够,税收贡献率不大。

(四)云茶价格仍然偏低

目前云南省毛茶价格均价为33元/公斤,仅为全国茶叶均价的一半;成品茶单价74元/公斤,仅为全国均价的2/3,普洱茶成品均价为

88.6 元/公斤,仍低于全国成品茶平均水平。在国内众多传统名茶价格滑坡、传统市场形势低迷的情况下,云南省茶叶价格虽有所回升,但与国内其他茶区比较,价格仍然偏低,价格、产值仍有很大提升空间。①

（五）云茶产业创新依然不足

好的传统要保留、发扬,但过分强调传统,就会抑制创新。云南茶叶资源丰富,发展潜力巨大,制约云茶产业做大做强的主要因素还是人。也许是云南四季如春,人们习惯慢生活,云南人外出做营销的人不多,没有形成如福建、浙江等地的人通过同乡、亲戚等抱团外出打拼的精神和文化,"酒香不怕巷子深"的坐等观念依然严重。对新事物敏感性不强,茶叶方面的新产品开发、新工艺、新科技的应用推广滞后。

（六）茶叶产能过剩的现实无法回避

尽管云茶产业连续五年"量价齐增",发展势头良好,但面临的市场形势仍十分严峻。一是国际、国内茶叶市场总体产能过剩,国内茶叶市场年均产能过剩 10 万—15 万吨,自 2014 年下半年以来,国内高价位茶叶价格呈大幅下滑态势、市场低迷,导致普洱茶出现滞销,茶企及经销商大宗交易量明显减少。二是受经济危机影响,生产资料和劳动力成本增加,中国茶叶的生产成本高于斯里兰卡、印度、巴基斯坦、越南等茶叶生产国,茶叶国际竞争力下降,出口难度加大。三是各产茶省份相继出台扶持茶产业的政策,不断增加投入,盲目扩大茶叶生产,造成产能过剩,预计未来五年全国将有 500 万亩新植茶园投产,每年新增产量 30 万—40 万吨,市场供求矛盾将更突出,市场竞争将更激烈。四是对云茶公共品牌认识、宣传力度不够,行业标准执行滞后,消费者在众多繁杂的茶叶面前难于选择,影响了市场营销。五是面对新常态,云南省茶产业仍呈现"小、散、弱、乱"的现状,云茶产业转型升级、提质增效、产品创新、茶行业整合、茶农意识、拓展市场和促进流通等诸多方面

① 北京产业研究院:《中国云南茶业行业市场产销状况及发展趋势分析报告》,2014 年 12 月。

都存在不少亟待解决的问题,需要认真加以解决。

(七)云茶产业将处于面积、产量基本稳定,品质不断提升,消费不断回归理性的态势

云茶总产量基本稳定,中端产品比例将有较大提高;单价总体平稳,高价位茶价格有所下降,中低价位将理性回升,平均价格应有所提升;市场销售趋于转型,消费日趋回归理性,消费型茶叶占市场主导;高端茶品销售滞后,中端茶品销量增加,个人消费量上升;普洱茶经销商、收储商及收藏者产生观望态度,收储囤货放缓;招商引资受市场大环境影响,较大资金引入难度加大,但社会游资仍会大量进入古树茶、山头茶产区;普洱茶、红茶出口(含转口)有一定增长;市场总体呈现稳中有增、价格更趋理性的态势。

六、云茶产业如何更好地突破瓶颈

(一)云茶产业要打好"生态、绿色、安全"牌,在提高单位产值、提升品质上下功夫

过去提倡"低产茶园改造",现在应该提倡"低效茶园改造",一字之差,实际效果相差甚远。云南有独特的生态环境、自然气候、品种资源、加工工艺等,目前全省茶园面积已近 600 万亩,但亩产效益低,单位劳动产出低,云茶产业"大而不强"的现实必须面对。普洱市 2010 年创新性地提出生态茶园改造,对过去的台地茶进行重新定位,从恢复茶园生物多样性,改善生态环境入手,严格控制农药、除草剂、化肥的使用,对部分群体进行稀疏留养,改变以往只注重方便管理、追求单产的生产模式,而是向注重提升品质、提高效益上下功夫,通过多年的不懈努力,成效明显。目前西双版纳州、临沧等茶叶主产区都相继进行生态茶园改造,推进有机茶园建设,这为云茶可持续发展夯实了基础。

(二)创新营销模式,不断开拓市场

要适应新常态下市场需求的特点和变化,充分利用市场信息引导优化产品结构,通过市场流通链条带动生产适销对路的产品。传统的

"坐等客商上门""酒香不怕巷子深"的过时观念必须改变。各地方产品的同质、同型化现象突出,要不断开发适销对路的产品,重视饮茶人年轻化、差别化、个性化的趋势,生产出受消费者喜好的快销品,以适应市场需求。比如,普洱市天下普洱茶国有限公司把滇红茶和普洱茶的优点相结合,不受六大茶类的框框限制,创新性地开发出"普洱晒红"系列产品,生产出可以长期储存,具有后发酵特质,越陈越香的红茶,深受市场消费者欢迎。要正确引导消费者把普洱茶、普洱晒红作为投资理财产品,避免盲目投机、炒作。茶叶销售必须适应传统实体店的营销模式受电商销售模式冲击这一现实,重视应用互联网,让更多的互联网用户变成云茶消费的客户。企业只有转变观念,顺应发展潮流,才能在茶这个有千年历史的朝阳产业中占有一席之地。

(三)依托品牌,以品质为基础,不断拓展市场、扩大消费

2014年年底云茶已有9个"中国驰名商标",有4家农业产业化国家重点龙头企业。但当前云茶培育领军龙头企业的任务依然艰巨,在国际、国内叫得响的企业、品牌不多。目前,虽然少量名山普洱茶因稀少而价格不菲,但总体普洱茶、滇红、绿茶的价格仍然偏低,产品的价值难以合理体现。从2003年普洱热以来,虽然有国家标准、地方标准,但标准也需要尽快加以修改完善;普洱茶依然存在"大品牌小市场"的现实,国内外普通民众都知道普洱茶,但认为普洱茶是高档奢侈品,可望而不可即。普洱茶如何成为普通大众的消费品,还有一段路程要走。

(四)在弘扬传统茶文化的同时,茶文化更需要与时俱进

茶文化作为中国传统文化的重要组成部分,茶叶、丝绸、瓷器等是中国历史上主要的出口商品,茶叶被西方人誉为"东方神叶"。在当代,茶叶作为人类的三大天然饮品之首,越来越受到人们的推崇。茶叶不仅是人民生活中不可或缺的健康饮料,同时也是一种文化的载体。目前普洱茶文化比较混乱,很多人依然认为普洱茶就是普洱熟茶,只有与时俱进地重构普洱茶文化,才能让人们理解、明白茶文化。要不断挖掘茶文化内涵,科学宣传茶叶的健康功效,避免过分夸大茶叶的健康功

效;要不断传播健康茶文化,普及茶知识,推动茶消费,促进茶流通。

(五)必须充分分析新常态下茶产业面临的新形势,在云茶产业转型升级,提质增效上下功夫

要研究经济发展新常态对茶产业的影响,编制好云茶产业中长期战略规划,找准着力点,加强对茶产业的宏观指导和政策支持。努力构建世界一流的茶产业生产体系,拓展国际市场,促进云茶产业健康发展。

(六)走出国门是云茶的优势也是目标

未来国际、国内茶叶总体是一个过剩的趋势,解决茶叶产能过剩的主要途径:一是扩大消费群体;二是通过竞争淘汰部分产能。云茶有许多独特优势,在巩固、扩大国内市场的同时,必须积极开拓国际市场。欧盟、日本、美国等对茶叶质量标准的门槛远远高于国内标准,只有通过对茶园进行生态、绿色、有机的改造,才能满足别人的要求。发展绿色有机茶是云茶的优势和方向,要从基地转换认证、产品开发、市场培育、品牌打造、公众认可等系统工程入手,特别是有机茶只有靠仪器才能检测出来相关指标,不像其他茶凭人的感官、经验就可判断,只有树立让消费者完全信赖的品牌才行。所以发展绿色有机茶前途无量,但投入大、任务艰巨,切不可操之过急,必须扎实推进。

(七)中国传统茶文化与国外茶文化的差异性制约云茶走出国门

中国茶注重茶叶外形、叶底、香气、出身,讲究产自哪座茶山,出自哪位大师手,哪个帝王、名家曾经喝过等故事,而国外只注重茶叶的理化指标,即是否安全健康,方便快捷。比如立顿茶卖得好,除了品牌、渠道、资金、品质等外,主要是产品定位,茶文化吻合了多数人的需求。立顿在斯里兰卡等国的茶叶基地可以实现机械化生产,其实茶叶生产机械化科技含量很低,拿采摘茶叶来比较,用半机械化采摘两个人可以采5—6亩,用人工采摘4—5个人采一亩。立顿的红碎茶把茶叶打碎,会保留一些老叶子、茶梗,因为这些反而使茶汤的颜色更好,我们的茶文化是不允许这样做的,这就是茶文化的差异,这些制约了科技在茶叶生

产中的推广应用,又怎么去谈国际竞争力呢?

(八)云茶的中小企业及小作坊太多,不利于行业秩序的建立与资源的集中

由于茶行业的准入门槛低,在资金投入、技术、人才等方面的要求不高,所以,在行业集中方面政府的作为有限,多年提倡的"整合资源"难度很大。业界将在很长一段时间继续面临行业参与者众多的格局,要因势利导,只有通过激烈的市场竞争才能实现行业秩序的建立与资源的集中。政府的主要精力要放在完善标准、规范市场、做好服务,只有在宽松的环境下才能出现百花齐放、百家争鸣的景象,使企业把主要精力放在经营上,而不是过多地争取政策,这样有利于企业建立核心竞争力,并使真正优秀的企业能脱颖而出成为真正的品牌企业。

(九)建好茶庄园,念好茶山旅游经

"庄园"作为一个存在于西方数百年的经济模式,近年在云南很火。国外很多东西来到中国,只有符合当地情况,即所谓的接地气,才能发扬光大。茶庄园的六个基本条件和门槛:一是有茶叶基地;二是有标准化厂房;三是有好的自然风光和浓郁的民族文化;四是有企业文化;五是有雅致的茶叶品饮体验场所;六是有吃、住、行等为一体的旅游休闲硬件设施。以庄园为载体,以茶产业为支撑,以绿色、生态为主题,以度假理念为倡导,以自驾到茶山旅游为依托,在云南的茶山上创建一批有品位的茶庄园,开辟云南旅游新天地。

(十)发挥各自优势,避免同质化的竞争,让云茶百花齐放

云南省茶叶主产区普洱、临沧、西双版纳三州市,2014 年普洱市面积 157.4 万亩,产量 9.6 万吨;临沧市面积 135.2 万亩,产量 10.2 万吨;西双版纳州面积 87.6 万亩,产量 4.5 万吨,三个州市面积占云南总面积的 63.9%,产量占云南总产量的 72.5%。虽然这三州市是普洱茶主要的生产地,但要结合州市情况,进行科学规划、合理布局、准确定位。如西双版纳州在生产普洱生茶的同时可以主打普洱熟茶,临沧市在生产普洱生茶的同时可以主打滇红茶,普洱市在生产普洱生茶的同

时可以主打普洱晒红,这样才能形成自己的特色、品牌。云南的茶产业只有充分利用自身的优势条件、扬长避短、高位谋划、攻坚克难,才能实现"云茶百花齐放"的盛景,成为云南高原特色经济的一张靓丽名片。

参考文献

1.[印度]阿玛蒂亚·森:《贫困与饥荒》,王宇、王文玉译,商务印书馆 2001 年版。

2.白玉冬、马菊林:《农民政治参与积极性的激发、引导和保护》,《前沿》2009 年第 7 期。

3.[法]布尔迪厄:《国家精英——名牌大学与群体精神》,杨亚平译,商务印书馆 2004 年版。

4.蔡荣、祁春节:《农业产业化组织形式变迁——基于交易费用与契约选择的分析》,《经济问题探索》2007 年第 3 期。

5.陈昌毓:《甘肃干旱半干旱地区农业气候特征分析》,《干旱地区农业研究》1995 年第 6 期。

6.陈红儿、陈刚:《区域产业竞争力评价模型与案例分析》,《中国软科学》2002 年第 1 期。

7.陈会英、吕敏:《中国农产品加工业发展问题与对策研究》,《生产力研究》2003 年第 4 期。

8.陈珊:《全市实施"3155"工程 56 万余亩为年度计划数的 66.75%》,《六盘水日报》2014 年 6 月 23 日。

9.陈卫平、赵彦云:《中国区域农业竞争力评价与分析——农业产业竞争力综合评价方法及其应用》,《管理世界》2005 年第 3 期。

10.陈锡文、赵阳、罗丹:《中国农村改革 30 年回顾与展望》,人民出版社 2008 年版。

11.程广斌:《新疆农产品加工业产业组织研究》,石河子大学博士学位论文,2008 年。

12.程文兵:《农业产业化与金融支持关联问题研究——基于江西省九江市农村金融支持农业产业化的实证》,《金融与经济》2008 年第 10 期。

13.崔和瑞:《基于循环经济理论的区域农业可持续发展模式研究》,《农业现代化研究》2004 年第 3 期。

14.崔江红:《云南现代农业发展的隐忧与对策》,《南方农村》2014年第8期。

15.戴芳:《我国农产品加工业财税政策研究》,西北农林科技大学博士毕业论文,2011年。

16.戴芳:《农产品加工业龙头企业合理税收负担的确定》,《经济问题》2011年第5期。

17.戴陆园、叶昌荣等:《云南稻种资源的利用及有关研究进展》,《植物遗传资源科学》2002年第2期。

18.[美]丹尼尔·F.斯普尔伯:《市场的微观结构——中间层组织与厂商理论》,张军译,中国人民大学出版社2002年版。

19.[美]德布拉吉·瑞:《发展经济学》,陶然等译,北京大学出版社2002年版。

20.段兴祥:《云南茶叶产业发展现状及对策研究》,《社会主义论坛》2006年第10期。

21.邓楚雄、谢炳庚、吴永兴、李晓青、傅丽华:《上海都市农业可持续发展的定量综合评价》,《自然资源学报》2010年第9期。

22.樊欢欢、李嫣怡等:《Eviews统计分析与应用》,机械工业出版社2011年版。

23.冯稚进:《2012年云南省强势推进农民专业合作社发展》,《云南农业》2013年第3期。

24.《中华人民共和国农民专业合作社法》,第十届全国人民代表大会常务委员会第二十四次会议通过,2006年10月31日。

25.甘肃省林业厅:《甘肃省退耕还林工程简介》,载于http://www.gsly.gov.cn/content/2011-11/924.html,2011年11月16日。

26.高春雨、王亚静:《郑州市农产品加工业发展研究》,《现代农业科技》2011年第12期。

27.高宏伟、王素莲:《基于库兹涅茨倒U曲线的收入分配研究》,《全国高等财经院校〈资本论〉研究会2009年度(第26届)学术年会论文集》,2009年7月。

28.高鹏、刘燕妮:《我国农业可持续发展水平的聚类评价——基于2000—2009年省域面板数据的实证分析》,《经济学家》2012年第3期。

29.高鹏、刘燕妮:《中国农业可持续发展能力区域评价》,《经济学家》2011年第10期。

30.高寿仙:《略论传统中国的乡村控制与村社结构》,《北京行政学院学报》2001年第5期。

31.耿马县人民政府:《耿马2013年政府工作报告》,2013年3月。

32.共济:《全国连片特困地区区域发展与扶贫攻坚规划研究》,人民出版社2013年版。

33.郭有安、黄英:《滇西北纵向岭谷区水资源特性及分异规律研究》,《人民长江》2005年第36卷第4期。

34.郭铁志:《零关税后中泰蔬菜水果的市场变化》,《世界热带农业信息》2004年第5期。

35.国际茶叶委员会:《2013年全球茶叶产量再创新高》,《中华合作时报》2013年5月20日。

36.国家统计局云南调查总队:《2014云南调查年鉴》,中国统计出版社2014年版。

37.《国务院关于支持农业产业化龙头企业发展的意见》(国发〔2012〕10号),2012年3月8日。

38.和相武、赵飞:《建设"高大上"庄园经济　打响高原特色农业品牌》,《丽江日报》2014年5月5日。

39.韩宗玉:《六盘水巧借农业产业化东风助力扶贫》,《贵州日报》2014年7月21日。

40.郝冬梅、王秀清:《中国烟草加工业的市场力量与配置效率损失估测》,《产业经济评论》2003年第1期。

41.胡晓蓉:《云南省土壤环境保护和综合治理联席会议召开》,《云南日报》2014年7月6日。

42.吉哲鹏:《云南为高原特色农产品建立"三位一体"展示中心》,新华网云南频道,2014年1月14日。

43.江凤琼、梁明智等:《云南茶叶发展现状与对策研究》,《安徽农业科学》2013年第16期。

44.康斌等:《澜沧江鱼类生物多样性研究进展》,《资源科学》2007年第29卷第5期。

45.李崇光、张润清:《江汉平原农产品加工业的问题与对策研究》,《农业工程学报》2007年第2期。

46.李春波:《云南农村居民消费结构统计研究》,《中国农学通报》2012年第11期。

47.李皎、袁癸、何云芬等:《云南农民合作经济组织发展现状分析》,《经济研究导刊》2011年第12期。

48.李路路、边燕杰主编:《制度转型与社会分层:基于2003年全国综合社会调查》,中国人民大学出版社2008年版。

49.李茂萱:《云南省各州市农村区域消费的实证分析》,《大理学院学报》2013年第8期。

50.李曼:《煤化工"硅谷"耀世而出　"江南煤都"蓄势待发——从宁东能源化工

基地看六盘水现代煤化工发展》,《六盘水日报》2014 年 9 月 8 日。

51.李太后、张红伟:《基于制度视角的我国农村金融现实审视与路径选择》,《软科学》2008 年第 22 卷第 9 期。

52.李学坤、张榆琴:《中泰果蔬零关税实施后云南农产品对外贸易现状及对策研究》,《云南农业科技》2007 年第 2 期。

53.李永正:《开封市农产品加工业的发展现状及对策研究》,武汉工业学院硕士毕业论文,2012 年。

54.廖雅珍、李支援、许民慧:《我国城镇居民收入差距的预警分析——从基尼系数角度考虑》,《广东石油化工学院学报》2012 年第 1 期。

55.列宁:《土地问题和"马克思的批评家"》,《列宁全集》第 5 卷,人民出版社 1959 年版。

56.林毅夫:《自生能力、经济转型与新古典经济学的反思》,《经济研究》2002 年第 12 期。

57.联合国粮农组织、国际环境署:《生物多样性与农业:保护生物多样性和保障世界粮食安全》,《生物多样性公约》,2008 年 5 月 22 日。

58.刘陈杰、王雪:《农村现行二元金融结构的理论分析》,《货币金融评论》2005 年第 11 期。

59.刘彩云、马殿平、张润清:《农产品加工业竞争力分析》,《中国统计》2007 年第 9 期。

60.刘飞男:《中国地下水污染危机》,《百科知识》2011 年第 18 期。

61.刘国彬、杨勤科、陈云明、张文辉、许明祥:《水土保持生态修复的若干科学问题》,《水土保持学报》2005 年第 12 期。

62.刘金富:《临沧市耿马普惠三农服务专业合作社系列报道:为了大地的丰收》,《云南经济日报·三迤瞭望》2014 年 3 月 14 日。

63.刘李峰、武拉平、杨欣:《北京市郊区发展农产品加工业的对策研究——基于波特"钻石模型"的分析》,《北京农业》2006 年第 4 期。

64.刘思峰、党耀国:《灰色系统理论及其应用》,科学出版社 2010 年版。

65.刘涛:《中国农产品加工业发展方式转变绩效评估——基于 2001—2010 年的面板数据分析》,《华中农业大学学报》(社会科学版)2013 年第 2 期。

66.刘婷:《云南野生菌产业发展现状、问题及对策》,《当代经济》2014 年第 19 期。

67.刘先云:《人民财评:"镉大米"让我们必须正视土壤污染》,载于 http://finance.people.com.cn/n/2013/0524/c1004-21600791.html,2013 年 5 月 24 日。

68.刘艳丽、闵庆文、沙丽清、汪云刚、计云:《古茶园的生命世界》,《世界遗产》2012 年第 4 期。

69.刘志彪、安同良:《中国产业结构演变与经济增长》,《南京社会科学》2002年第1期。

70.柳岩、吴晓艳:《大连市农产品加工业竞争力分析》,《农业工程技术(农产品加工业)》2011年第8期。

71.六盘水年鉴编辑部:《六盘水年鉴(2000)》,贵州人民出版社2000年版;《六盘水年鉴(2001—2003)》,贵州人民出版社2003年版;《六盘水年鉴(2004)》,贵州人民出版社2005年版。

72.六盘水市地方志编纂委员会:《六盘水年鉴(2012)》,方志出版社2013年版。

73.鲁婷、陆意萍、倪大钊等:《云南省农民专业合作组织发展现状研究》,《法制与社会》2008年第29期。

74.卢迪:《"微信"的猜想——从"微信"的发展看移动互联网即时通讯的平台化》,《中国传媒科技》2014年第3期。

75.陆学艺:《当代中国社会结构》,社会科学文献出版社2010年版。

76.罗煦钦、张科良、童小虎:《微信公众平台在农业技术推广中的应用》,《浙江农业科学》2014年第7期。

77.马畅:《吉林省玉米加工业科技创新研究》,吉林农业大学硕士学位论文,2013年。

78.马成武、姜会明:《吉林省农产品加工业竞争力分析》,《农业科技通讯》2005年第5期。

79.马强文、任保平:《中国经济发展方式转变的绩效评价及影响因素研究》,《经济学家》2010年第10期。

80.牛飞亮:《80年代中期以来中国城镇居民收入差距的来源结构分析》,《西北农林科技大学学报》(社会科学版)2001年第4期。

81.牛飞亮:《近20年我国城镇居民收入差距的总体状况》,《经济理论与经济管理》2002年第7期。

82.农业部软科学委员会课题组:《中国农产品加工业的发展与政策选择》,《中国农业经济》1999年第12期。

83.农业部新闻办公室:《云南:打造高原特色现代农业名片》,载于http://www.agri.gov.cn/V20/ZX/nyyw/201404t20140415_3872787.htm,2014年4月15日。

84.彭吉萍:《云南省农民专业合作社发展特点分析》,《全国商情(经济理论研究)》2013年第8期。

85.钱敏泽:《库兹涅茨倒U字形曲线假说的形成与拓展》,《世界经济》2007年第9期。

86.沈玉君等:《中国农业资源生态持续化的建设路径》,《中国农业科技导报》2014 年第 16 卷第 4 期。

87.石垚、王如松、黄锦楼、石鑫:《生态修复产业化模式研究——以北京门头沟国家生态修复示范基地为例》,《中国人口·资源与环境》2012 年第 4 期。

88.世界环境与发展委员会:《我们共同的未来》,王之佳、柯金良等译,吉林人民出版社 1997 年版。

89.宋丽华、普雁翔、包函可:《欠发达地区农民专业合作社发展问题探析——以云南为例》,《全国商情(经济理论研究)》2013 年第 8 期。

90.孙三百、黄薇、洪俊杰:《劳动力自由迁移为何如此重要——基于代际收入流动的视角》,《经济研究》2012 年第 5 期。

91.孙雪萍:《浅析云南省农民专业合作社的发展》,《当代经济》2014 年第 5 期。

92.王慧:《我国收入分配差距的增长绩效研究》,南京大学硕士学位论文,2012 年。

93.王奇等:《云南省高原特色农业产业化发展初探》,《云南农业大学学报》2013 年第 7 期。

94.王翔:《绿色壁垒下我国农产品出口贸易的 SWOT 分析及应对策略》,《广西大学梧州分校学报》2006 年第 1 期。

95.王向辉:《西北地区环境变迁与农业可持续发展研究》,西北农林科技大学博士学位,2012 年。

96.王玉辉:《云南德宏州咖啡高原特色产业发展现状及对策》,《农村经济与科技》2014 年第 5 期。

97.王则柯、何洁:《信息经济学浅说》,中国经济出版社 1999 年版。

98.王正环:《农产品品牌经营的文化思考》,《福建农业学报》2009 年第 2 期。

99.[英]威廉·配第:《政治算术》,陈冬野译,商务印书馆 1978 年版。

100.文雁兵:《包容型政府行为逻辑、治理模式与经济绩效研究——来自中国的经验》,浙江大学博士学位论文,2014 年。

101.伍应德:《基于农业产业化视角的六盘水市统筹城乡发展的对策思考》,《农村科技与进步》2014 年第 10 期。

102.[美]西奥多·W.舒尔茨:《改造传统农业》,梁小民译,商务印书馆 2006 年版。

103.[泰]西里卢·玛斯威里耶军:《泰国和中国的大湄公河亚区域战略性经济发展(1992—2003 年)》,《南洋资料译丛》2004 年第 4 期。

104.谢康、乌家培:《阿克洛夫、斯彭斯和斯蒂格利茨论文精选》,商务印书馆 2002 年版。

105.谢耘耕:《民调蓝皮书:中国民生调查报告(2014)》,社会科学文献出版社2014年版。

106.熊康宁等:《喀斯特石漠化的遥感——GIS典型研究》,地质出版社2002年版。

107.徐超、杨晓光、李勇、王文峰:《西北干旱区农业气候资源时空变化特征》,《应用生态学报》2011年第3期。

108.徐梅:《浅析云南省农村务农劳动力现状与培训》,《云南农业》2008年第12期。

109.许树华:《减贫视角下的财政分权改革研究》,《经济问题探索》2014年第7期。

110.许树华:《云南农村贫困问题研究》,云南科技出版社2012年版。

111.许信旺:《安徽省农业可持续发展能力评价与对策研究》,《农业经济问题》2005年第2期。

112.[英]亚当·斯密:《国民财富的性质和原因的研究》,郭大力、王亚南译,商务印书馆1972年版。

113.杨菲、郑长德:《云南省农业结构特征探讨——基于农场(户)组织结构视角》,《南方农业学报》2013年第3期。

114.杨万林、杨芳:《高原农业特点分析与发展对策探讨》,《第二届云南省科协学术年会暨高原特色农业发展论坛论文集》,2012年。

115.杨雯:《云南调查报告2013》,云南出版集团公司2014年版。

116.杨秀勇:《千方百计加快农业特色优势产业发展　让农业强起来农村美起来农民富起来》,《六盘水日报》2014年12月17日。

117.姚成胜、朱鹤健:《区域农业可持续发展的生态安全评价——以福建省为例》,《自然资源学报》2007年第5期。

118.尹绍武:《我国鱼类多样性现状与保护》,《生物多样性和濒危物种保护》2011年第5期。

119.尹雅芳、刘德深等:《中国地下水污染防治的研究进展》,《环境科学与管理》2011年第6期。

120.于森、王明玉、刘佳、刘培斌、赵月芬、杨毅:《人工补水条件下的缺水河流生态修复综合评价方法》,《环境科学学报》2013年第2期。

121.袁国中、秦海峰、任舟影、赵芳、钟淑珺:《梦向凉都飞——2014年全市经济工作观察》,《六盘水日报》2015年1月15日。

122.袁久和、祁春节:《基于熵值法的湖南省农业可持续发展能力动态评价》,《长江流域资源与环境》2013年第2期。

123.《云南农村改革发展30年成就回顾与展望》,《云南日报》2008年11月

4 日。

124.云南省农业厅:《云南省农业生产概况》,2014 年 11 月。

125.云南省教育厅、省民政厅、省妇联联合调研课题组:《云南省留守妇女、留守儿童和留守老人情况调查》,2014 年。

126.云南省民族学会主编:《云南民族》,云南人民出版社 2010 年版。

127.云南省人民政府办公厅、云南省统计局、国家统计局云南调查总队:《2014 年云南领导干部手册》,云南出版集团公司 2014 年版。

128.云南省生物多样性保护联席会议:《云南省生物多样性保护战略与行动计划(2012—2030)》,2013 年 4 月。

129.云南省统计局:《云南统计年鉴(2013)》,中国统计出版社 2013 年版。

130.云南省统计局:《云南统计年鉴(2014)》,中国统计出版社 2014 年版。

131.云南省统计局、国家统计局云南调查总队:《云南省 2011 年国民经济和社会发展统计公报》,2012 年 4 月。

132.云南省人民政府:《关于加快高原特色农业发展的决定》,《云南日报》2012 年 8 月 8 日。

133.赵德文:《云南家庭农场发展情况报告》,《社会主义论坛》2014 年第 7 期。

134.赵德武、付晴岚:《构建新型农业经营体系加快云南高原现代农业发展》,《云南农村经济》2014 年第 2 期。

135.赵海:《新型农业经营体系的内涵及其构建》,《农村工作通讯》2013 年第 6 期。

136.曾昭法、殷凤钊:《我国经济周期波动的实证分析——基于 HP、BP 和 CF 滤波的应用》,《统计教育》2009 年第 10 期。

137.张新银:《2014 年普洱茶产值首破百亿,云南茶产业再创辉煌》,《云南经济日报》2015 年 1 月 14 日。

138.张文辉、刘国彬:《黄土高原地区植被生态修复策略与对策》,《中国水土保持科学》2009 年第 6 期。

139.张伟宾:《促进农民合作社健康快速发展》,《农民日报》2013 年 12 月 24 日。

140.张绪清:《资源型城市中期转型的困境与对策研究——以六盘水市为例》,《资源与产业》2010 年第 1 期。

141.张秀生:《农业经营方式创新与农民收入增长》,中国农业出版社 2008 年版。

142.赵元藩、温庆忠、艾建林:《云南森林生态系统服务功能价值评估》,《林业科学研究》2010 年第 2 期。

143.郑维川、王兴明:《云南省情》,云南人民出版社 2009 年版。

144.中共六盘水市委、市人民政府:《关于农业特色产业发展"3155 工程"的实施意见》,《六盘水日报》2014 年 1 月 8 日。

145.《关于全面深化农村改革加快推进农业现代化的若干意见》,载于新华网 http://www.xinhuanet.com,2014 年 1 月 19 日。

146.《中国农村扶贫开发纲要(2011—2020 年)》,新华社,2011 年 12 月 1 日。

147.中国农业年鉴编辑委员会:《中国农业年鉴(2000)》,中国农业出版社 2000 年版。

148.中国农业年鉴编辑委员会:《中国农业年鉴(2011)》,中国农业出版社 2011 年版。

149.中华人民共和国国家统计局:《改革开放铸辉煌 经济发展谱新篇》,《人民日报》2013 年 11 月 6 日第 10 版。

150.中华人民共和国国家统计局:《中国统计年鉴(2014)》,中国统计出版社 2014 年版。

151.中华人民共和国环境保护部、中华人民共和国国土资源部:《全国土壤污染状况调查公报》,载于 http://www.mlr.gov.cn/xwdt/jrxw/201404/P020140417573876167417.pdf,2014 年 4 月 17 日。

152.中央财经大学课题组:《中国地下金融已近一万亿之巨,东北成为新灾区》,《中国新闻周刊》2012 年 1 月 20 日。

153.周文良、庄丽娟:《云南与东盟农产品贸易的现状及对策研究》,《商业研究》2009 年第 3 期。

154.朱志勇:《我国农村信息服务平台及其应用研究》,华中师范大学硕士学位论文,2011 年。

155.左臣明、马九杰:《正规金融与非正规金融关系研究综述》,《农业经济导刊》2006 年第 4 期。

156.Amsalu,A.,de Graaff,J.,"Determinants of Adoption and Continued Use of Stone Terraces for Soil and Water Conservation in an Ethiopian Highland Watershed", *Ecological Economics*,Vol.61,2007.

157.Allen N. Berger,Gregory F. Udell,"Small Business Credit Availability and Relationship Lending:The Importance of Bank Organizational Structure", *Economic Journal*,Vol.12,February 2002.

158.Anley,Y.,Bogale,A.,Haile-Gabriel,A.,"Adoption Decision and Use Intensity of Soiland Water Conservation Measures by Smallholder Subsistence Farmers in Dedo District,Western Ethiopia", *Land Degradation & Development*,Vol.18,2007.

159.Becker,G.S.,Tomes,N.,"An Equilibrium Theory of the Distribution of Income and Intergenerational Mobility", *Journal of Political Economy*,Vol.87,No.6,1979.

160. Bekele, W., Drake, L., "Soil and Water Conservation Decision Behavior of Subsistence Farmers in the Eastern Highlands of Ethiopia: A Case Study of the Hunde-Lafto Area", *Ecological Economics*, Vol.46, 2003.

161. Belsley, D. A., *Conditioning Diagnostics, Collinearity and Weak Data in Regression*, New York: John Wiley & Sons Press, 1991.

162. Benjamin, D., Brandt, L., "Property Rights, Labour Markets, and Efficiency in a Transition Economy: The Case of Rural China", *Canadian Journal of Economics*, Vol. 35, No.4, 2002.

163. Bose, P., "Formal-Informal Sector Interaction in Rural Credit Markets", *Journal of Development Economics*, No.2, 1998.

164. Brandt, L., Rozelle, S., Turner, M. A., "Local Government Behavior and Property Right Formation in Rural China", *Journal of Institutional and Theoretical Economics*, Vol.160, No.4, 2004.

165. Bromley, D., Ccrnea, M., "The Management of Common Property Natural Resources", *World Bank Discussion Papers*, No.57, Washington, DC, 1989.

166. Brone, C. A., "Life and Chemical Services of Frederick Accum", *Journal of Chemical Education*, No.2, 1925.

167. Cai, Y.L., Zhang, J.L., Zhu, X., "Land Management and Land Degradation in the Hindu Kush-Himalayas-China Study Report", International Centre for Integrated Mountain Development (ICIMOD): Kathmandu, Nepal, 2000.

168. Comboni, S. M., Napier, T. L., "The Socioeconomics of Soil and Water Conservation in the United States", in: Napier, T. L., Camboni, S. M., El-Swaify, S. A. (eds.), *Adopting Conservation on the Farm: An International Perspective on the Socioeconomics of Soil and Water Conservation Ankeny*, IA: Soil and Water Conservation Society, 1995.

169. Cornelia Butler Flora, Jan Flora, Rural Communities: Legacy & Change, Westview Press, 2008.

170. Dereje Ashebir, Margaret Pasquini, Wubetu Bihon, "Urban Agriculture in Mekelle, Tigray State, Ethiopia: Principal Characteristics, Opportunities and Constraints for Further Research and Development", *Cities*, Vol.24, No.3, 2007.

171. Di Falco, S., Veronesi, M., Yesuf, M., "Does Adaptation to Climate Change Provide Food Security? A Micro-Perspective from Ethiopia", *American Journal Agricultural Economics*, Vol.93, No.3, 2011.

172. Ervin, C. A., Ervin, D. E., "Factors Affecting the Use of Soil Conservation Practices-Hypotheses, Evidence, and Policy Implications", *Land Economics*, Vol.

58,1982.

173.Floro,M.S.,Ray,D.,"Vertical Links Between Formal and Informal Financial Institutions",*Review of Development Economics*,No.1,1997.

174.Food Quality News,"Survey Finds Branded Meat Pumped with Water",*Food Quality News*,http://www.foodqualitynews.com/Public-Concerns/Survey-finds-branded-meat-products-pumped-full-of-water.

175.Fullen,M.A.,Mitchell,D.J.,Barton,A.P.,Hocking,T.J.,Liu,L.,Wu,B.,Zheng,Y.,Xia,Z.,"Soil Erosion and Conservation in Yunnan Province, South-west China",in:T.Canon (ed.),China's Economic Growth:The Impact on Regions, Migration and the Environment,Macmillan Press,London,2000.

176.Gao,Z.,Zhou,L.,"The Aggravation of Soil Erosion in the South-Western Region",*Science and Technology*,January 1988.

177.Glenn Ellison,Edward L.Glaeser,William R.Kerr,"What Causes Industry Agglomeration? Evidence from Coagglomeration Patterns",*American Economic Review*, Vol.100,2010.

178.Gould,B.,Saupe,W.,Klemme,R.M.,"Conservation Tillage-the Role of Farm and Operator Characteristics and the Perception of Soil-Erosion",*Land Economics*, Vol. 65,1989.

179.Greene,W.,*Econometric Analysis*,6th Edition,Pearson Prentice Hall,2008.

180.Han,J.,"Effects of Integrated Ecosystem Manangement on Land Degradation Control and Poverty Reduction",in:OECD (eds.),China in the Global Economy Environment,Water Resources and Agricultural Polices:Lesson from China and OECD Countries,2006.

181.Hazell,P.,Norton,R.,*Mathematical Programming for Economical Analysis in Agriculture*,Macmillan Press,New York,1986.

182.Hertz,T.,Jayasundera,T.,Piraino,P.,Selcuk,S.,Smith,N.,Verashchagina, A.,"The Inheritance of Educational International Comparisons and Fifty-Year Trends", *Journal of Economic Analysis & Policy*,Vol.7,No.2,2008.

183.Joseph,A.,Phillips,D.,"Ageing in Rural China:Impacts of Increasing Diversity in Family and Community Resources",*Journal of Cross-Cultural Gerontology*, Vol.14,1999.

184.Isabelle Vagneron,"Economic Appraisal of Profitability and Sustainability of Per Urban Agriculture in Bangkok",*Ecological Economics*,Vol.61,2007.

185.Kassie,M.,Moti,J.,Shiferaw,B.,Mmbando,F.,Muricho,G.,"Plot and Household-Level Determinants of Sustainable Agricultural Practices in Rural Tanzania",

Discussion Papers, Resources for the Future, 2012.

186. Keith Marsden, "Agro-industrial Policy Reviews", *Food and Agriculture Organization of United Nations*, Vol.6, 1998.

187. Kitchaicharoen, J., "Socio-Economic Assessment of the Farm Resources and Living Standards of Different Ethnic Groups: A Case from Northern Thailand", Germany: Margraf Publishers Verlagsgesellschaft, 2003.

188. Knowler, D., Bradshaw, B., "Farmers' Adoption of Conservation Agriculture: A Review and Synthesis of Recent Research", *Food Policy*, Vol.32, 2007.

189. Li, L., Huang, G., Zhang, R., Bill, B., Li, G., Kwong, Y. C., "Benefits of Conservation Agriculture on Soil and Water Conservation and Its Progress in China", *Agricultural Sciences in China*, Vol.10, 2011.

190. Li, Y., "A Generic Protocol for an Integrated Land Information System in Humid Subtropical Highlands: A Case Study in Yunnan Province, China", Ph.D Thesis, Wolverhampton, University of Wolverhampton, UK, 2004.

191. Liu, H., "Rural Development at the Village Level in Southwest China", Ph.D Thesis, University of Ireland, Galway, Ireland, 2007.

192. Losada, H., Martinez, H., Vieyra, J., et al., "Urban Agriculture in the Metropolitan Zone of Mexico City: Changes Over Time in Urban, Suburban and Peri-Urban Areas", *Environment and Urbanization*, Vol.10, No.2, 1998.

193. Lutz, E., Pagiola, S., Reiche, C., "The Costs and Benefits of Soil Conservation: The Farmers Viewpoint", *World Bank Research Observer*, Vol.9, 1994.

194. Maurer, M., "Dynamics and Potential of Farming Systems in the Marginal Areas of Jordan", in: Doppler, W. (ed.), *Farming Systems and Resource Economics in the Tropics*, Vol.32, 1999.

195. McBeath, J., McBeath, J. H., "Environmental Stressors and Food Security in China", *Journal of China Politic Science*, Vol.14, 2009.

196. Milne, E., "Soil Conservation in Relation to Maize Productivity on Sub-Tropical Red Soils in Yunnan Province, China", Ph.D.Thesis, The University of Wolverhampton, UK, 2001.

197. Mudhara, M., Hiderbrand, P. E., Nair, P. K. P., "Potential for Adoption of Seabania Sesban Improved Fallows in Zimbabwe: A Linear Programming-based Case Study of Small-scale Farmers", *Agroforestry Systems*, Vol.59, 2003.

198. Norris, P., Batie, S., "Virginia's Farmers' Soil Conservation Decisions: An Applicatoin of Tobit Analysis", *Southern Journal of Agricultural Economics*, Vol. 19, 1987.

199. Prokopy, L. S., Floress, K., Klotthor-Weinkauf, D., Baumgart-Getz, A., "Determinants of Agricultural Best Management Practice Adoption: Evidence from the Literature", *Journal of Soil and Water Conservation*, Vol.63, No.5, 2008.

200. Raftery, A. E., Hout, M., "Maximally Maintained Inequality: Expansion, Reform, and Opportunity in Irish Education: 1921–1975", *Sociology of Education*, Issue I, January 1993.

201. Ramírez, O., Shultz, S., "Poisson Count Models to Adoption of Agricultural and Natural Resource Management Technologies by Small Farmers in Central American Countries", *Journal of Agricultural and Applied Economics*, Vol.32, No.1, 2000.

202. Ravenstein, "The Law of Migration", *Statistical Society*, Vol.48, 1885.

203. Rasul, G., Thapa, G. B., "Sustainability of Ecological and Conventional Agricultural Systems in Bangladesh: An Assessment Based on Environmental, Economic and Social Perspectives", *Agricultural System*, Vol.79, 2004.

204. Sanders, S., "Is Ecological Agriculture Sustainable in China?" in: Cannon, T., (eds.), *China's Economic Growth: The Impact on Regions, Migration and the Environment*, Macmillan Press: London, 2000.

205. SHASEA, "Improving the Productivity and Sustainability of Crop Systems on Fragile Slopes in the Highlands of South China and Thailand", Final Report, University of Wolverhampton, Sustainable Highland Agriculture in South East Asia (SHASEA) Research Group, 2003.

206. Shiferaw, B., Holden, S. T., "Resource Degradation and Adoption of Land Conservation Technologies in the Ethiopian Highlands: A Case Study in Andit Tid, North Shewa", *Agricultural Economics*, Vol.18, No.3, 1998.

207. Sumar, S., Ismail, H., "Adulteration of Foods—Past and Present", *Nutrition & Food Science*, No.4, 1995.

208. Subedi, M., "Effectiveness of an Agricultural Technology Research and Development Project for Increasing Sustainability of Cropping Systems in Upland Areas of South West China", Ph.D Thesis, University of Wolverhampton, UK, 2005.

209. Subedi, M., Hocking, T. J., Fullen, M. A., McCrea, A. R., Milne, E., "Lessons from Participatory Evaluation of Cropping Practices in Yunnan Province, China: Overview of the Effectiveness of Technologies and Issues Related to Technology Adoption", *Sustainability*, Vol.1, 2009.

210. Tesfaye, A., Negatu, W., Brouwer, R., Van Der Zaag, P., "Adoption of Soil Conservation Measures by Smallholder Farmers in Gedeb Watershed, Ethiopia", *Land Degradation & Development*, Vol.26, No.3, 2012.

211. Traoré, N. R., Landry, R., Amara, N., "On-Farm Adoption of Conservation Practices: The Role of Farm and Farmer Characteristics, Perceptions, and Health Hazards", *Land Economics*, Vol.74, No.1, 1998.

212. Tully, J., Townsend, A., "Visualizing the Operating Behavior of SMES in Sector and Cluster: Evidence from the West Midlands", *Local Economy*, Vol.19, 2004.

213. Uchida, E., Rozelle, S., Xu, J., "Conservation Payments, Liquidity Constraints, and Off-Farm Labor: Impact of the Grain-for-Green Program on Rural Households in China", *American Journal of Agricultural Economics*, Vol.91, No.1, 2009.

214. United Nations Environment Programme, *China Conservation Strategy*, United Nations Environment Programme and China Environmental Science Press, 1990.

215. Vivki Luther, Mary Emery, *Community Building*, Heartland Center for Leadership Development, 2003.

216. Wang, J., Huang, J., Zhang, L., Rozelle, S., Farnsworth, H.F., "Why is China's Blue Revolution so 'Blue'? The Determinants of Conservation Tillage in China", *Journal of Soil and Water Conservation*, Vol.65, No.2, 2010.

217. Weyerhaeuser, H., Wilkes, A., Karhl, F., "Local Impacts and Responses to Regional Forest Conservation and Rehabilitation Programs in China's Northwest Yunnan Province", *Agricultural System*, Vol.86, 2005.

218. Worku, G. B., Mekonnen, A., "Investments in Land Conservation in the Ethiopian Highlands: A Household Plot-level Analysis of the Roles of Poverty, Tenure Security, and Market Incentives", *International Journal of Economics and Finance*, Vol.4, No.6, 2012.

219. Yang, D.T., "China's Land Arrangements and Rural Labor Mobility", *China Economic Review*, Vol.8, No.2, 1997.

220. Yang, L.F., et al., "Prediction on the Farmland Demand of Yunnan Province in 2020 Based on Food Security", *Journal of Anhui Agricultural Sciences*, Vol.20, 2010.

221. Yunnan Province Environment Protection Bureau, The Environment Report, Yunnan Province, Yunnan Province Environment Protection Bureau Press, 2003.

222. Yunxiang Yan, "Food Safety and Social Risk in Contemporary China", *The Journal of Asian Studies*, Vol.71, No.3, August 2012.

后　记

　　由云南大学农村发展研究中心组织编撰的《高原农业可持续发展研究》是本中心作为高校研究机构一贯重视研究与教学为地方经济社会建设服务、长期关注"三农"发展建设的系列成果之一。云南大学农村发展研究中心自2005年成立以来,就以国家农业农村工作的地方需求为主攻方向,突破学科界限,立足云南农村主战场,将国际农村发展的有效途径和方法应用于"三农"发展实践中,加强对边疆农村经济社会发展中的农业产业化经营、城乡统筹发展、贫困农村跨越发展等重大现实问题的应用研究,建立基于农业农村多种形式的实训基地和跨地区、跨校信息化网络服务平台,促进资源共享和政产学研用的紧密结合。至今,我们与云南、贵州、甘肃以及泰国、老挝及缅甸密切关注高原农村发展、边境农村发展、贫困农村发展以及GMS国家农村发展的同行们建立了长期的合作研究关系,经过与州、县(市)、乡镇、村寨的共同努力,已在云南文山壮族自治州、普洱市、临沧市、德宏傣族景颇族自治州和怒江傈僳族自治州等地建成稳定的综合示范研究基地、特色农业产业实训基地和基层农村服务站等专业实践基地,教学研究基地紧密结合区域性、资源性、民族性、边疆性等特征,形成了"多元、开放、综合、高效"的运行机制和教学实践服务平台。

　　《高原农业可持续发展研究》一书汇集了来自云南、甘肃、贵州高校和研究机构的教师及研究人员近年来的研究成果,同时收录了来自政府相关部门人员的文章,反映了地方涉农企业的农业产业化经营实践。本书从理论和实际应用出发,认真把握国家农业农村发展政策,揭示高原农业可持续发展的难点和重点,分析高原农业经营的特点,探索高原农业经营体系建设,以我国高原农业经营现状为案例,提出高原农业可持续发展的有效路径。本书尽管是由个人独撰的单篇文章构成,但为使读者在阅读使用本书时有一个较为全面系统地认识,我们仍采用章节的形式。首先,从第一章高原农业可持续发展的资源环境着手,探讨高原农业可持续发展的资源构成,并对高原农业生态系统利用进行综合评价,以反映经济社会发展进程对高原农业的影响;由此而进行第二章高原农业经营方式的特征分析,着重对高原农业经营权属构成、高原农业经营主体构成、高原农业经营技术管理、高原农业经营服务方式等方面进行分析研究;以期在第三章高原农业现代经营体系的构建研究中,提出搭建政府引导的高原农业管理信息平台、培育负责任的高原农业经营主体、探索市场导向的高原农业经营模式、创新服务高原农业的农村金融等助推高原农业可持续发展的政策建议;并通过第四章高原农业经营的地方实践探索,集中分析云南山区农林生产资源的资产化问题、甘肃农业生态系统与农村社区的联系问题、贵州资源枯竭地区的社会排斥与机会剥夺问题。

鉴于云南大学农村发展研究中心长期以来致力于打造"三农"研究团队,加强与国际国内相关研究机构的积极交流合作,为地方农业农村的发展建设提供智力支撑,受到各界好评,因而,中心的研究成果《高原农业可持续发展研究》一书得到了来自云南大学社科处、重点办以及云南大学经济学院的出版资助,也得到了来自云南省科学技术协会的研究支持,对此,我们深表感谢。同时还要感谢一直以来为我们的跟踪观察提供便利的昆明西山区猫猫箐社区、普洱市绿色农业发展促进会、临沧耿马县普惠三农合作社、怒江福贡县鹿马登乡赤恒底傈僳族村寨,无论是涉农企业还是村寨居民,都积极地参与到我们的科学研究、基层培训、产业实训工作中,为我们进行本书的总体设计提供了很多支持,在此也一并表达我们真诚的谢意。